当代中国司
"十一五

丛书总主编　**王恒勤**
执行主编　**李春雷**

罪犯教育学

ZUIFAN JIAOYUXUE

主编　**魏荣艳**

中国民主法制出版社

图书在版编目（CIP）数据

罪犯教育学/魏荣艳主编. —北京：中国民主法制出版社，2008.7

当代中国司法警官院校"十一五"规划教材

ISBN 978-7-80219-457-1

Ⅰ.罪... Ⅱ.魏... Ⅲ.罪犯分子－教育学－高等学校－教材

Ⅳ. D916.8

中国版本图书馆CIP数据核字（2008）第096692号

当代中国司法警官院校"十一五"规划教材

书名 / 罪犯教育学
　　　ZUIFANJIAOYUXUE
作者 / 魏荣艳　主编

出版·发行 / 中国民主法制出版社
地址 / 北京市丰台区右安门外玉林里7号（100069）
电话 / 010-63292534　63057714（发行部）　63053367（总编室）
传真 / 010-63292534
Http: //www.rendabook.com.cn
E-mail: MZFZ@263.net
经销 / 新华书店
开本 / 16 开　787 毫米×960 毫米
印张 / 18.75　字数 / 303 千字
版本 / 2008 年7月第1版　2014 年 5 月第4 次印刷
印刷 / 河北省永清金鑫印刷有限公司

书号 / ISBN 978-7-80219-457-1/D·1078
定价 / 38.00元
出版声明 / 版权所有，侵权必究。

当代中国司法警官院校"十二五"规划教材

第二辑

编委会

当代中国司法警官院校"十二五"规划教材

罪犯教育学

丛书总主编　王恒勤

丛书执行主编　李春雷

主　　　编　魏荣艳

副　主　编　边文颖　王顺弘

撰稿人（以撰写章节先后为序）

魏荣艳　　王顺弘　　金　柱
边文颖　　魏荣华　　刘　燕
刚　彦　　周　涛

总 序

十一届全国人大代表
中央司法警官学院党委书记　教授　　王恒勤

　　进入新世纪以来，伴随"依法治国"方略的大力推进和高等教育事业的迅猛发展，我国的司法警官教育事业也迎来了蓬勃发展的春天。司法警官教育主要是面向司法行政系统特别是监狱劳教系统培养专门人才。我国的司法行政机关是政府的重要部门，担负着执行国家法律、为社会提供法律服务、开展法制宣传等重要职责。党和国家历来高度重视司法行政工作，特别是近年来，在构建社会主义和谐社会的伟大进程中，司法行政工作在维护社会稳定、实现社会公平正义方面发挥着越来越重要的作用，司法行政的职能不断拓展，任务越来越艰巨。在这种背景下，需要大力提升司法行政干部队伍的整体素质，特别是要建设一支高素质的、人民可以信赖的司法警官队伍。近年来，全国司法行政系统高度重视司法警官队伍建设，司法部明确提出了加强监狱劳教人民警察队伍的"革命化、正规化、专业化"建设的奋斗目标，并采取了一系列有效措施。从长远来看，大力发展司法警官教育，不断提高司法警官院校的教育教学质量，无疑是培养和造就大批高素质司法警官的必由之路。从全国的情况来看，当前我国已基本形成了包括中央司法警官学院和各省司法警官职业学院在内的、具有学历教育性质的司法警官教育体系。为了适应培养高素质人才的需求，迫切需要探索、建设一套高质量的教材体系，这已经成为当前司法警官院校教学改革和教材建设中面临的一项十分重要的任务。

有鉴于此，中国民主法制出版社面向全国司法警官院校和司法工作一线，遴选、组织了一批学术水平高、治学严谨、教学经验丰富、实践能力强、注意理论联系实际的年轻学者和专家，在充分吸收已有的优秀教改成果、认真探讨和研究教学内容改革的基础上，编写了一套具有司法警官教育特色的、适应性较强的教材及相应的教学辅导书，以满足司法警官院校的教学改革和提高人才培养质量的需要，并将这套教材命名为《当代中国司法警官院校"十一五"规划教材》。

本套教材以马列主义、毛泽东思想、邓小平理论和"三个代表"重要思想为指导，全面贯彻落实科学发展观，贯彻党的教育方针，坚持社会主义法治理念，以我国现行法律法规为依据，以司法警官院校人才培养目标为导向，在认真总结我国司法工作实践经验的基础上，强调理论联系实际，突出前沿性、实用性和操作性，同时吸收国外的先进经验，全面、系统、科学、规范地反映了我国司法实践的全貌。本套教材的特点主要表现在：

首先，作者阵容强大。本套教材所聘主编及参编作者主要是当前司法警官教育领域的学者和司法工作一线的专家，他们都具有扎实的学术功底和一定的实践经验，学风踏实，绝大多数是有关学科的学术骨干。他们有的具有司法警官院校教学和科研一线工作的较长经历，都主编或参编过不少教材，不仅具有较为深厚的专业功底，而且具有较为丰富的教学实践经验；有的具有多年的司法实际工作经历，在实践中不仅积累了丰富的经验，而且经过研究思考发表了许多颇具价值的理论成果。因此可以说，本套教材的编写阵容实力较强，而且朝气蓬勃。

其次，体例设计新颖。为了更好地突出理论性与实用性相结合的特点，本套教材的体例设计均由"重点提示"、"正文"、"理论探讨"、"司法运用"及"思考"五部分组成，使读者对知识的把握能有清晰的思路，并帮助读者举一反三，灵活运用。为了尽可能克服当前司法警官教育中存在的强调理论灌输而忽视学生实践能力培养的倾向，本套教材特别注重法律法规、基本理论在具体案件中的运用。

第三，内容涉及广泛。本套教材包含了司法警官教育主要专业所确定的专业基础课程和专业课程。在编写过程中，编写人员注意吸收近年来我国司法领域特别是司法行政和监狱劳教领域研究的最新学术成果，注意国际学术发展的最新动向，力争使教材内容能够站在 21 世纪初的学术前沿，反映各学科成熟的理论。全套教材在总体上既注意创新，又注意守恒，将学术性、新颖性、应用性、可读性有机结合起来，以适应新时期司法警官教育的教学需求和司法警官大学生的特点。

早在 1998 年，中国民主法制出版社就编辑出版了《全国监狱系统统编教材》，这次该社又面向全国遴选一批教学经验丰富、科研成果突出的骨干教师和具有多年司法实践经验的一线专家，组成实力强大的"双师型"编写组，全面总结改革开放以来司法工作的经验和理论，大力借鉴国际上先进的理论与实践成果，对现有的司法警官教育教材进行修订和增补，使新编规划教材更好地贴近司法实践、体现司法改革、反映司法成果、具有司法特点。应该说，本套规划教材是全国司法机关和司法警官院校集体智慧的结晶，必将对大力提高我国司法警官院校的教学水平，加强司法警官队伍的"革命化、正规化、专业化"建设发挥重要作用。

这套教材的编写人员大部分是青年学者和专家，是我国司法警官教育和司法实践中的重要力量，更是我们事业的未来和希望。他们固然会有研究的盲点和失误，但其朝气蓬勃的气势令人振奋。我们有理由相信，随着我国司法警官院校教育教学改革的不断深入，一批学风扎实、厚德明理的青年学者必将在期待中前行，在锻炼中提高，从而担负起培养司法警官高素质人才、弘扬社会主义法治理念的世纪重任。与此同时，大批具有示范性和适应司法警官人才培养的优秀教材的出现，必将进一步促进我国司法警官教育质量的提高。

我受各位青年学者和中国民主法制出版社的委托为这套教材作序，期望这套教材在组织者、编写者、出版者的共同努力下，能成为奉献给新世纪司法警官教育的精品教材。司法警官院校的教育教学改革是一个长期的、系统的工程，任重而道远，需要我们共同努力，希望我们能够不断编写出更多更好的精品教材，以此促进教学水平的提高，推进我国司法警官教育更好更快地发展。

2007 年 6 月

罪犯教育学·目 录

第一章

绪　论

―― 内容提要 ――

在明确罪犯教育、罪犯教育学概念的基础上，了解罪犯教育的主要特征及罪犯教育学的形成与发展过程；明确罪犯教育学的研究对象、罪犯教育的性质和任务；了解、掌握罪犯教育的基本规律。

重点问题

- 罪犯教育、罪犯教育学概念
- 罪犯教育学的研究对象
- 罪犯教育的性质和任务
- 罪犯教育的基本规律

第一节　罪犯教育学概述

一、罪犯教育学概念

我国的罪犯教育学，是在总结建国以来半个多世纪罪犯教育改造工作的实践经验的基础上，逐步研究探索出来的专门研究对服刑罪犯实施教育和改造的应用学科，是我国研究同犯罪作斗争的监狱法律学科的重要组成部分。学习和研究罪犯教育学，必须了解掌握罪犯教育学的概念。

（一）罪犯教育

1. 罪犯。

在罪犯教育学中，罪犯是专指因犯罪经人民法院审判，依法判处有期徒刑、无期徒刑和死刑缓期两年执行，正在监狱接受惩罚和改造的受刑人。作为一个法律概念，罪犯的基本特征有三点：第一，罪犯是特定条件的自然人，即达到法定责任年龄，且有刑事责任能力的自然人。第二，罪犯是实施了依照法律规定应受刑事处罚的行为的人。第三，罪犯是被依法剥夺自由的人。

2. 教育。

教育是培养人的一种社会活动，是传递生产经验和社会生活经验的必要手段。教育对人的发展起主导作用，它既可以发挥个体遗传上的优势，又可以利用和发挥环境中的积极因素的作用，限制和排除环境中消极因素的影响，以确保个体发展的正确方向。教育有广义和狭义之分。广义的教育是指一切能增进人的知识和技能，影响人的思想品德的活动，包括家庭教育、社会教育和学校教育；狭义的教育，是指教育者根据一定社会的要求，有目的、有计划、有组织地对受教育者的身心施加影响，把他们培养成为一定社会所需要的人的活动，主要是指学校教育。教育作为一种专门培养人的社会实践活动，与其他社会活动的不同表现在：首先，教育必须由教育者、受教育者、教育影响三个方面的要素构成；其次，它对人的影响具有目的性、全面性和系统性；再次，教育者对受教育者所施加的影响既要反映社会的要求，又要适应受教育者身心发展的规律，经过教育影响使受教育者身心发生预期的变化。

3. 罪犯教育。

罪犯教育是阶级社会的一种特有现象，是以依法被判处有期徒刑、无期徒刑和死刑缓期执行的罪犯为教育对象的一种特殊的社会活动。罪犯教育是我国监狱机关在依法对罪犯实施惩罚的前提下，从改造人、教育人的目标出发，结合生产劳动，有目的、有计划、有组织的强制实施的转变世界观、矫正恶习、灌输文化科学知识和培养生产技能的活动。半个多世纪以来，我国的罪犯教育工作极为活跃，日臻完善，在改造罪犯成为新人方面发挥了积极的作用，取得了巨大成就。实践证明，我国监狱的罪犯教育是一项科学的、系统的、效果显著的、意义深远的社会活动。罪犯教育作为以罪犯为特定对象的一种特殊教育，与普通教育相比较有明显不同：

教育机构不同。社会上普通教育，其主体是各类学校和文化教育机关；罪犯教育的主体则是监狱等刑罚执行机构。虽然在必要时可邀请社会上的有关机构或个人参与对罪犯的教育，但必须是在监管改造机关统一的组织之下进行。

教育对象不同。普通教育的对象是奉公守法的公民和适龄学生，他们接受教育参加学习，是积极主动、目标明确的；而罪犯教育的对象是失去自由、因犯罪受到刑罚惩罚的特殊公民。他们是在强制的前提下接受教育，因而缺乏正确的学习动机和自觉的学习态度。只有经过一定时期的教育，才能逐步进入自觉接受教育阶段。

教育目的不同。普通教育的主要目的是为国家培养德智体美劳全面发展的建设人才；罪犯教育的目的则是改造人为主，培养造就人为辅，即通过系统的思想、文化和技术教育，矫正罪犯的心理和行为，将绝大多数的罪犯改造成为自食其力的守法公民和社会主义建设的有用之材，目标是达到预防和减少犯罪。

教育内容侧重点不同。普通教育的侧重点在于系统地传授科学文化知识和培养技能；罪犯教育的侧重点则在于罪犯思想的转化和品行的矫正。也就是说，在罪犯教育中，思想教育是核心，文化、技术教育必须围绕思想教育这一中心来进行，即以法制、道德、形势、政策和前途教育为中心，同时辅以文化知识、职业技术教育。

教育过程不同。社会上的普通教育是在受教育者自觉自愿的情况下进行的；罪犯教育则是监狱执行刑罚的一项执法活动。罪犯是在惩罚管制的条件下被强制要求接受的一种教育，这也是罪犯在服刑期间必须履行的一项法定义务，罪犯不得拒绝接受教育。

教育方式不同。普通教育可根据学制长短、文化知识水平高低，在较集中的时间内进行，有较为固定的教育制度和组织形式；罪犯教育则因对象的特殊性，包括刑期长短不一，恶习深浅不同，文化程度高低参差等，需要一套较为机动灵活的符合罪犯教育规律的独特的教育制度和教育方式。

（二）罪犯教育的主要特征

1. 刑罚惩罚性。

罪犯教育是由国家刑事法律所规定的、由国家刑罚执行机关来强制性实施的教育，是一项执法活动。我国《监狱法》中规定"监狱应当对罪犯进行思想、文化和职业技术教育"。同时还规定："罪犯必须接受教育"。因此，罪犯教育具有刑罚惩罚性。

2. 教育改造的目的性。

罪犯教育是贯穿罪犯服刑始终的一项教育活动，服刑过程就是接受教育改造的过程。罪犯教育目标明确：罪犯教育内容始终紧紧围绕罪犯改造目标进行，始终坚持以罪犯的思想转化和品行的矫正为重点，化消极因素为积极因素，引导罪犯形成正确的人生观、价值观、道德观，使罪犯能沿着改恶从善的轨迹改造。

3. 适应罪犯变化的灵活性和针对性。

罪犯教育对象的复杂性决定了罪犯教育任务的艰巨繁重。必须根据罪犯的情况变化采用针对性的教育内容和灵活多样的教育方法。

(三) 罪犯教育学

教育学是研究普通教育现象及其规律的一门社会科学。罪犯教育学是研究和揭示罪犯教育现象及其规律的科学。它是按照国家意志和要求，以我国罪犯改造成功经验为发展基础，同时吸收了多种学科的先进理论而建立起来的一门改造罪犯、造就新人的应用学科。它是我国几十年来罪犯教育的经验总结和理论概括。

罪犯教育学是马克思主义与中国罪犯教育工作实践相结合的产物。马列主义、毛泽东思想、邓小平理论、"三个代表"重要思想、科学发展观是我们党和国家的指导思想和理论武器。马克思主义的刑罚观和关于物质与精神，存在与意识，实践与认识，阶级与国家，经济基础与上层建筑，以及无产阶级改造社会、改造人类的思想，是罪犯教育理论构建的重要的理论依据，为罪犯教育学的建立提供了坚实的基础。因此，罪犯教育学是以马克思主义基本理论为指导，深深扎根于我国罪犯教育实践经验沃土之中，具有中国特色的系统的独立的学科。

罪犯教育学的出现，是缘于教育改造罪犯实践的需要。改造教育罪犯其实质就是消除罪犯的犯罪意识，矫正其恶习，同时，使他们树立正确的世界观、人生观、道德观，培养他们的劳动技能，使之成为自食其力的守法公民。要实现这一改造目标，不仅有赖于对罪犯实行惩罚管制、严格管理和强制生产劳动，而且必须进行有目的、有计划、有组织的罪犯的教育工作。罪犯教育的地位重要，任务繁重，必须掌握罪犯教育的基本理论，必须有科学性的理论指导。只有这样，罪犯教育才能取得预期的效果。罪犯教育实践遇到的新问题，也同样需要理论来解疑与指导。罪犯教育学正是适应我国罪犯教育的迫切需要建立起来的。

二、罪犯教育学的产生与发展

随着罪犯教育实践的不断发展，我国罪犯教育工作积累了丰富的经验。罪犯教育学正是在我国长期罪犯教育的实践中，在创造和积累了丰富经验的基础上形成发展的。

我国罪犯教育学的形成与发展大致经历了实践阶段、形成阶段、发展创新阶段。

（一）实践阶段（1930 年 –1980 年）

我国罪犯教育实践，始于 20 世纪 30 年代苏维埃政权时期。当时，陕甘宁边区民主政府非常重视罪犯的教育改造工作，在有关法律、法令、条例中，以立法的形式对罪犯教育作出了明确的规定，并进行了积极实践探索。由于当时战争环境特殊，特别是开展游击战争，当时监狱、看守所对罪犯不可能开展系统的、形式多样的教育活动，只能采取较为单一的教育形式进行内容比较简单的教育。到了 1949 年，新中国成立后，毛泽东提出的改造罪犯思想为创建社会主义监狱制度提供了依据，特别是 1954 年《中华人民共和国劳动改造条例》的颁布实施，标志我国罪犯教育工作进入了一个新的阶段。几十年来，我国监狱先后成功改造了大批日本战犯和历史反革命分子。在教育改造的指导思想、教育改造的方针政策、教育改造的内容方法、教育改造的组织管理方面，积累了丰富的实践经验。这些经验，通过法律法规、政策文件等形式固定下来，为罪犯教育学科的诞生奠定了基础。

（二）形成阶段（1981 年 –1985 年）

以党的十一届三中全会胜利召开为标志,我国罪犯教育开始进入形成阶段。党的十一届三中全会以后，在邓小平理论指导下，我国的理论研究工作蓬勃发展，监狱科学研究有计划有组织地开展起来。进入到 20 世纪 80 年代，随着我国政治、经济的不断发展,社会生活的不断变化,我国押犯构成发生了很大变化，青少年刑事犯罪的罪犯成为主要的关押对象，监狱工作发生了很大变化，对监狱工作干部的理论水平要求愈来愈高。1981 年 8 月，第八次全国劳动改造工作会议召开，大会对建国以来的劳动改造工作进行了系统总结。这次会议总结出的基本经验为罪犯教育学的理论研究提供了有利条件。随后，监狱主管部门为了提高监狱民警政治、业务素质，指导罪犯教育实践，于1983年组织一批法学工作者、教育工作者和一线民警着手编写监狱专业教材，把长期积累的实践经验上升为理论化、系统化的科学理论，并于1985年7月成立中国法学会劳改法学研究会（现监狱学会），1985年11月出版发行我国第一部罪犯教育理论专著——《改造教育学》。由此，我国罪犯教育学以一门独立的学科问世。这大大推进了罪犯教育实践的向前发展。

（三）发展创新阶段（1986年以来）

罪犯教育学的诞生使罪犯教育实践有了科学的指导，也使我国罪犯教育进入了发展创新时期。尤其是1994年12月《中华人民共和国监狱法》的颁布实施，罪犯教育有了新的突破和发展。譬如，对罪犯政治教育、文化教育、职业技术教育实现了课堂化、正规化、系统化；同时，针对罪犯心理实行科学分押、分管、分教；运用心理学的行为差异相关知识和原理，有针对性地开展罪犯心理矫治工作；广泛借助各种科技手段，提高教育改造效率等等。总之，随着罪犯教育实践的不断发展，罪犯教育新经验的不断涌现，监狱理论工作者的不断探究，全国一些院校的各种罪犯教育教材的不断推出，全国罪犯教育研究机构的成立，我国罪犯教育的理论研究和实践都进入一个全面发展的新阶段。

三、罪犯教育学的学科定位

科学的不断发展，产生出一个个新的学科，这些新学科或依赖于原有的学科群，或由几个新学科组成新的学科群。某一学科的学科定位，是由它和其他学科的关系决定的。罪犯教育学的学科地位取决于与之相关学科的关系。

（一）罪犯教育学与教育学的关系

教育学是研究社会教育现象揭示社会教育规律的科学。其研究范围包括教育的本质、目的、方针、制度，各项教育工作的任务、过程、内容、方法以及教师与学生等问题。教育学研究的教育现象，从广义而言，包括一切有目的的增进人们的知识、技能、改进人们思想意识的活动。罪犯教育无疑是属于广义教育的范围。虽然罪犯教育属于强制教育类型，但教育学所阐明的带有普遍性的根本原理、原则，对罪犯教育具有普遍的指导意义，是罪犯教育学创立形成和发展的理论基础和依据。由于罪犯教育对象是罪犯，是在执行刑罚过程中的教育，教育内容侧重于认罪服法、改造思想、矫正恶习等，这又使罪犯教育有别于社会上一般教育、普通教育。因此，罪犯教育在遵循教育学的基本原理、原则基础上，必须从教育对象的特殊性出发，灵活运用，解决自己所要解决的问题。因此，罪犯教育学是整体教育的一个组成部分，是一般教育学的理论、原则在罪犯教育中的运用和发展。罪犯教育依托一般教育，罪犯教育又不同于一般教育，二者是特殊和一般的关系。

（二）罪犯教育学与心理学的关系

心理学是研究人的心理现象及其活动规律的科学。心理是人脑的机能，是个人在现实生活活动中对客观事物的主观反映活动。心理现象由心理过程、个性心理特征和心理状态等部分组成。由于心理学以个人为对象，通过对个人心理活动的研究，掌握人类心理活动的普遍规律，所以一切有关人类的学科都会与心理学发生密切的联系。

研究罪犯教育学必须以学习掌握罪犯心理为前提。罪犯教育学研究如何对罪犯实施教育，促使其心理、行为转化。心理学所揭示的人的心理现象的发生、发展和变化的客观规律，是指导罪犯教育学研究转化罪犯心理、行为的方法论，也是研究罪犯教育改造规律、罪犯特征以及对罪犯进行各种教育活动的心理学依据。同时，罪犯教育学对罪犯心理的研究也为心理学的研究提供了新的课题，比如确定个别人心理发展偏离一般发展方向的原因，制定诊断这种倾向的方法等。这就要求心理学开辟新的分支学科领域——罪犯矫治心理学，它与罪犯教育学共同构成了监狱学体系中的一个分支学科。

（三）罪犯教育学与刑法学、刑事诉讼法学的关系

罪犯教育学与刑法学、刑事诉讼法学的关系十分密切。刑法学是以犯罪和刑罚为研究对象的科学。刑法是以国家的名义颁布的关于什么行为是犯罪和对罪犯处以刑罚的法律。罪犯教育学是研究如何对罪犯进行教育改造，揭示罪犯教育规律的科学。罪犯教育是在对罪犯执行刑罚过程中的教育改造。教育改造的首要任务是使罪犯认罪服法、改恶从善、悔过自新，最终成为自食其力的守法公民。因此，罪犯教育只有以执行刑罚为前提条件，才能有效地教育罪犯。同时对罪犯实施教育改造，又是实现刑罚的特殊预防目的的关键环节。所以，罪犯教育学的研究和阐释，必须以刑法学为依据。

刑事诉讼法所研究的内容就是依照法定诉讼程序，揭露犯罪事实，解决被

告人是否有罪，应否判处刑罚所进行的侦查、起诉和审判活动。罪犯教育的首要问题是解决罪犯认罪服法问题。在刑事诉讼程序中，正确解决了罪犯的定罪量刑问题，就为罪犯教育工作提供了良好的前提条件，教育改造工作的向前延伸，在一定意义上是指通过刑事判决过程对罪犯产生教育影响。

总之，罪犯教育的实施，罪犯教育原则、规律研究和确立的重要依据就是刑法、刑事诉讼的有关原理。因此，罪犯教育学与刑法、刑事诉讼法有着密切的联系。

（四）罪犯教育学与监狱学科的关系

罪犯教育学在监狱学科体系中，占有十分重要的地位，与其他监狱学科有着很密切的关系。

首先，罪犯教育学是监狱学群体中的骨干学科。罪犯教育学与监狱法学、狱政管理学、罪犯矫治心理学等共同构成监狱科学的理论体系，它们有着共同的发展前提和基础，有着共同的服务对象。罪犯教育学作为监狱学群体中的骨干学科，是由它在监狱工作实践中的地位作用决定的。我国监狱对罪犯执行刑罚的终极目标，就是将罪犯改造成自食其力的守法公民。为了实现这一目标，必须在对他们实行严格管理的前提下，结合生产劳动，对罪犯实施思想教育、文化教育和职业技术教育，千方百计提高他们的文化素质，培养和提高他们的劳动技能。在改造罪犯思想，造就社会新人的活动中，罪犯教育发挥着不可替代的主导作用。同时，罪犯教育学研究的成果对推动监狱各项工作有着普遍的指导意义，这就在客观上使得罪犯教育学成为监狱学科的骨干学科。其次，罪犯教育学与狱政管理学、罪犯心理学、罪犯劳动管理学等相关学科相互渗透、互为依据。我国狱政管理学的突出特点就是要在管理中渗透教育感化因素，寓管于教，管中有教。因此，罪犯教育学有关问题的论述与狱政管理学具有一致性。同时，罪犯教育学的一些原理，也是狱政管理学深入发展的客观依据。特别是随着我国监狱工作法制化、科学化、社会化进程的不断深入，狱政管理学的学科内容必将进一步丰实起来。罪犯心理矫治学所揭示的原理、规律是罪犯教育学的理论基础和科学依据。研究罪犯教育学必须以学习掌握罪犯心理为前提，只有这样，才能使罪犯教育工作有的放矢。同时，罪犯教育学在理论研究和实际运用中，还为罪犯心理学研究提供新的课题，使其体系更加完整、内容更加充实。

罪犯教育学作为监狱法学体系中的一个分支学科，在监狱工作中具有实体性、主动性、指导性作用，罪犯教育活动渗透于罪犯的惩罚、管理、劳动等各个方面，而且罪犯教育学的研究成果、理论发展又对监狱各项工作有着极为重要的影响，所以从客观上使得罪犯教育学在监狱学体系中有着举足轻重的作用。

四、研究罪犯教育学的意义

研究罪犯教育学，学习和掌握我国罪犯教育的基本理论、基本内容和基本方法，对推进监狱工作法制化、科学化、社会化建设进程，确保罪犯教育攻心治本功能的发挥，具有十分重要的现实意义和深远的历史意义。

（一）学习研究罪犯教育学，有利于推进监狱工作法制化、科学化、社会化进程

监狱工作法制化、科学化、社会化建设的推进，为罪犯教育工作的发展提供了新的发展机遇。罪犯教育学就是研究罪犯教育活动的实践经验，并且进行科学的抽象和概括，从中找出规律性的东西，形成系统的理论，然后回到教育实践中去，指导罪犯教育活动的开展。随着我国监狱的"三化"建设及监狱体制改革的不断深入，监狱工作开始向法制化、规范化、文明化、效率化、科学化方向迈进。但是，在社会犯罪恶性化趋势日趋严重、押犯构成复杂化趋势日益明显的今天，罪犯心理需求畸变、改造动机日趋功利、服刑意识趋向淡化、改造过程趋向曲折等新时期出现的新问题，为罪犯教育改造工作提出了新的挑战。现行教育内容陈旧、空洞，教育形式呆板；文化教育忽视教育规律，忽视有针对性的个别指导，对罪犯教育不够扎实；思想教育主要通过集体大课教育，队前讲话教育方式进行。这种教育模式显然不符合罪犯思想多元化发展的实际，也必然使罪犯教育变得空洞、单调、乏力，不能为罪犯所接受。因此，要适应罪犯教育的新形势、新情况就要使罪犯教育科学化，就要用罪犯教育学指导监狱工作"三化"建设进程。否则，不仅影响罪犯改造质量，而且还影响到整个监狱工作能否适应和谐社会发展要求。所以罪犯教育学的研究对于促进监狱工作法制化、科学化、社会化具有极为重要的推动作用。

（二）学习研究罪犯教育学，有利于强化监狱警察队伍专业化程度，增强工作自觉性、创新性

罪犯教育学是罪犯教育多年实践经验的理论概括，是对罪犯教育现象及其

发展规律的科学总结。监狱民警学习和掌握罪犯教育学这门学科理论，有助于胜任越来越复杂的罪犯教育工作。能够根据不断发生变化的押犯构成成分、构成特点，确立科学认识罪犯、科学改造罪犯的改造理念；能够主动遵循罪犯教育规律，练就一身"庖丁解牛"的本领，提高罪犯教育的针对性、有效性；能够避免狭隘的经验主义，提高自觉性，发挥创造性，适应罪犯教育工作的新形势，做好罪犯教育工作。

（三）学习研究罪犯教育学，有利于提高罪犯改造质量

罪犯教育是我国监狱机关对依法服刑罪犯进行的转变思想、矫正恶习的系统影响活动。在改造罪犯的所有措施中，罪犯教育居于核心地位，对其他改造内容起统领作用。罪犯教育经过几十年的探讨和实践，取得了巨大的成就，逐渐形成了适合我国国情的教育改造罪犯的原则、内容和方法，罪犯教育工作获得长足的发展。同时，由于监狱体制改革的不断深入，转轨时期，许多原来行之有效的策略、制度和方法或失去了原有的效用，或原有的效用趋弱，犯罪领域的新变化，增加了罪犯的抗改性和难改性。这对监狱民警的改造工作提出了更高的要求，罪犯教育工作迫切需要重大改革和创新。

罪犯教育学作为监狱学科体系中的骨干学科、应用学科，既要总结历史经验，又要研究新的历史时期罪犯教育工作的规律、特点、方法，既要研究我国罪犯教育，也要研究国外的罪犯教育。这将有助于监狱民警提高对罪犯教育工作的认识，增强罪犯教育工作的针对性、适应性和实效性，发挥监狱民警做好罪犯教育工作的自觉性和创造性。这对于指导罪犯教育工作，提高改造质量，有着现实的积极作用。

第二节　罪犯教育学研究的对象和方法

一、罪犯教育学的研究对象

罪犯教育学是研究罪犯教育这一社会现象及其规律的科学。研究罪犯教育这一特殊社会现象及其规律，具体包括以下几个方面的内容：

（一）研究罪犯教育的基本原理

原理是科学的核心。罪犯教育学作为一门科学，首先，要科学地阐述罪犯

教育这一特殊社会现象的内在矛盾、外部联系、基本观点、本质属性以及罪犯教育的发展变化规律等方面的问题，这样才能全面、准确地把握罪犯教育的本质属性。其次，上述问题得到了正确的回答和解释才能展示研究对象的基本任务、活动原则、基本方法、达到的目标。再次，要探索和揭示研究对象运动、变化的规律，为各种矛盾的转化和处理创造条件。所以，罪犯教育的基本原理是罪犯教育学首先应当研究和认识的问题。

（二）研究罪犯教育的主要内容

《中华人民共和国监狱法》中明确规定，罪犯教育的主要内容包括政治、文化、技术等方面。这是根据我国罪犯教育性质、任务确定的，是反映罪犯教育性质和趋向的实体性因素，是完成教育改造任务，达到教育改造目的所必须的最基本的一些内容。罪犯教育内容不仅要符合社会主义市场经济发展的基本要求，还要考虑社会的政治、法律制度及教育对象等因素，既要适应客观需要，又要切实可行；既要有一定的稳定性、系统性，又要与时俱进，与社会发展相适应。

（三）研究罪犯教育应遵循的原则

罪犯教育原则是依据罪犯教育的性质、任务、指导思想而确定的。罪犯教育原则是指导罪犯教育工作、规范罪犯教育者实施教育改造的思想和行动法则。例如，理论联系实际、因人施教、以理服人、言教与身教相结合、循序渐进等原则都是监狱机关改造罪犯工作的实践经验的总结，对于指导教育改造工作有着十分重要的意义。罪犯教育工作者在实际改造工作中必须认真贯彻执行罪犯教育原则，并要不断使其完善。因此说，罪犯教育学有必要对教育改造原则进行深入的研究和阐述。

（四）研究罪犯教育的基本方法

教育方法是教育者与受教育者在共同活动中采用的途径、程序和达到目标的必要手段。毛泽东同志指出："我们不但要提出任务，而且要解决完成任务的方法问题。我们的任务是过河，但是没有桥或没有船就不能过。不解决桥或船的问题，过河就是一句空话。不解决方法问题，任务也只是瞎说一顿。"[1]在教育内容确立之后，教育方法便是指向目标和达到目标的关键因素。因此，罪犯教育的基本方法也是罪犯教育学的重点研究课题。

罪犯教育是一种特殊的教育，其教育活动具有与普通教育不同的特点。普通

[1]《毛泽东选集》第一卷，人民出版社，1991年6月第二版，第139页。

教育是以课堂教育为主，教育内容是以进行科学文化知识和理论的传授为主，同时进行思想品德教育。而罪犯教育是以思想教育为核心，文化教育为基础，技术教育为重点，并针对不同的罪犯进行不同内容的教育，在教育方法上是多种方式并重的，总的来说有一般教育法和课堂教育法。一般教育法又包括集体教育法、个别教育法、社会教育法和辅助教育法等。课堂教学法又包括课堂讲授法和政治思想、文化技术等分科教学法。诸多教育法构成一个互相联结、互相补充的方法体系，推动罪犯教育活动有计划、有组织的展开，最终实现教育目的。

罪犯教育对象是情况千差万别的个体和群体，无论是在刑期、犯罪性质、个性差异、年龄、文化程度等方面，都存在巨大的差异，而罪犯教育又具有法律强制性、时限性和目的性特征，因此，必须要研究罪犯教育方法的针对性、有效性、灵活性及艺术性，只有采取科学的教育方法，才能实现罪犯教育目标。

（五）研究罪犯教育的组织实施以及实施过程中出现的新情况新问题

罪犯教育的组织实施，包括罪犯教育的基本制度、行政管理体制和有关基本措施，是完成罪犯教育任务、达到罪犯教育目的所必须的制度保证和组织、措施保证；罪犯教育又是一项针对性和灵活性很强的活动，它所面临的对象、问题、背景、条件，总是在不断变化的，比如，押犯构成的变化，改造任务的艰巨等等，只有与时俱进，不断研究新情况、解决新问题，才能提高罪犯教育效果。

二、罪犯教育学研究方法

（一）理论联系实际的方法

理论源于实践，而理论的意义又在于指导实践，并在实践中检验和发展。罪犯教育学产生于监狱行刑和改造罪犯的实践，是实践经验的科学总结和理论概括。研究罪犯教育学必须以监狱工作的实践为基础，从客观实际出发，既要总结过去的经验又要研究现实的情况，要紧密联系监狱工作的实际，从不断变化的新情况、新问题中揭示监狱工作的新特点和规律，提出新对策。

运用理论联系实际的方法，一方面要学习和掌握罪犯教育的基本理论，以及相关的法律、法规制度，一方面要深入监狱调查研究，了解监狱工作新情况、新问题、新经验，并将经验不断升华为理论。

（二）调查研究法

罪犯教育学作为一门实践性较强的学科，其丰富资料来源主要在惩罚和改造罪犯第一线。研究罪犯教育学，就要深入到监狱做实地调查，只有这样，才能在占有大量实践材料基础上进行综合和分析，找出罪犯教育的规律。而且，要对罪犯做好教育工作，也必须经过调查研究，了解罪犯的实际情况，摸清问题，对症下药，有的放矢地进行教育，实事求是地解决问题，只有这样，才能收到罪犯教育的实效。调查的方法多种多样，主要有问卷调查、个别谈话和座谈会等。

问卷调查。即研究者通过设计一系列书面问题来征求回答者的书面意见，以获取研究资料的方法。问卷调查的关键是问卷的编制、调查对象的选取，对统计结果的解释。

个别谈话。研究者就事先拟定的有关的问题与相关人员进行交谈，以获取必要的信息资料。个别谈话有利于挖掘被研究人较深层次的问题。

（三）统计研究法

统计研究法主要是通过观察、测验、实验和调查，把得到的大量数据材料进行统计分类，以求得对新研究的罪犯教育现象做出数量分析的方法。在罪犯教育实践中，可以使用描述统计的方法，把通过实验或调查得来的大量数据加以整理，找出这些数据分布的特征，计算出集中趋势或相关系数等，然后将统计分类的数据绘制成统计表，从而揭示罪犯教育的特点和规律。例如，《中国盗窃犯心理研究》通过对大量的调查数据进行统计分析，最终得出关于盗窃犯罪的相关现象，为改造盗窃犯罪提供了翔实材料。统计法一般分为两大步骤：一是进行统计分类，整理数据，列出系统，绘制出统计表和统计图；二是数量分析，通过数据进行计算，找出集中趋势、离中趋势或相关数据，从而找出改进工作措施。

（四）比较研究法

比较研究法是对某类现象在不同情况下的不同表现进行对比研究，借以找出特殊本质和普遍规律的方法。进行比较研究的步骤主要是：（1）描述。描述即是把要进行比较的罪犯教育现象的外部特征加以描述，为进一步分析、比较提供必需的资料。（2）整理。就是把收集到的有关资料进行整理。（3）比较。即对资料进行比较，找出异同和差距，提出合理运用的意义。运用比较研究法研究罪犯教育现象可以克服罪犯教育学研究中的狭隘性，有利于人们获得新的认识和发现，特别是通过中外罪犯教育比较、研究，能帮助认识我国罪犯教育状况、特点及发展方向。

三、罪犯教育学的学科体系

罪犯教育学是以马列主义、毛泽东思想、邓小平理论、"三个代表"重要思想、科学发展观为指导，遵循普遍教育规律，研究和揭示罪犯教育现象及其规律的学科。罪犯教育学的体系是我国罪犯教育理论的一系列内容的有机构成。本教材所讲的罪犯教育学体系是本书的内容构成。本书分为五个部分，共十章。

第一部分：第一章至第五章。主要是对罪犯教育学的概况、历史发展、研究对象、学科体系、学科地位，以及罪犯教育的性质、任务、基本规律、基本原则、客观对象和主导因素进行了论述。领会和掌握这部分内容，对于全面学习、研究罪犯教育学具有指导意义。

第二部分：第六章。这一部分主要阐述罪犯教育的基本内容、作用及实施途径，揭示罪犯教育内容的必要性、先进性、合理性。

第三部分：第七章。主要阐述罪犯教育方法。掌握罪犯教育方法，能提高罪犯教育效率，取得良好的教育效果。

第四部分：第八章、第九章。这部分主要阐述不同犯罪性质、不同类型服刑人员的分类教育。掌握这部分内容，可以提高罪犯教育的针对性、实效性。

第五部分：第十章。主要阐述罪犯教育效果评估问题。

第三节　罪犯教育的性质和任务

一、罪犯教育的性质

罪犯教育的性质，是指我国监狱罪犯教育活动本身所固有的根本属性或本质属性。监狱作为国家刑罚执行机关，是国家机器的组成部分，担负着对罪犯执行刑罚的重要职责，在贯彻依法治国基本方略，维护社会和谐稳定和国家进步发展中起着不可替代的重要作用。监狱的安全稳定，罪犯教育质量的不断提高，是建设社会主义和谐社会的基石和有力的司法保障。罪犯教育作为监狱的一项重要职能，体现着刑事司法本质属性。罪犯教育不但具有"刑罚执行"特性，还具有再塑性教育属性。

（一）罪犯教育是监狱刑罚执行的一项基本内容，具有法律强制性

我国《刑法》第46条规定："被判处有期徒刑、无期徒刑的犯罪分子，在

监狱或者其他执行场所执行；凡有劳动能力的，都应当参加劳动，接受教育和改造。"《监狱法》总则部分、第 61 条至第 68 条专门规定了对罪犯必须进行教育以及教育的内容、原则和方法。国家法律关于罪犯教育的具体规定表明，监狱是国家的刑罚执行机关，让罪犯接受劳动和教育是监狱行刑的基本要求，对罪犯进行教育改造是我国监狱执行刑罚所固有的法定内容和要求。依法接受教育既是罪犯的法定权利，同时也是罪犯必须履行的义务，具有明显的强制性。

（二）罪犯教育是监狱改造罪犯的重要手段，具有适应罪犯变化的灵活性和针对性

《监狱法》以法律条文的形式，明确了监狱对罪犯实施惩罚改造的三个基本手段，即狱政管理、教育改造和劳动改造。狱政管理是改造罪犯的前提和保证，生产劳动是改造罪犯的基础，它们不仅具有维护正常改造秩序、确保监狱安全、保证各项教育改造措施正确施行的功能，而且还对罪犯思想转化有着潜移默化的影响作用。罪犯教育与之相比，其改造人的作用更为明显、突出。教育在人的身心发展中起主导作用，罪犯教育是我国监狱工作的基本特色和传统优势，贯穿于罪犯改造的全过程，对罪犯改造同样具有定向性的主导作用。这是因为，一切犯罪行为的发生，都有其社会因素和个人思想因素，其中个人思想因素是内因，是决定罪犯是否犯罪的关键。个人思想因素属于精神世界方面的问题，是不能靠严格监管、强迫命令、压服解决的，要解决这方面的问题，必须通过系统的、经常的、内容丰富、形式多样的专门的教育活动才能解决。罪犯教育的目的正是要化消极因素为积极因素，消除罪犯的犯罪思想，矫正罪犯恶习，把罪犯改造成为守法公民。罪犯教育可以针对罪犯不同的情况因人施教，根据罪犯情况的变化采用不同的内容和方法，灵活运用。因此罪犯教育在转化罪犯思想中起着主导作用。

（三）罪犯教育是有明确目的的再塑教育

人的成长过程就是不断社会化的过程。人从出生开始，社会通过各种教育方式使自然人逐渐学习社会知识、技能与规范，从而形成自觉遵守与维护社会秩序和价值观念的意识，取得社会人的资格，这一教化过程即为社会化。如果在社会化过程中由于种种原因出现了社会化问题缺陷，就有可能导致人出现偏离行为，甚至是发生犯罪行为。这是人的社会化过程中的病态现象，意味着社会化的失败。需要社会将他们置于特定环境、特定条件下进行再社会化，使其

成为合格的社会成员。监狱就是对罪犯进行再社会化的场所，就是重塑罪犯的社会角色。这种再塑性教育始终围绕"改造罪犯犯罪思想和不良品德，矫正罪犯恶习和不良生活习惯这一中心进行"。再塑性教育是一项从"负数"开始的教育活动，对教育者的要求相对更高。

二、罪犯教育的任务

监狱作为国家的刑罚执行机关，依法对判处有期徒刑、无期徒刑、死刑缓期两年执行的罪犯执行刑罚，实施惩罚与改造，把他们改造成为守法公民。依据这项总任务，罪犯教育要着重完成以下具体任务：

（一）转变罪犯思想、矫正罪犯恶习

转变思想是通过教育活动转变罪犯错误的思想观点，清除各种犯罪思想意识。即用马克思主义的世界观和方法论去冲击他们的思想阵地，从根本上促进罪犯世界观、人生观的转化，使其在改造中逐步树立科学的世界观并掌握科学的方法论。罪犯之所以走上犯罪道路，究其原因主要是个体人生观的根本错误和扭曲的结果。罪犯错误的世界观、人生观一经形成，具有一定的稳定性，要把罪犯改造成守法公民，必须通过强有力的法制教育、认罪教育、劳动教育及形势政策等教育，转变罪犯错误的或反动的立场、观点，从思想上消除其享乐腐化、损人利己、无视公共秩序和法纪、违背社会公德的犯罪思想。罪犯思想转化在行为上的表现是：服从判决，接受处罚，遵守法律法规，遵守监规纪律，接受改造。

矫正恶习是通过严格的纪律要求及行为养成训练，帮助罪犯克服恶劣的不良行为习惯。一个人的思想与行为是互相联系和互相影响的。思想活动支配行为，行为实施的结果又强化思想观念。罪犯犯罪行为的发生是在犯罪意识的支配下，逐步形成发生的。一般是从不良行为习惯逐渐发展成违反道德规范、法律规范的错误行为。因此要彻底改造罪犯，必须把世界观问题和恶劣习惯问题予以同步解决。恶习不仅是导致罪犯犯罪的重要因素，也是妨碍罪犯自觉改造、积极改造的严重障碍。必须进行有意识、有目的的系统矫治。恶习的矫正不是一朝一夕能完成的，所谓"冰冻三尺非一日之寒"。矫正恶习除了结合狱政管理等多种手段外，主要靠教育的手段。教导社会规范是必不可少的内容，用社会主义法律、道德等社会规范去指导、制约和矫正罪犯的行为习惯。帮助其认识恶习的危害，下定矫正恶习的决心。

（二）传授知识、培养技能

文化是人类在社会历史发展过程中，所创造的物质财富和精神财富的总和，是人类在社会实践中积累起来的丰富经验，是文明、进步的象征。教育则是传授知识的主要途径。

从罪犯构成状况看，罪犯的文化程度比较低，有相当一部分是文盲和半文盲，无知和愚昧不仅是他们走上犯罪道路的重要因素，而且也不利于开展教育改造。因为缺乏文化知识，他们认知狭窄、偏执，对党的方针和政策不了解、不理解，思想保守、愚昧，目光短浅，粗暴野蛮，从而逐渐走上犯罪道路。在服刑期间，一些罪犯也表现为思想固执、不服管教，对监狱开展的教育活动表示厌烦，抗改性明显。让罪犯通过教育增长知识是彻底改造罪犯的必然要求。一是可以促进罪犯的思想改造。二是可以促使罪犯成为有用之材。三是可以促使罪犯适应社会。

培养罪犯劳动技能，是监狱教育改造工作的法定任务。《监狱法》第 64 条规定："监狱应当根据监狱生产和罪犯释放就业的需要，对罪犯进行职业技术教育。"对罪犯进行职业技术教育是改造罪犯思想的需要。好逸恶劳、缺乏劳动意识、劳动技能和劳动习惯是多数罪犯的犯罪原因，只有组织罪犯学习劳动技能，才能让罪犯在学习过程中体验劳动的艰辛，懂得劳动成果的来之不易，才能逐渐转变好逸恶劳的思想，树立正确的人生观、价值观。培养罪犯的劳动技能，可以将罪犯的精力和聪明才智引导到钻研技术上来，挖掘罪犯潜能，把原来对社会的消极的破坏因素转化为积极的建设因素；对罪犯进行劳动技能的培养，使罪犯掌握一技之能，可以使罪犯能够在刑满释放重返社会时，依靠自己的技能谋生，自立于社会，服务于社会，做一个守法公民和有用之人，不至于因生活无着落而重新犯罪。事实证明，监狱开展文化、技术教育，对于罪犯适应社会，做自食其力守法公民具有重要作用。

（三）完善罪犯人格，促进罪犯身心发展

罪犯教育效果最终体现在罪犯的人格上。罪犯人格包括个性倾向性（需要、动机、兴趣、理想、信念和世界观）和个性心理特征两个方面，是一个人的整个心理面貌的反映。罪犯犯罪行为的发生，与其缺乏良好的心理管理能力及良好的人格有关，所以要从根本上转变罪犯的犯罪思想，矫正其恶劣的行为习惯，除了进行思想教育、文化技术教育外，还要进行针对性心理健康教育，从完善罪犯人格，提高其心理管理能力入手，增强罪犯的社会适应能力，对罪犯进行心理教育，让罪犯学会调节自我。此外，逐渐完善罪犯人格还有利于监管改造秩序的稳定，提高改造质量。罪犯在改造中普遍存在抑郁焦虑、人际关系敏感、恐惧、烦躁等心理状态，在监狱中表现出不愿参加集体活动、逃避劳动、厌学、混刑度日等问题。这些不健康心理，严重阻碍着罪犯接受惩罚和改造。为此，罪犯教育活动的一个重要任务就是对罪犯进行心理教育，以各种手段提高罪犯的社会适应性，使其行为方式符合社会要求，具有更充分的社会性。

第四节　罪犯教育的规律

规律是客观事物和客观现象内在的、本质的必然联系。宇宙间无论任何事物和现象都有自己运动、变化的规律。罪犯教育也有自己的内在的本质的必然的联系，即罪犯教育规律。认识和掌握罪犯教育规律，是直接关系改造人、造就人的一个重要问题，探索它非常必要。罪犯教育规律归纳起来有：

一、强制教育与自觉改造相适应的规律

强制教育是强迫罪犯改造的基本手段之一。强制教育与自觉改造相适应规律，就是罪犯由强迫改造到自觉改造这一客观斗争过程的反映。

强制教育的强制性，从实施教育的主体看：一是罪犯教育是在惩罚管制的前提下进行的；二是教育方法和教育制度是法定的；三是教育的内容是定向的。从实施教育的客体看：罪犯在受到国家法律制裁，失去自由，行动上受限制以后，导致其犯罪的思想意识并不会自动消失或发生转变，不会也不可能主动接受教育改造，而是时刻都有可能进行破坏和捣乱。因此必须通过强制教育进行正确思想的灌输和行为引导。由于强制教育的内容具有定向进攻性的特点，加上组织制度上的保证，强制教育既具有强大的矫正思想作用，也有积极的引导和指示作用。强制教育是罪犯接受改造的必经的阶段。然而，辩证法认为，事物发展变化的根本原因，不在事物的外部，而是在事物的内部，在于事物内部的矛盾性。内因是变化的根据，外因是变化的条件，外因通过内因而起作用。

强制教育的主导作用或深刻的正面影响，只有通过罪犯本身内在因素，通过罪犯的自觉改造才能收到显著效果。

自觉改造是罪犯认识到被改造的必然性和改造的必要性以后产生的主观能动性，是罪犯自愿接受教育，联系实际，主动学习，自觉清除犯罪思想，矫正恶习，并能用社会道德规范、法律规范控制、支配和鉴别自己行为的活动过程。从强制改造到自觉改造，是一个艰巨的斗争过程，是罪犯从被迫改造逐渐发展为自觉改造的过程，是罪犯入监改造到成为自食其力的公民的转变过程。在教育过程中，不管他们愿意否，都要坚持强制教育。通过教育，接受改造的罪犯从思想开始转化到有比较深刻的认识，由完全强制到半强制，由根本不自觉到半自觉，再由半自觉逐渐转化为自觉改造。尽管这种变化是缓慢的、渐进的，但还是促使罪犯向好的方面转化的必不可少的过程。

二、转化罪犯思想与传授知识相促进的规律

转化思想，矫正恶习与增长知识、培养技能是罪犯教育的任务，是罪犯教育的统一过程。只有将二者结合起来，保持两者之间的协调，使之互为因果、互相促进，才能切实解决好罪犯知罪悔罪和明途知进问题，调动罪犯改造的主动性和自觉性，才能提高罪犯教育的质量。如果片面强调转变思想，忽视知识技能传授，那么思想转变就会成为无源之水，无本之木。如果只强调传授知识技能，忽视转变思想，就不能达到改造罪犯成为新人的根本目的。转变罪犯的思想是教育工作的中心环节，传授知识是转变罪犯思想的必要条件，也是罪犯思想转变的重要因素。要转变罪犯的思想，只有通过深入细致的思想工作，通过传授多方面的知识，促进罪犯思想的新陈代谢，新思想、新知识才能从无到有、由小到大、由弱到强，逐步上升为支配罪犯言行的动力。也只有这样，罪犯才能逐步转变成为新人。

三、反复教育与罪犯思想反复相一致的规律

反复教育是指罪犯教育过程中对罪犯反复多次进行教育。罪犯思想反复是指罪犯在改造过程中，经常处在一种矛盾斗争状态，表现出时好时坏的样子。

反复教育是罪犯教育过程的必然反映。监狱机关要把罪犯改造成为守法公民，是一个艰巨而复杂的过程，在这一过程中，要转变罪犯的思想，提高罪犯

的认识,不是一帆风顺的。辩证唯物论的认识论认为,人的正确认识并非是一次完成的,而是经过由实践到认识,由认识到实践这样多次反复才能完成的。罪犯教育活动在提高罪犯认识方面所显现出来的情况也是如此,而且由于罪犯思想反复的情况和现象的复杂化而显得更加曲折、艰难。罪犯教育是重新塑造罪犯灵魂的工程,本身就是一个加工、复制的过程,已经包含着反复性。监狱民警在转变罪犯思想的工作中,要有长期作战的思想准备,要不断地、反复地对罪犯施加影响,使罪犯在不断除旧布新的过程中,反复地受到正面教育,不断地接受和逐步巩固新的思想。

罪犯思想反复是罪犯认识过程的必然反映。必须正确对待罪犯的思想反复,针对罪犯的思想反复,有的放矢地进行反复教育,从反复中抓反复。既要在罪犯思想反复之前进行反复教育,又要在罪犯思想出现反复之后坚持反复教育。把原则性、坚定性和灵活性结合起来,持之以恒,反复教育、反复巩固、反复提高。

思考题

1. 罪犯教育的概念及其含义?

2. 简述罪犯教育学研究对象。

3. 如何理解罪犯教育的性质及任务?

4. 认识和把握罪犯教育规律的意义及如何自觉按罪犯教育规律开展工作?

参考书目

1. 王秉中主编:《罪犯教育学》,群众出版社,2003 年版。

2. 杜雨主编:《监狱教育学》,法律出版社,1996 年版。

3. 刘世恩主编:《中国罪犯改造理论与实践研究》,吉林人民出版社,2002 年版。

4. 夏宗素主编:《监狱学基础理论》,法律出版社,1998 年版。

5. 王祖清等主编:《罪犯教育学》,金城出版社,2003 年版。

6. 阮浩主编:《罪犯矫正心理学》, 中国民主法制出版社,1998 年版。

7．吴宗宪主编:《中国服刑人员心里矫治》，法律出版社，2004 年版。

8．黄兴瑞主编:《罪犯心理学》，金城出版社，2003 年版。

当代中国司法警官院校『十一五』规划教材

第二章

罪犯教育的目的

内容提要

　　罪犯教育目的，是指对罪犯教育改造工作所要培养的人（即罪犯）的质量规格的总的设想或规定，它对罪犯教育工作具有规范、调控、评估等重要作用。确立罪犯教育目的，要综合考虑政治、经济、文化、法律制度等因素及教育规律、罪犯身心发展的特点和规律等，了解社会本位的价值观和个体本位的价值观对罪犯教育的影响。通过对不同历史时期罪犯教育目的分析和研究，把握罪犯教育目的的发展方向。

重点问题

● 教育目的及其制定依据

● 罪犯教育目的及其制定依据

● 社会本位观、个体本位观对教育和罪犯教育的影响

第一节 教育目的概述

一、教育目的及其意义

（一）教育目的的内涵

人类区别于动物的主要特点，就在于人类活动的意识性和目的性。人类可以在活动之前，根据相应的知识和情景，对活动的目的、活动的步骤等进行设想。教育作为一项重要的人类实践活动，也必然带有意识性和目的性。从教育的产生来看，教育是为了保障人类社会所积累的生活经验、生产经验等得以传递和延续而开展的一种有意识、有目的的社会活动。从教育活动的具体实施来看，教育观念的确立、教育内容的选择、教育方法及教育手段的运用，无一不受教育目的的制约。

所谓教育目的，是指社会对教育所要培养的人的质量规格的总的设想或规定，即教育所要达到的预期效果。教育目的有广义教育目的和狭义教育目的之分。广义的教育目的是指对教育活动具有指向作用的所有目标领域，它含有不同层次的目标系列，通常分为教育目的——培养目标——课程目标——教学目标等，体现为教育目的的不断细化，通过一级级目标的实现来最终实现教育目的。狭义的教育目的是指一定社会（国家或地区）为所属阶级培养各级各类人才所确立的总体要求。

（二）教育目的与教育方针

教育方针是国家或政党在一定历史阶段提出的有关教育工作的总的方向和总指针，是教育基本政策的总概括。它是确定教育事业发展方向，指导整个教育事业发展的战略原则和行动纲领。

教育目的与教育方针，既有区别也有联系。从教育目的与教育方针的联系来看，它们都含有"为谁培养人"、"培养什么样的人"等方面的规定，是教育活动所应当遵循的根本原则。通常教育目的的表述往往与教育方针是融合在一起的，教育方针表述中会包含有教育目的，教育目的的表述中会含有教育方针。从二者的区别来看，教育目的一般只有"为谁培养人"、"培养什么样的人"方面的规定。而教育方针除了这些规定外，还含有"怎样培养人"方面的规定及教育事业发展的基本原则。

在不同的历史时期，教育方针往往具有不同的特点。我们国家在不同的历史时期对教育方针都有过不同的表述。1957 年我们国家提出"我们的教育方针，应该使受教育者在德育、智育、体育几方面都得到发展，成为有社会主义觉悟的有文化的劳动者。"[①] 1958 年我们国家提出"党的教育方针，是教育必须为无产阶级政治服务，必须与生产劳动相结合"。[②] 1995 年我们国家提出"教育必须为社会主义现代化建设服务，必须与生产劳动相结合，培养德、智、体等方面全面发展的社会主义事业的建设者和接班人。"[③] 2007 年我们国家提出"坚持育人为本、德育为先，实施素质教育，提高教育现代化水平，培养德智体美全面发展的社会主义建设者和接班人，办好人民满意的教育。"[④]

（三）教育目的的意义

教育目的是教育的根本性问题。教育目的是一定社会（国家或地区）对教育培养人的根本要求，是开展所有教育活动的起点与归宿。"十年树木，百年树人"。教育活动是指向未来的事业，必须要从长远角度来进行设计，因此教育目的制定对人的发展、对社会的影响是广泛而深远的；从现实角度来看，教育目的对当前社会的教育活动的定向、调控、评估等都具有直接的指导意义。

1. 对教育活动的定向作用。

教育目的规定了"为谁培养人"及"培养什么样的人"。这为开展教育活动界定了方向。这种作用体现在以下几方面：（1）界定了教育的性质，即教育为哪个社会、哪个阶级培养人。（2）界定了人才发展的方向，即受教育者应该被培养成什么样的人。（3）界定了课程内容的选择方向。各类各级学校的教育内容，都受教育目的的指导，并且应当与教育目的相一致。（4）界定了教师教学活动的方向。教师的教学活动，无论是思想品德教学还是知识、技能教学，都应该与教育目的相一致。由此可见，教育目的对教育活动的定向作用是全方位的。

2. 对教育活动的调控作用。

教育目的也是对教育活动进行调控的重要手段。教育目的对教育活动的调控作用，主要是通过把教育目的具体分化成培养目标、把培养目标具体分化为课程目标、把课程目标具体分化为教学目标等一系列目标分解控制来实现的。

---

① 毛泽东：《关于正确处理人民内部矛盾的问题》，1957 年。
② 中共中央、国务院：《关于教育工作的指示》，1958 年。
③《中华人民共和国教育法》,1995 年。
④ 胡锦涛：《十七大报告》,2007 年。

因此，各级各类学校的培养目标、各门具体课程目标以及教学目标，都要在教育目的的规范之下。而教育目的的实现，也正是通过各级目标的具体细化来实现的。

3. 对教育活动的评估作用。

对各级各类学校的教育活动进行评估，是保证教育活动正常有序开展的一种有效手段。而教育评估的主要标准就是具体的教育活动是否与教育目的、培养目标相一致。各级各类学校在开展具体的教学活动时，受学校师资、物质条件等各种因素的影响，都或多或少地与教育目的有所偏离。例如，虽然我国提出了教育要使人全面发展的教育目的要求，但由于升学因素的影响，在具体的教育活动中违背这一要求的教学现象并不少见。

二、教育目的的确立依据

教育作为一种社会现象，受社会政治、经济、文化等多种因素的影响。在不同的历史时期，不同阶级、不同阶层及不同的社会领域都会对教育活动有不同的认识和诉求。一方面，这为教育目的的选择提供了丰富的资料；另一方面，也给教育目的选择带来了困难，即选择何种教育目的才能更科学、更好地满足社会各方面的要求。为使教育更好地实现服务社会、促进人的发展与完善的功能，制定教育目的时，要充分研究以下因素的影响。

（一）社会依据

1. 制定教育目的必须充分考虑社会现实状况。

一定社会的政治、经济、人口状况等等，是制定教育目的的现实基础。政治因素影响教育目的的性质，并进而影响教育的领导权，影响受教育的权利，影响到思想品德教育的内容等。

一定社会的经济发展状况，会影响对教育的经济投入，进而影响教育的发展速度、规模和学校的类型等等；另一方面，社会经济状况，还会影响公民的受教育机会，如目前一些老少边穷地区，很多孩子还无法享有同经济发达地区孩子一样的教育机会。

2. 制定教育目的要充分考虑一定社会政治、经济、文化、人口等社会因素的发展对教育所提出的要求。

制定教育目的不仅仅要考虑当前社会的实际情况，还要充分考虑、预见和反映社会政治、经济、文化等未来发展会对教育提出何种要求，从而尽最大可能避免急功近利"头痛医头，脚痛医脚"、只注重当前社会需要的错误做法出现。没有战略发展眼光的教育目的，使教育总是处于摇摆不定的不确定之中，给教育活动长远发展带来了很大危害。制定教育目的，既要立足现实，更要放眼未来，要充分预见未来社会发展的趋势。

3. 制定教育目的要充分考虑民族文化。

一个民族的强大，必然有自己的核心价值观念和文化作支撑。中华民族的发展得缘于中华民族有着源远流长的优秀文化传统，但这个优秀的传统文化在建国后的一个时期被忽略了，甚至遭到了破坏，这也使我国的教育走了一段弯路。所以，教育目的的制定直接受文化因素的作用，一定社会的教育目的，在一定程度上就是一定文化的反映。目前，西方文化中的一些教育理念、方法，有值得学习借鉴之处，但应是在继承发扬中华民族优秀传统文化基础上的学习、借鉴，这既是文化发展的要求，更是民族复兴的要求。

（二）个体（人）依据

教育的对象是人，教育必须通过促进每一个个体的全面发展来促进社会的发展与进步。这就要求在制定教育目的时，不仅仅要考虑到社会需要，还要充分考虑到教育对象即个体的特点和需要。人的身心发展规律主要有以下特点：

1. 人的身心发展具有一定的顺序性和阶段性。

顺序性是指人的身心发展过程都会由童年进入少年再进入青年、中年、老年，生理功能、心理功能都会呈现由低级到高级，由简单到复杂，由不完善到完善，由完善到衰弱的变化规律。人的身心发展的阶段性是说不同的年龄阶段往往表现出不同的特点，如在童年期、少年期、中年期、老年期等，每个阶段都与其他阶段存在较大的差异，都表现出不同的生理心理特点。

2. 人的身心发展具有不平衡性。

从人的一生发展来看，在不同的阶段，生理、心理各个方面的发展不是匀速的。如身高、大脑的发展，在某一年龄段发展很快，而在其他阶段则发展比较缓慢或不太明显。

3. 人的身心发展具有稳定性与可变性。

身心发展的稳定性，表现在不同时代、不同社会、不同地域的人的身心发展有一定的普遍性和共同性，如发展阶段的顺序性等等。但随着时代、社会、地域的变化，又存在变化性。比如身高、体重、性成熟等等。近些年的有关数据表明，由于营养、文化等因素的影响，儿童性成熟时间较以前普遍提前。

4.人的身心发展具有个别差异性。

人的身心发展在各个年龄阶段，具有共同的特征，但具体到每一个人，又存在很大的个别差异。如身高、体质等各种生理特征及兴趣、智力、才能、性格等各种心理特征。特别是心理特征方面的差异可以说是千人千面，世界上不存在两个一模一样的人。

教育除了要适应人的身心发展规律外，还要尊重人的需要。人的需要是个多方面、多层次的系统。人的需要有物质方面的，也有精神方面的；有现实的需要，也有未来的需要；有生存方面的需要，也有发展方面的需要。各种需要之间还有层次方面的划分。美国心理学家马斯洛把人的基本需要划分为生理的需要、安全的需要、感情的需要、尊重的需要、自我实现的需要等五个层次。[①]教育目的的确立不仅要考虑社会的需要提出统一的要求，又要尊重人的不同层次的发展需要，符合人的身心发展规律。

三、教育目的确立的两种价值观

人们在对教育进行研究及开展教育实践活动时，往往会受一定的价值观的影响。不同的价值观，会使人们对教育功能、教育内容、教育方法、教育目的产生不同的认识，进而影响教育实践活动的开展。在教育目的的确立过程中，个体本位的价值观与社会本位的价值观是两种基本的价值观。这两种价值观，对教育的影响是根本性的，这也是在教育研究中长期存有争议的两种教育价值观。争议的核心问题是：教育活动的价值是应该以个体为本，还是应该以社会为本。

（一）个体本位的价值观（个体本位观）

个体本位的价值观（个体本位观），认为个体的价值高于社会价值，教育目的应当根据人的个性需要来制定，把个体价值作为教育的根本价值。因为人生来就有健全的本能，教育的职能就在于使这种本能不受影响地得到发展，如果按照社会要求去要求人，就会阻碍这种本能的健全发展。这一教育价值观的主要特点是：教育目的要根据个体的发展需要来制定，除了使人的个性得到最完善的发展之外，教育别无目的。社会价值只在于它有助于个体的发展。

---

①参见许金声、程朝翔译：《动机与人格》，华夏出版社，1987年版。

这一教育价值观，具有历史的和现实的意义。从历史上来看，它使教育摆脱了宗教神学和封建专制的束缚，促进了人的解放，提升了人的价值和地位。从现实来看，对于我国当前教育中存在的不尊重个性、忽视个体价值的教育理念有一定的借鉴意义。①

（二）社会本位的价值观（社会本位观）

这一价值观认为社会价值高于个体价值，教育目的应该根据社会要求来确定，社会价值是教育的根本价值。这一教育价值观的主要观点有：个人的一切发展有赖于社会，人的身心发展的各个方面都依赖于社会，都受到社会的制约；教育除了社会的目的以外，并无其他的目的；教育的结果只能以其社会功能来加以衡量，离开了社会，就无从对教育的结果做出衡量。

这一种教育价值观，强调教育目的从社会出发，满足社会的需要，具有一定的合理性。但它过分强调社会价值，忽略甚至压抑个性的需要，容易在教育过程中只见社会不见个人，把人当作一种社会工具而不是作为社会主体来培养。这种教育在集权式国家的影响比较大，在我国当前的教育改革中，特别要注意这一问题。

（三）如何看待两种价值观

这两种教育价值观产生分歧的根本原因，与人们对人与社会关系的不同认识有根本关系。个体本位观，强调个体价值高于社会价值，在人与社会关系上，个体是根本的。而社会本位观，则强调社会价值高于个体价值，在人与社会关系上，社会是根本的。这两种观点都有可取之处，但同时又都具有片面性。评价这两种观点，关键点在于理顺个体与社会、教育的直接价值与间接价值之间的关系。

1. 用辩证的观点来认识人与社会的关系。

从人类历史发展来看，社会是人类活动的结果，是人类为了更好地生存、发展而形成的人类集合体。人类社会形成后，维持社会发展的风俗、道德、法律等等制度都是为了人类活动服务的。也就是说社会是人的社会，人是社会的主体。但是当社会制度形成并发展到一定程度时，社会就开始与人的需要不相一致，有时要落后于人的需要和发展甚至会对人的发展产生阻碍作用。特别是

---

① 参见全国十二所重点师范大学联合编写：《教育学基础》，教育科学出版社，2002 年版，第 63 页 ~ 65 页。

阶级、阶层的出现和存在，社会制度所体现的利益往往是一部分人的，并不是全体社会成员利益的共同体现。由此，一定社会的社会制度有时就会成为阻碍社会发展的因素，这样本来是人的活动所形成的社会，反成了束缚人发展的因素，马克思称此为社会的异化。人一生下来，必须生活于社会中，才能正常发展，他们必须进行社会化，学习和掌握在具体的社会中生存、生活所必备的知识、技能和社会规范。但人并不是消极的适应社会，在社会化的同时，也会通过自己的活动影响社会，成为社会的主人。总之，社会的主体是人，社会是人活动的结果，同时也是个人生存、发展的前提条件，人的存在不能不受社会的影响，但也不是完全地受制于社会。

2. 从教育价值角度看，教育活动的价值可分为直接价值和间接价值。

教育的直接价值，又称教育的本体价值，是指教育活动在个体的发展与完善方面所起的积极作用。这是教育活动所应首先追求的根本价值，这种价值主要体现在教育在个体的发展与完善方面所起的作用。每一个教育对象个体的发展与完善，应是教育直接价值作用的结果，脱离了个体的发展的教育，是没有本体价值的教育，教育的其他价值也不可能很好实现。

教育的间接价值，又称教育的工具价值，是指教育活动在实现本体价值基础上，并通过本体价值在政治、经济等各社会领域所实现的价值。教育在社会各领域所体现的价值是通过教育所培养的个体的活动来体现的，如果教育不能很好地促进个体的发展与完善，而只追求在政治、经济等社会领域内的价值，这种教育就只有工具价值，而无本体价值，并且也必然是违背教育规律、抑制个性发展的教育。

总之，从个体与社会的关系及教育价值来看，教育活动应该以个体为本，以社会为条件。在教育活动中，应该以追求教育的本体价值为根本，而不是把追求教育的工具价值作为根本。解决了这两个问题，就不难处理教育个体依据与社会依据之间的关系。

四、我国教育目的的发展变化

（一）原始社会的教育目的

在原始社会，教育没有从生产、生活中分化出来。教育是与生产、生活结合在一起，当时主要是传递生产、生活经验及氏族内的规范和进行军事训练。

当时的教育对全体氏族成员来说是平等的，并没有明确的教育目的规定。

（二）奴隶社会的教育目的

进入奴隶社会后，教育从生产、生活中分化出来，并被奴隶主阶级所垄断，"学在官府"、"官学合一"。当时的教育主要是为奴隶制的政治、经济服务的。"学而优则仕"是这一时期的主要教育目的，教育主要是为了培养统治阶级的接班人及官吏。

（三）封建社会的教育目的

隋、唐以后，封建社会的教育与科举制度紧密地联系在一起。科举制度是中国历史上持续时间最长、影响范围最广的选士制度。科举制度产生后，经过唐代的发展，宋、元、明的演变，更加完备和定型化，直到1905年废除，在中国历史上存在了一千三百多年。科举制度使教育与国家取士的结合越来越密切，对中国封建教育产生了重大影响，这使得各级各类教育都在为科举取士做准备，也主要是为了培养统治阶级的接班人和官吏。同时，这一时期也出现了一些旨在培养书、算等技能的、面向平民的学校。

（四）清朝末期的教育目的

随着列强的入侵，清朝末年人们开始倡导废除科举制度，建立新式学校。1905年，袁世凯、赵尔巽、张之洞、周馥、岑春煊等奏请停止科举，兴办学校。1906年，清朝学部正式规定了明确的教育宗旨，即"忠君"、"尊孔"、"尚公"、"尚武"、"尚实"。这一教育目的，既有传统的封建内容，如"忠君"、"尊孔"；也吸收了西方教育中的内容，如"尚公"、"尚武"、"尚实"等。

（五）中华民国时期的教育目的

中华民国建立后，教育总长蔡元培提出了军国民教育、实利主义教育、公民道德教育、世界观教育、美感教育"五育"并举的教育方针。1912年7月的全国临时教育会议讨论通过了民国教育方针："注重道德教育，以实利主义教育、军国民教育辅之，更以美感教育完成其道德。"这一方针对民国初年普通教育的发展起了积极作用。1915年，袁世凯颁布了"爱国、尚武、崇实、法孔孟、重自治、戒贪争、戒躁进"的教育宗旨，为其复辟帝制做准备。

1927年，南京国民政府提出了"党化教育"的方针。其实质是加强国民党对教育的控制。"党化教育"受到了国民党内外人士的非议。1929年3月，国民党在南京召开第三次全国代表大会，教育是重要议题。大会认为"军政"结束，"训政"开始，国民党的任务有所变化，提出"中华民国今后之教育，应为三民主义之国民教育"。大会议决通过了教育宗旨和实施原则，并于4月26日由南京国民政府正式以《中华民国教育宗旨及其实施方针》通令颁行，其中教育宗旨为："中华民国之教育，根据三民主义，以充实人民生活，扶植社会生存，发展国民生计，延续民族生命为目的；务期民族独立，民权普遍，民生发展，以促进世界大同。"所公布的教育实施方针经1931年11月国民党第四次全国代表大会修订并再次公布，内容更加完备。

1936年，国民党政府公布了《中华民国宪法草案》。在第131条中规定："中华民国之教育宗旨，在发扬民族精神，培养国民道德，训练自治能力，增进生活智能，以造成健全国民。"因抗战爆发这一宪法草案未及实施。

1946年1月，在国民党、共产党、中国民主同盟、青年党和社会开明人士参加的中国政治协商会议上，对1936年《中华民国宪法草案》作了修订。同年11月，国民政府在南京召开国民大会，于12月25日通过了《中华民国宪法》，并在第158条规定："教育文化，应发展国民之民族精神、自治精神、国民道德、健全体格、科学及生活智能。"

（六）中华人民共和国建国以来的教育目的

1957年，毛泽东在国务会议上指出：我们的教育方针，应该使受教育者在德育、智育、体育几个方面都得到发展，成为有社会主义觉悟的有文化的劳动者。

1978年的宪法规定的教育目的："我们的教育方针是教育必须为无产阶级政治服务，教育必须同生产劳动相结合，使受教育者在德育、智育、体育几个方面都得到发展，成为有社会主义觉悟的有文化的劳动者。"

1981年，在《关于建国以来党的若干历史问题的决议》中对教育目的有新的表述："坚持德智体全面发展、又红又专、知识分子和工人农民相结合，脑力劳动和体力劳动相结合的教育方针。"

1981年，在五届人大政府工作报告中提出教育目的是："使受教育者在德育、智育、体育几个方面都得到发展，成为有社会主义觉悟的有文化的劳动者和又红又专的人才，坚持脑力劳动和体力劳动相结合，知识分子和工人农民相结合。"

1982 年的《中华人民共和国宪法》中规定："国家培养青年、少年、儿童在品德、智力、体质等方面全面发展。"

1985 年，在《中共中央关于教育体制改革的决定》中提出："教育要为 90 年代至下个世纪初叶我国经济和社会发展培养新的能够坚持社会主义方向的各级各类人才。"并明确提出："所有这些人才都应该有理想、有道德、有文化、有纪律，热爱社会主义祖国和社会主义事业，具有为国家富强和人民富裕而艰苦奋斗的献身精神，都应该不断追求新知，具有实事求是、独立思考、勇于创造的科学精神。"

1990 年，在《中共中央关于制定国民经济和社会发展十年规划和"八五"计划的建议》中提出："教育必须为社会主义现代化建设服务，必须与生产劳动相结合，培养德、智、体全面发展的建设者和接班人。"

1993 年，我国在《中国教育改革和发展纲要》中提出"教育改革和发展的根本目的是提高民族素质，多出人才，出好人才，各级各类学校要认真贯彻'教育为社会主义现代化建设服务，必须与生产劳动相结合，培养德智体等全面发展的建设者和接班人'的方针，努力使教育质量在 90 年代上一个新台阶。"

1995 年的《中华人民共和国教育法》中规定："教育必须为社会主义现代化建设服务，必须与生产劳动相结合，培养德、智、体等方面全面发展的社会主义事业的建设者和接班人。"

1999 年，《中共中央国务院关于深化教育改革全面推进素质教育的决定》提出："以培养学生的创新精神和实践能力为重点，造就有理想、有道德、有文化、有纪律的德智体全面发展的社会主义建设者和接班人。"

2001 年，《国务院关于基础教育改革与发展的决定》："要高举邓小平理论的伟大旗帜，以邓小平同志'教育要面向现代化、面向世界、面向未来'和江泽民同志'三个代表'的重要思想为指导，坚持教育必须为社会主义现代化建设服务，为人民服务，必须与生产劳动和社会实践相结合，培养德智体美劳等全面发展的社会主义事业建设者和接班人。"

2006 年，《中华人民共和国义务教育法》规定："义务教育必须贯彻国家的教育方针，实施素质教育，提高教育质量，使适龄儿童、少年在品德、智力、体质等方面全面发展，为培养有理想、有道德、有文化、有纪律的社会主义的

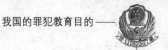

建设者和接班人奠定基础。"

建国后我国所制定的一系列教育目的，基本以"社会主义建设者和接班人"作为主要内容，主要是一种社会本位观的教育目的。这固然对我国的政治、经济建设有重大作用。但从中也可以看出，对受教育者个性的重视和培养被忽略了，缺乏对本民族文化的继承。而中华民国后期所制定的教育目的却注意到传统文化及个性培养，如"发展国民之民族精神、自治精神、国民道德、健全体格、科学及生活智能"，这一点值得今天的教育工作者借鉴。总之，研究教育目的，既要结合社会形势发展，也需要借鉴历史传统，在继承传统的基础上进行创新。

第二节 我国的罪犯教育目的

一、罪犯教育目的的概述

与普通教育活动一样，罪犯教育也是有目的的社会实践活动。从普通教育中的"教育目的"这一概念进行引申，罪犯教育目的可以这样来表述：所谓罪犯教育目的，是指对罪犯教育改造工作所要培养的人（即罪犯）的质量规格的总的设想或规定，即罪犯教育要达到的预期效果。这主要是从内涵方面进行的阐述，我们还需要从外延方面来进行相对具体的分析和界定。

目前，在国内的罪犯教育研究中，关于罪犯教育的性质与任务方面的研究比较多，在罪犯教育目的方面的研究较少。司法部劳改专业教材编辑部编写的《罪犯教育学》中提到："罪犯教育的主要目的是化消极因素为积极因素，消除犯罪，把罪犯教育改造成为新人"。[1]普通高等教育监狱学专业本科教材《罪犯教育学》中对罪犯教育目的的描述是："所谓罪犯教育目的，是国家和社会通过对罪犯的强制教育，把罪犯改造成为适应社会的守法公民。"[2]这些研究成果，为开展罪犯教育目的研究提供了很好的思路。

根据宪法、教育法及监狱法中对教育和罪犯教育的目的、教育内容等方面的规定，结合罪犯自身特点以及社会政治、经济、文化等因素，罪犯教育目的

① 司法部劳改专业教材编辑部编：《罪犯教育学》，1993年版，第3页。
② 王秉中主编：《罪犯教育学》，群众出版社，2003年版，第29页。

可以这样来界定：通过对罪犯进行思想、道德、法制、文化、技术、体育等方面的教育，培养罪犯的自律能力，提高罪犯的生活技能，使罪犯成为人格健全、适应社会的守法公民。这一教育目的，既有教育内容方面的规定，如思想、道德、法制、文化、技术、体育等方面的教育，也有能力培养方面的要求，如培养罪犯的自律能力、提高罪犯的生活技能，最终目标是使罪犯成为人格健全、适应社会的守法公民。

二、罪犯教育目的意义

罪犯教育目的，对整个罪犯教育活动也具有规范、调控、评估等一系列作用。这些作用具体表现在以下几个方面：

（一）规范作用

罪犯教育目的，为罪犯教育改造提出了人才培养规格的要求，使罪犯教育成为一种有具体目的的活动，从而克服了日常罪犯教育工作的随意性。同时，也为教育内容的选择、教育方法的应用提供了相应的规范。当前，在罪犯教育改造理论与实践等方面面临着诸多问题，如罪犯思想品德教育工作越来越难做，罪犯重新犯罪率增高，罪犯教育理念、方法有待创新等。科学地界定罪犯教育目的，就会有利于规范罪犯教育工作，有利于罪犯教育工作改革与创新，如果制定的罪犯教育目的不完善不科学，就会影响到这些工作的开展。

（二）调控功能

在具体的罪犯教育工作中，由于种种原因，难免会偏离教育目的的要求。有了完善科学的罪犯教育目的，就可以随时纠正罪犯教育工作中的偏差，使罪犯教育工作纳入到实现罪犯教育目的的有序进程中，从而对罪犯教育实现动态调控。

（三）评估功能

罪犯教育目的，既是罪犯教育的起点，也是罪犯教育的归宿。罪犯教育工作的实际结果如何，要通过与罪犯教育目的相对照来进行判断。罪犯教育目的是评价、衡量罪犯教育结果的标准。

三、确立罪犯教育目的的依据

罪犯教育作为一种特殊的教育活动，或者说是监狱行刑过程中的一种教育活动，与普通教育既有相同之处，也有自身的特殊性。制定罪犯教育目的，既要尊重普通教育中的一般教育规律，也要考虑到罪犯改造工作的特殊性。制定罪犯教育目的，要全面兼顾教育规律、社会因素、法律制度及罪犯身心发展的特点和规律。

（一）教育规律是制定罪犯教育目的的重要依据

从法律角度来看，罪犯教育改造是一项执法行动；从教育学角度来看，罪犯教育改造是一项特殊的教育活动。因此，教育规律也是开展罪犯教育所应遵循的规律。在建国后较长时期的罪犯教育改造过程中，由于特殊的历史原因，在开展具体的罪犯教育活动时，多是以政治思想、方针政策为指导实施罪犯教育工作，而对教育规律缺乏足够的重视。加之建国后的较长一段时间内，国内教育学研究本身也停留在对教育政策的合理性解释这一层次上，因而当时的教育学研究对罪犯教育改造也没有多大借鉴价值。但自80年代以来，我国教育研究开始走上正轨，出现了许多有价值的新的教育思想和教育方法，如，素质教育理念、道德教育中的"活动教学"理论等等，其中的有些内容、方法已经被引用到罪犯教育改造实践中。但同时，由于应试教育的影响，社会普通教育中存在的一些违背教育规律的做法，如应试教育模式下的教育内容选择、教学方法、考核方法等，也被罪犯教育工作者自觉不自觉地采用。因此，为提高罪犯改造实效，一方面要自觉消除罪犯教育改造工作中违背教育规律的做法；另一方面，要遵循教育规律，积极借鉴普通教育中的新的教育理念与教育理论。

（二）政治、经济、文化等社会因素也是制定罪犯教育目的重要依据

罪犯走向犯罪道路，与一定社会的政治、经济、文化等因素具有密切关系，而罪犯释放后，必然要回到社会，还要适应社会。因此，制定罪犯教育目的，既要看到当前的社会消极因素对罪犯的影响，也要考虑到罪犯将来释放后可能遇到的社会问题，为其回归社会做好准备。

从当前社会实际来看，腐败仍是阻碍社会发展的沉疴痼疾，在短期内难以根除，法制建设仍然任重而道远；受国外、国内一些不利因素的影响，社会经济发展、就业形势在短期内不会有根本性的好转，罪犯将来的就业问题不容乐观；受历史原因及国外因素的影响，文化建设仍然问题多多，社会文化水平普遍提高，但道德问题却更为严重。制定罪犯教育目的，应该充分考虑到这些不良的社会因素，有针对性地对罪犯加强教育，使罪犯能够在这些方面形成正确

的认识和具备回归社会所需要的各种能力。

（三）法律制度是制定罪犯教育目的的重要依据

首先，罪犯教育活动要受宪法的约束和指导，在监狱所开展的一切教育活动不能违背宪法原则与宪法精神。其次，罪犯教育活动要受教育法、监狱法等法律、法规的直接约束和指导。这些法律对教育和罪犯教育都有相应的规定。《中华人民共和国宪法》第 24 条规定："国家通过普及理想教育、道德教育、文化教育、纪律和法制教育，通过在城乡不同范围的群众中制定和执行各种守则、公约，加强社会主义精神文明的建设。"第 36 条规定："中华人民共和国公民有宗教信仰自由。任何国家机关、社会团体和个人不得强制公民信仰宗教或者不信仰宗教，不得歧视信仰宗教的公民和不信仰宗教的公民。"《中华人民共和国教育法》第 6 条规定："国家在受教育者中进行爱国主义、集体主义、社会主义的教育，进行理想、道德、纪律、法制、国防和民族团结的教育。"第 7条规定："教育应当继承和弘扬中华民族优秀的历史文化传统，吸收人类文明发展的一切优秀成果。" 第 8 条规定："教育活动必须符合国家和社会公共利益。国家实行教育与宗教相分离。任何组织和个人不得利用宗教进行妨碍国家教育制度的活动。"《中华人民共和国监狱法》第 3 条规定："监狱对罪犯实行惩罚和改造相结合、教育和劳动相结合的原则，将罪犯改造成为守法公民。"第 4 条规定："监狱对罪犯应当依法监管，根据改造罪犯的需要，组织罪犯从事生产劳动，对罪犯进行思想教育、文化教育、技术教育。"第 62 条规定："监狱应当对罪犯进行法制、道德、形势、政策、前途等内容的思想教育。" 第 67条规定："监狱应当组织罪犯开展适当的体育活动和文化娱乐活动。"

宪法、教育法、监狱法等法律在教育方面的相关条文，既是制定罪犯教育目的、开展罪犯教育活动的依据，也是进行罪犯教育改革、创新的指导思想和法律保障，罪犯教育工作者可以在这些法律条文的指导和保障之下，解放思想，大胆创新。

（四）罪犯身心发展的特点和规律也是制定罪犯教育目的应考虑的重要依据

罪犯教育的对象是罪犯，罪犯教育目的的制定受罪犯群体特征及罪犯个体特征的制约。在制定罪犯教育目的时，首先要注意到罪犯群体性特征，如其犯罪心理、道德状况、不良行为习惯等对犯罪的影响，罪犯在不同的改造阶段所具有的身心特点等，即罪犯的"罪性"的一面。另一方面，要注意罪犯作为一

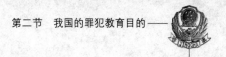

般人所具有的身心特征，如罪犯身心发展的顺序性和阶段性、罪犯身心发展的不平衡性、罪犯身心发展的稳定性和可变性、罪犯身心发展的个别差异性以及罪犯正常的心理需要等。只有充分研究罪犯特点，根据罪犯特点来制定教育目的和开展罪犯教育，才能提高罪犯改造效果。

四、罪犯教育目的价值观及其影响

罪犯教育目的价值观，是指罪犯教育工作者在进行罪犯教育目的选择、制定和实施时，依据国家、社会、罪犯及自身因素，而秉承的一种价值倾向。由于历史条件、政治倾向、文化水平、个人价值观和利益需要等不同因素的影响，不同历史时期、不同国家、不同的人，对罪犯教育目的的价值取向会不尽相同。罪犯教育目的的价值取向主要分为两种：一种是社会本位的价值观取向，另一种是个人本位的价值观取向。

（一）社会本位的价值观取向

社会本位的罪犯教育目的价值观，强调罪犯教育目的应根据社会需要来确定，罪犯教育的目的是监狱通过强制教育，使罪犯接受一定的社会知识和规范，提高其社会性，成为一个一定社会所需要的合格的社会成员，从而顺利回归社会。这一本位观，在我国的罪犯教育改造领域一直占据主导地位。社会本位的罪犯教育目的的价值取向会影响罪犯教育的方方面面：

1. 在犯罪原因的分析上。

社会本位观者容易把罪犯犯罪的主要原因归咎于罪犯的个体原因，而轻视和忽略一定社会的政治、经济、文化等社会因素及犯罪场因素对罪犯犯罪的影响，把罪犯犯罪的个体原因看做是主要原因、甚至是唯一的原因，把社会原因等看做是次要原因、甚至忽略不计。

2. 在罪犯教育内容选择上。

持有社会本位观的人会倾向于选择社会规则教育，会加强罪犯对社会的适应教育，会强调法律、道德、职业技能教育对罪犯改造的作用。

3. 在教育方法的运用上。

持有社会本位观的人会倾向于灌输、说教方式，不能很充分尊重罪犯，不注意调动罪犯的改造主动性，较容易采用简单、粗暴的教育方式。

（二）个体本位的价值观取向

个体本位的罪犯教育目的价值观，强调罪犯教育目的应该根据罪犯的个体需要来制定，罪犯教育的目的是通过罪犯教育活动，来满足罪犯个体需要，促进罪犯个体、个性的发展与完善。这一本位观，在西方国家比较盛行，对于我国的罪犯教育工作者具有借鉴意义。个体本位的价值观取向在罪犯教育中的表现为：

1. 在犯罪原因的分析上。

个体本位观者倾向于把罪犯犯罪的主要原因归于社会因素，而忽略罪犯自身的原因。在社会制度不健全、社风道德风气败坏的情况下，这一犯罪归因具有其合理性和积极意义。罪犯教育工作者在对罪犯实施改造的过程中，应该看到社会因素对罪犯的不良影响和在罪犯犯罪过程中所起的作用。

2. 在罪犯教育内容选择上。

持有个体本位观的人会倾向于选择能够促进罪犯个体发展与完善的内容，通过教育内容来促进罪犯个性的发展与个体需要的满足。

3. 在教育方法的运用上。

持有个体本位观的人会倾向于启发、诱导等教育方式，能够尊重罪犯，注意调动罪犯的改造个体主动性。

（三）正确处理罪犯教育目的社会本位观与个体本位观的关系

罪犯教育目的社会本位观与个体本位观，二者出发点不同，各有侧重。在不同的社会、历史条件下，其中的一种观点会占主导地位。但正如一个生活于一定社会中的人，既需要具有社会性，又需要具有个性一样，在个体需要与社会需要间不能简单地选择一个而抛弃另一个，应该结合具体的社会形势和教育改造工作的实际要求而有所侧重。长期以来，我国在罪犯改造过程中一直是侧重于反映社会需要的罪犯教育目的社会本位观，很少注重反映罪犯个体需要的个体本位观。因此，当前的罪犯教育改造中，更应该对罪犯教育的个体本位观有所侧重。

五、我国罪犯教育目的的发展变化

（一）奴隶制社会时期的罪犯教育目的

监狱、罪犯教育的发展和刑罚制度尤其是自由刑的发展密切相关。在奴隶社会早期，因为刑罚是以生命刑与身体刑为主，因此并没有现代意义上的监狱及罪犯教育。如果把对罪犯实施的生命刑与身体刑也看做是罪犯教育的话，这

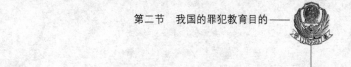

种罪犯教育的目的就是使罪犯受到惩罚，同时对其他社会成员产生威慑作用。在夏、商时期，刑罚是很严酷的。到了西周时期，奴隶主阶级鉴于夏、商推崇刑罚而败亡的历史教训，提出了"以德配天"、"明德慎罚"的思想，开始用辅以道德教化的手段来改造罪犯，使其"迁过改善"，达到"惟民其毕弃咎"。①在我国，从奴隶社会开始，就产生了用"道德教化"这一手段对罪犯进行教育的传统。

（二）封建社会时期及半殖民地半封建社会时期的罪犯教育目的

封建社会早期，国家通过严格的监禁和强制劳役对罪犯进行惩罚。到了西汉时期，统治阶级吸取秦朝暴政而亡的教训，在刑罚上采用"德主刑辅"的思想，"礼法并用"。唐朝时期，提出"仁本、刑末"的政策，"德礼为政教之本，刑罚为政教之用"。②明朝时期，以唐朝的法律制度为蓝本，又提出"明刑弼教"、"重典治狱"的监狱行刑思想。

清朝前期，以苛重刑罚、繁重劳役为治狱之本，其刑律狱制没有教育方面的规定。顺治帝以后虽提出"明刑弼教"的罪犯教育思想，但并没有得到真正实施。清朝后期，基于内外原因，清政府开始着手监狱改良，出台了许多监狱改良的措施。如1905年山东巡抚制定"遵设罪犯习艺所办法"，提出对人犯"于朔望之日，由书吏宣讲圣谕，广训衍说，并各种善书，务使人犯环听领会，发其悔过安分之心。"1907年，修律大臣沈家本在实行改良监狱的奏章中，提出以"借监狱之地施教诲之方"，主张监狱实行感化主义。他认为"犯罪之人歉于教化者为多，严刑厉法可惩肃于既往，难望渐被于将来"。刑者乃出于不得已，而为最后之制裁也。"幼者可教而不可罚，以教育涵养其德性，而化其恶习，使之为善良之民。此明刑弼教之义也"。这些主张后来被收入到1910年制定的《大清监狱律草案》中。1910年，清朝聘请日本学者小河滋次郎起草了《大清监狱律草案》，规定了惩治与习艺相结合的作业制度，及体现感化主义的教诲、教育制度。在罪犯教育目的上，《大清监狱律草案》第一章第9条规定罪犯行刑目的："受刑者应以使其畏服国法威严，衷心自知尊国法，出狱后能复归于有秩序适法生活之目的待遇化导之。"这一罪犯教育目的，主要内容是使罪犯畏惧、尊重法律，能够顺利回归社会。《大清监狱律草案》颁布后不久后，清

---

① 杜雨主编：《监狱教育学》，法律出版社，1996年版，第359页。
② 《唐律疏议·名例》。

朝就灭亡了，但是《大清监狱律草案》中的立法内容却成了民国时期的监狱立法的参考蓝本。

（三）中华民国时期的罪犯教育目的

中华民国建立以后，晚清刑部的许多官员仍被民国政府任用，如前朝许世英任司法总长，王元增任京师模范监狱第一任典狱长。[①]清末监狱改良的思想、法规也基本上被继承。1912年，民国制定了《监狱规则》，其体制、内容基本上继承了《大清监狱律草案》。此后，民国政府在监狱基本法规、监狱各机构职责、刑罚执行、狱政管理、罪犯教育作业、监狱设置等方面出台了一系列的法律、法规。但不知什么原因，《大清监狱律草案》中关于罪犯教育目的的相关内容却被删除。

1923年，民国司法部出台了《司法部暂定实施监狱教育计划》，其中规定："本部为在监人犯激发天良、增进知识、使追悔前非、复为良民起见，除照章教诲外，制定教育计划切实施行"、"本部对于监犯施行教育之主旨如下：（甲）感化恶念（劝讲道德使其悔悟）、（乙）赞成善人（教以学术令有趋向）"。从这些规定来看，民国时期罪犯教育的目的是造就"良民"和"善人"，从教育内容到教育目的都强调了道德的作用。从我国当前社会现实来看，加强对罪犯的道德教育，也不失为从根本上解决重新犯罪的一条有效途径。1945年，民国《监狱行刑法》出台，第一章第1条规定："徒刑拘役之执行以使受刑人改悔向上适于社会生活为目的。"这一内容强调刑罚要以促使罪犯悔改和考虑到罪犯将来的社会生活为目的。在第六章教化第40条规定："教育应注重国民道德及社会生活必须之知识与技能，对于少年受刑人应注意德育陶融其品性并施以社会生活必需之科学教育及艺术训练。"这一要求涵盖了对罪犯的道德、文化、技能教育要求。民国时期的罪犯教育，通常又阐述为教育与教诲两方面，教育即现在所讲的文化知识、职业技术方面的教育，教诲即现在所讲的思想道德教育。

从民国时期在罪犯管理、教育等方面所制定的法律、法规、制度来看，民国时期关于监狱工作的理论与实践已经初成规模，其中的一些内容，在今天仍有借鉴价值。

（四）中华人民共和国建国前后的罪犯教育目的

①郭朋著：《中国监狱学史纲》，中国方正出版社，2005年版，第109页。

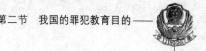

1. 新民主主义革命时期。

中国共产党建立政权之初，在罪犯改造方面主要借鉴了前苏联的罪犯改造模式及思想。因此，研究建国之初的罪犯教育就不得不研究一下前苏联的罪犯教育改造状况。1917年，苏联成立后，列宁以马克思主义理论为指导，特别是马克思主义关于国家、监狱的学说，从无产阶级改造全人类、改造社会、实现共产主义的历史使命出发，建立了对罪犯进行劳动改造的监狱行刑思想和制度。1924年，《俄罗斯联邦劳动改造法典》提出刑罚"一定要和劳动改造感化的措施相结合"，感化的目的是"使罪犯适应公共生活的条件"。前苏联的罪犯教育学以马克思主义作为指导思想和方法论，罪犯教育目的在于：使罪犯尊重法律和社会主义公共生活准则，使他们参加有益于社会的劳动，回到正确的生活道路上来，从而使其在思想和道德上得到全面的改造，把过去的罪犯变成社会中有觉悟的人。1934年，中华苏维埃临时中央政府报告中指出："苏维埃的监狱对于死刑以外的罪犯采取感化主义，即是用共产主义的精神与劳动纪律去教育犯人，改变犯人犯罪的本质。"受前苏联影响，劳动生产与思想教育相结合一直是革命根据地的罪犯改造方针。[1]中华苏维埃临时中央政府的罪犯教育方针，更多地借鉴了前苏联的经验。

2. 1949年～1966年。

1949年2月，中共中央发布了《中共中央关于废除国民党的六法全书与确定解放区的司法原则的指示》。[2]从现在来看，在没有建立起一套新的法律制度的前提下，就将前期建立起的相对完善的法律制度全部推翻，具有很大的冒险性，后来的历史发展也证明了这一点。废除了六法全书，使包括民国监狱法律、法规在内的法律体系被全部抛弃。中国开始抛开民国时期的传统，而代之以另一种传统。

1949年，《中国人民政治协商会议共同纲领》第7条规定："对于一般的反动分子、封建地主、官僚资本家，在解除其武装、消灭其特殊势力后，仍须依法在必要时期内剥夺他们的政治权利，但同时给以生活出路，并强迫他们在劳动中改造自己，成为新人。""成为新人"就是这一历史时期的罪犯教育目的，

---

[1] 参见王祖清主编：《罪犯教育学》，1998年版，第28页～第33页。
[2] 《六法全书》是中华民国时期国民党政府的主要法规汇编。最初包括宪法、民法、商法、刑法、民事诉讼法和刑事诉讼法6项法律。后来将商法拆散，分别纳入民法和行政法中，而以行政法取代商法作为六法之一。除6项法律外，还包括各种单行条例。

罪犯教育的目的

第二章

41

这一教育目的更多的是从社会主义政治立场出发，带有强烈的政治目的，当然也是出于对当时押犯情况的考虑。

1954年，我国颁布的《中华人民共和国劳动改造条例》也继续以《中国人民政治协商会议共同纲领》第7条的规定作为立法依据。《中华人民共和国劳动改造条例》第1条规定："根据《中国人民政治协商会议共同纲领》第7条的规定，为了惩罚一切反革命犯和其他刑事犯，并且强迫他们在劳动中改造自己，成为新人，特制定本条例"；第25条规定："劳动改造必须同政治思想教育相结合，使强迫劳动逐渐接近于自愿劳动，从而达到改造犯人成为新人的目的。"劳动改造与政治思想教育相结合，把罪犯改造成为新人是劳动改造条例所规定的教育目的。这一目的带有较强的政治性，所谓的新人主要指"政治的新人"，当然这与当时的押犯构成也有一定的关系，因为当时关押的罪犯中不少属于战犯和"反革命分子"。

劳动改造条例颁布后，监狱各项工作得以进一步规范。但自1966年"文化大革命"爆发后，罪犯改造工作也开始受到政治运动的冲击。当时支配罪犯改造工作的指导思想，主要是语录体的毛泽东思想。"文华大革命"十年也是罪犯教育改造的混乱时期，在罪犯改造理论、方法内容等方面不但没有新的发展和建树，而且已经建立起来的一些好的制度、正确的方法也受到冲击。

3. 1979年后的罪犯教育目的。

1979年，中国政治发生了根本性的变化，各项事业开始慢慢走上正轨，罪犯教育改造工作也由此进入了恢复和快速发展时期。改革开放，使欧美等国家的监狱管理思想、理论、方法传入国内，心理咨询、心理矫治、矫正思想开始被接受并加以尝试。在欧美监狱文化的影响下，此后的十几年中，我国的罪犯教育理论、方法不断创新。同时建国后所确立的劳动改造模式在国内、国际上都开始受到批评和质疑，用一种新的理论和模式来代替"劳改"和"劳改模式"成为罪犯教育改造的时代发展要求。经过长期的争议、研究，最终取得了以"监狱"取代"劳改"的共识，并将这一成果写进了即将出台的《监狱法》。为配合《监狱法》出台，1994年8月19日，司法部在《监狱法》即将颁布以前发布了《司法部关于统一规定监狱管理机关和名称的通知》，要求将有关"劳改"二字全部消除，以"监狱"二字来予以代替。1994年12月29日，《中华人民共和国监狱法》颁布，《监狱法》中对罪犯教育目的又有了新的规定。《监

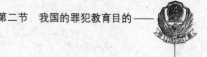

狱法》第3条规定："监狱对罪犯实行惩罚和改造相结合、教育和劳动相结合的原则，将罪犯改造成为守法公民"。"守法公民"与"新人"是两个出发角度不同的概念，前者是从法律角度而言，后者更多的是从政治角度而言。这一变化，不仅体现了时代背景的不同，同时也体现了《监狱法》的科学性和监狱管理工作所取得的重大进步。

六、新时期分析、确立罪犯教育目时应该注意的几个问题

（一）要合理吸收中外监狱罪犯教育改造中的优秀成果

读史使人明智。通过对我国各个不同历史时期罪犯教育目的的历史状况分析，不难发现：历史上各个时期的罪犯改造思想和改造经验，都有可以借鉴之处。如我们国家一直注重对罪犯进行道德教化的传统，清朝末期《监狱律草案》中的相关内容，民国时期的罪犯教育法规、措施等等，这些思想和措施本来可以被新中国继承和发展，由此也就可以少走弯路。但由于种种原因，这些积极内容却被草草抛弃。今天罪犯教育工作者开展罪犯教育研究，应该很好地学习、研究、借鉴历史上的合理理念和成功经验。

对待国外罪犯改造的理论与经验，应该辩证分析，不能盲目照搬。现在不少学者对西方的值得借鉴的矫正模式、心理咨询、心理矫治技术等高度重视，并有以此作为主要改造模式及主要手段的迹象。不可否认，这些理论、技术值得学习，但是不应忽视的一个问题是：西方的矫正模式、心理咨询、心理矫治技术都有其产生和发挥作用的具体社会背景，脱离具体的社会条件，实际效果会打折扣。当前，国内的犯罪现象及罪犯改造问题的社会背景与国外有很大差异，因此，矫正模式、心理咨询、心理矫治技术的实效性和普及性就值得商榷。研究中国的罪犯教育，应该首先立足于中国的传统和现状，在此基础上论证分析、学习他人的经验，否则极易出现邯郸学步的结局，给罪犯教育改造工作造成较大的失误。

（二）要合理发挥中国传统文化在罪犯改造中的作用

以儒、释、道为代表的中国传统文化，主要是一种道德文化，这些传统文化对维系中华民族的生存、发展具有重要作用。但由于种种原因，中国传统文化遭受到了极大破坏。1919年"五四"运动时，爱国青年喊出了"打倒孔家店"的口号，实际上他们要打倒的不是儒家文化，而是封建专制思想与制度。儒家

文化强调人的自省、自律，这对于维护一定社会的稳定具有法律所无法起到的作用。历代统治者也正是看到这一点，经常对儒家文化进行改造，来维护一定的社会秩序与社会制度。当新的革命阶级要推翻旧统治阶级时，就难免对儒家文化进行批判，有人根据这一历史现象总结出了"盛世尊孔，乱世批孔"这一规律。这一规律，与儒家文化自身的价值并没有直接关系。

"五四"运动时，对儒家文化的冲击，应该说只是触及皮毛、还没有到达伤筋动骨的地步，并没有造成儒家文化发展的断层。包括儒家文化在内的中国传统文化的真正伤筋动骨，是由"文化大革命"造成的。"文化大革命"，是中华民族的一场全面灾难，更是一场文化浩劫，包括儒家、道家、释家文化在内的中国传统文化都受到了摧残、批判，没有人再去继承、研究和传递传统文化。短短十年，弹指一挥间，但传统文化的断裂却由此出现，并随着时间延续变得越来越大。直到上个世纪80年代后期，这种对传统文化的错误做法才开始得以扭转，但传统文化无用论、落后论，已经成为国内民众的一种集体无意识。中小学的历史书、语文课本中对传统文化或多或少有所涉及，但大多是片言只语，缺乏系统的介绍，有些内容却使学生头脑中形成了传统文化无用论或传统文化有害论。只有上了大学时，才有可能有机会全面接触传统文化，但因文化的断层及研究传统文化人才断层，继承弘扬优秀传统文化存在许多问题。

近年来，基于提高教育改造效果的考虑，传统文化在罪犯改造中的积极作用开始受到监狱工作者的重视。传统文化之所以在罪犯教育改造方面具有积极意义，一方面，是因为道德与罪犯犯罪有着直接和间接的关系。从常识性的角度来看，一个人犯罪，多是从违俗、违德、违纪开始，进而由量变引起质变，上升为犯罪。从法理角度来讲，法分为自然法和约定法。自然法通常又被称为道德法，如杀人、放火、强奸、抢劫、盗窃等，自然法把这些违反道德的行为法定为犯罪，因此对于违背自然法的具体的自然犯罪行为而言，它既是犯罪行为，也同时是违德行为。当前我国的犯罪构成中，自然犯罪的所占的比重是主要的，这与罪犯道德素质差与整个社会的道德水准下滑有着直接关系。另一方面，中国传统文化主要是以修心、养性为目的道德文化，这一文化强调人的自律、自省，强调内心境界的提高，无论是孟子的"浩然之气"，还是佛家的"明心见性"，都是重视内心修养。因此，传统文化对于提高公民道德素质、减少犯罪有着重要作用。我国罪犯教育工作者所开展的利用传统文化改造罪犯方面的研究与尝试，也证明了传统文化的积极意义。如海南省监狱系统自 2006 年以来，一直在监狱中开展传统文化教育，取得了较好的改造效果，中央电视台曾对此进行过专题报道。在儒家文化发源地的山东省，各监狱也把儒家文化作为罪犯教育的重要内容，取得了较好的效果。

思考题

1. 教育目的及其制定依据。

2. 罪犯教育目的及其制定依据。

3. 如何评价社会本位观、个体本位观对教育和罪犯教育的影响。

4. 结合罪犯教育目的发展历史及当前需要，谈谈应如何制定罪犯教育目的？

参考书目

1. 许金声、程朝翔译：《动机与人格》，华夏出版社，1987 年版。

2. 司法部劳改专业教材编辑部编：《罪犯教育学》，1993 年版。

3. 王秉中主编：《罪犯教育学》，群众出版社，2003 年版。

4. 全国十二所重点师范大学联合编写：《教育学基础》，教育科学出版社，2002 年版。

5. 杜雨主编：《监狱教育学》，法律出版社，1996 年版。

6. 郭朋著：《中国监狱学史纲》，中国方正出版社，2005 年版。

7. 王祖清主编：《罪犯教育学》，中国民主法制出版社，1998 年版。

第三章
罪犯教育的基本原则

> 本章主要通过阐述"理论联系实际"、"协调一致"、"循序渐进""因人施教"、"分类教育"、"以理服人"原则的基本内涵,明确坚持各项罪犯教育原则的基本要求,并在教育改造实践中能够自觉遵循。

重点问题

● 罪犯教育的三大法定性原则的概念及其含义

● 理论联系实际原则的含义、要求

● 坚持协调一致原则的基本要求

● 循序渐进原则的基本含义及要求

    所谓罪犯教育的基本原则,是指在罪犯教育实施过程中必须遵循的基本准则。《监狱法》第61条规定:"教育改造罪犯,实行因人施教、分类教育、以理服人的原则"。这三条原则是罪犯教育的法定原则。根据罪犯教育改造工作的实践经验,还有许多原则是在罪犯教育过程中必须遵循的,例如"理论联系实际"、"协调一致"、"循序渐进"等原则。本章对"理论联系实际"、"协调一致"、"循序渐进""因人施教"、"分类教育"、"以理服人"的原则一并论述,加以探讨。

第一节　理论联系实际的原则

一、理论联系实际原则的内涵

理论联系实际的原则，是马克思列宁主义、毛泽东思想、邓小平理论、"三个代表"重要思想、科学发展观的根本观点，是辩证唯物主义和历史唯物主义的灵魂，也是我党一贯坚持的优良作风之一。理论和实践的关系，正如毛泽东同志指出的就是"箭和靶的关系"，"放箭要对准靶"。掌握马列主义、毛泽东思想、邓小平理论、"三个代表"重要思想、科学发展观的立场、观点、方法，就是要用科学的理论方法指导实践，解决实践中出现的问题。

在对罪犯实施教育改造的活动中也必须贯彻理论联系实际这一原则，即：从罪犯教育改造的实际出发，用马克思主义的立场、观点、方法研究和解决罪犯教育改造活动中的实际问题，以达到把罪犯教育改造成为守法公民和有用之材的目的。罪犯教育改造的理论联系实际原则具体包含着理论与实践相结合、思想与行动相统一两个方面的含义：一方面，监狱民警要运用马列主义、毛泽东思想、邓小平理论、"三个代表"重要思想、科学发展观的立场、观点和方法，去分析、研究和观察罪犯的思想言行，采用切实的方法，推动他们的教育改造；另一方面，在对罪犯的教育改造过程中，既要对他们进行革命理论的灌输，又要对他们提出教育改造实践的具体要求，促使他们在接受理论教育之后，能够用于指导自己的实践，在教育改造中做到言行一致，自觉地转化思想，矫正恶习，以取得明显的改造效果。

二、贯彻理论联系实际原则的基本要求

（一）重视理论教育

没有理论，就谈不上联系实际；没有正确的理论，就不会有正确的行动。理论联系实际，首要的是搞好理论教育。罪犯的理论水平很低，有些罪犯甚至不懂得什么叫理论，要他们联系实际，也就成了空话。为此，对罪犯进行理论教育，提高他们的理论水平，十分重要。

对罪犯进行理论教育，要从罪犯的理论基础、知识水平和教育改造罪犯的实际需要出发，有目的地组织他们学习马列主义和毛泽东的著作，学习邓小平的建设有中国特色的社会主义理论，学习"三个代表"重要思想、科学发展

观，切忌空洞说教；同时，编写通俗易懂的理论教材，向他们大力宣讲马列主义、毛泽东思想、邓小平理论、"三个代表"重要思想、科学发展观的基本观点。着重从理论上讲清楚什么是正确的世界观、人生观、价值观、道德观，并用生活中的典型事例讲解做人的一般道理、犯罪的危害后果、改恶从善的光明前途等等。通过学习和宣讲，提高他们的理论觉悟。

有些罪犯对学习理论不感兴趣，抱着无所谓的态度，甚至非常反感，认为学与不学一个样。为此，要向他们反复讲明学习理论的重要意义，可以联系和运用罪犯中的实际事例，赞扬学习理论取得成绩的罪犯，批评不学理论无所进步的罪犯，使他们懂得学习理论的重要性，从而促使他们认真学习理论，掌握马列主义、毛泽东思想、邓小平理论、"三个代表"重要思想、科学发展观的基本观点。事实证明，罪犯能否学好理论，是联系实际、解决实际问题的关键。

（二）有的放矢，学用一致

毛泽东同志曾说过："对于马克思主义的理论，要能够精通它、应用它，精通的目的全在于应用。"要教育罪犯应用马列主义、毛泽东思想、邓小平理论的立场、观点和方法来说明和解决教育改造中的实际问题。谁说明的问题越多，谁的成绩就越大。对那些讲大话、讲套话、学而不用的罪犯，要进行严肃的教育，并指出，学习是为了应用，理论要联系实际。对于罪犯来说，联系实际除了联系监管制度、奖惩政策和改造环境等周围事物之外，更重要是联系自身的三个方面：

1. 联系犯罪实际。

罪犯的教育改造往往是从犯罪服法开始的。一般来说，罪犯对罪恶的认识，对自己犯罪时的个人主义和唯心主义的认识，是十分模糊的。有的甚至吹捧自己的犯罪手段，不以为耻，反以为荣。因此，引导罪犯联系自身犯罪实际，是教育罪犯联系实际的一个重要内容。要他们运用马列主义、毛泽东思想、邓小平理论、"三个代表"重要思想、科学发展观的立场、观点和方法，去解剖自己的犯罪思想，挖掘自己的犯罪根源，认识自己的犯罪行为给国家、人民、自己及其家庭所造成的危害，借以提高他们的思想觉悟，为更好地接受教育改造打下基础。

2. 联系表现实际。

由于罪犯的恶习尚未得到彻底的纠正，在改造过程中，总会暴露和表现出各种各样的问题，譬如，争吵谩骂，打架斗殴，不肯学习文化知识和生产技术，甚至继续进行违法犯罪活动等。要引导他们联系这些问题，以科学理论为武器，实事求是地进行分析批判，进行自我教育或相互教育。在罪犯教育改造过程中，入监罪犯由于各种心理原因，以身试法违纪违规的事经常发生，要教育他们经常联系自身及周围实际，促使他们养成理论联系实际的习惯。只有这样才能更好地发挥理论的作用，才能逐步地改造他们的世界观，改掉他们的各种恶习。

3. 联系思想实际。

不少罪犯由于长期过着犯罪生活，接触社会阴暗面的时间较长，从而形成了扭曲的世界观、腐朽的人生观、错误的道德观，存在着各种片面的、错误的、甚至是反动的思想和观点。罪犯中各种思想问题，是教育他们联系实际的一个重要方面。如果说，犯罪实际是个历史问题，表现实际是个表面现象，那么，思想实际才是最本质的问题。因此，联系思想实际就更为重要。然而，联系思想实际，比起联系犯罪实际和表现实际来，却要困难得多。因为罪犯中的思想问题，往往不是外露的。这些严重的思想问题，妨碍着他们的改造。为此，在学习理论中，要教育他们敢于亮出自己的思想，敢于联系自己的思想问题，自觉地运用理论之"矢"，来射思想问题之"的"。实践经验证明，教育罪犯联系思想实际问题，是加速思想改造的一个重要途径。

罪犯在教育改造过程中的思想变化极为复杂，除了会在改造中不服判认罪，产生反改造的心理和思想变化外，随着国内外政治、经济形势的变化和重大事件的发生，重要的方针、政策、法律的制定和实施，都会使他们产生各种不同的看法和认识。随时针对这些思想问题进行理论教育，不仅使理论教育的内容有针对性，而且能切实地解决罪犯的思想问题，使他们明确是非，知错改过，促进思想改造。

（三）把理论教育与解决生活实际问题结合起来

对罪犯进行理论教育，既要用马列主义、毛泽东思想、邓小平理论、"三个代表"重要思想、科学发展观武装他们的头脑，解决他们的思想问题，提高他们的思想认识，又要解决他们生活实际中遇到的问题，这样才有助于他们从情感上接受理论教育，有助于罪犯深入领会和理解理论教育的精神，收到更好的效果。

在罪犯的教育改造过程中，他们一般会遇到婚姻、恋爱、家庭、子女、疾病，以及申诉、奖惩等生活上的和教育改造中的具体问题，例如：配偶离婚、子女改姓、父母病故、子女脱离关系以及衣被补充、生病医治、申诉的处理等等。这些问题解决的好坏，直接影响到罪犯教育改造的情绪和理论教育的效果。因此，监狱民警要对这些问题进行认真的调查研究，并在政策、法律允许的范围内，给予合理的解决；暂时或无法解决的，也要说明情况，讲清道理；对于错误的思想和要求，要给予实事求是的批评和教育。要使罪犯从具体、实际问题的解决中，看到说与做的一致，理论与实践的统一，从而把理论教育转化为接受改造的动力，加速罪犯思想改造的进程。

第二节　因人施教的原则

一、因人施教原则的内涵

因人施教的原则，就是根据各个罪犯不同的情况，采取不同的教育内容和方法，进行针对性的教育。因人施教从广义方面来讲，是指根据罪犯的犯罪性质、性别、年龄、刑期和改造表现等分成各种类型，分别进行教育；从狭义方面来讲，是针对每个罪犯的具体情况，进行细致的个别教育。

因人施教是教育人、培养人的一条重要经验。古今中外的教育家都很重视因人施教。我国宋代的教育家朱熹说："孔子教人，各因其材"。我国罪犯教育改造工作的实践证明，因人施教也是教育改造罪犯的一个成功经验。因此，在教育改造罪犯中，贯彻因人施教是非常必要的。

罪犯入监服刑，被强制接受教育改造，各种问题错综复杂，情况各不一样。他们的犯罪性质各异，刑期长短不一，表现有好有坏，性格各不相同。因而，对他们的教育，必须区别对象，因人因事而异。例如，对男犯的教育，就不能同女犯一样；对改造表现好的罪犯的教育，就不能同改造表现不好的罪犯一样。要根据各类罪犯的具体特点，有针对性地进行教育，才能达到教育的目的。

因人施教与"一锅煮"、"一刀切"的教育方法有着原则的区别。因人施教才能使每个罪犯都受到应有的教育，并运用"一把钥匙开一把锁"的方法，针对各个罪犯的不同特点，做深入细致的思想工作，有效地转化他们的思想，调动他们的改造积极性。而"一锅煮"、"一刀切"的教育方法则比较简单，既不分别对象，也不区别情况，混杂在一起进行教育，不会有好的效果。实践经验证明，罪犯的思想问题极为复杂，而且各不相同。要医治好他们思想上的病，唯一的办法是逐个诊治，摸清病情，对症下药，才能奏效。

二、贯彻因人施教原则的基本要求

（一）做到深入调查研究，掌握罪犯情况

孙子曰："知己知彼，百战不殆"。贯彻因人施教原则，必须加强调查研究，了解和掌握罪犯的具体情况。监狱民警要通过查阅档案，找罪犯谈话等方法，知道每个罪犯的姓名、年龄、籍贯、文化程度、性格特点、体貌特征；知道罪犯的简历、犯罪事实和所判刑期，如是"二进宫"以上的罪犯，对以前的犯罪事实也要了解掌握；知道罪犯的家庭情况和主要社会关系，包括近亲和恋爱对象的关系，以及同案犯的关系；知道罪犯的改造表现，特别是在改造过程中的思想变化和当前的改造表现。以上做法，在实践中统称为"四知道"。

做到"四知道"，是搞好因人施教的先决条件和重要依据。对罪犯的教育，总是要涉及到各个方面。例如，一个罪犯犯有错误，改造表现不好，在教育时，就要联系他的有关情况，进行分析批判和规劝教育，促使他们转变过来。再如对罪犯进行文化知识教育和技术能力教育，只有掌握了罪犯现有的文化程度和生产技能的状况，才能切合实际，找到符合他们接受的办法，收到好的教育效果。所以，监狱民警要把"四知道"作为做好改造教育罪犯的基本功，经常练习，纯熟于心。

同时，还要注意发现新的线索、新的情况，做好信息储存工作。对于掌握的各种情况和信息，要经过"去伪存真，去粗取精，由此及彼，由表及里"的综合分析，抓住事物的本质，防止以偏概全，先入为主和就事论事，以便为因人施教提供真实的、客观的科学依据。

（二）做到针对不同对象，进行不同教育

"不同性质的矛盾，只有用不同性质的方法才能解决"。这是马克思主义者必须严格遵守的规律。监狱关押的罪犯，就其犯罪这一点来说，是相同的。但从犯罪的性质、手段、情节和思想根源来说，则是不相同的。他们的思想认识、性格特征和改造表现，更是各不相同。因而，教育改造罪犯，应根据不同的对象和特点，进行不同的教育。例如，从犯罪性质上，可分为危害国家安全犯、普通刑事犯、故意犯、过失犯；从刑期上，可分为长刑期犯和短刑期犯；从改造表现上，可分为改造表现好的和改造表现不好的罪犯；从被捕前的职业、任职、文化程度等方面，也可以进行区别，对于原是国家公务员、革命军人、技术员、工程师、教师等知识分子的教育，不论在内容上和方法上，同其他罪犯的教育，也应有所不同。

在同一类罪犯中，犯罪情况也不是一样的。例如，刑事犯是一个大类，有各种各样的犯罪行为。他们的犯罪动机、目的、手段也不是一样的。对这些罪犯的教育，也不能完全一样，应该根据各种罪犯的不同情况和不同特点，进行不同的教育。但是，由于严重刑事犯罪的犯罪行为，严重侵害了国家和人民的利益，扰乱了社会治安，因此，在进行教育过程中，必须首先向他们指出这一点，敦促他们认罪服法，接受改造。

在同一种犯罪类型的罪犯中，各个犯罪分子的犯罪根源和犯罪手段，以及他个人的思想认识和性格特点，也不是完全一样的。同样是盗窃犯，在犯罪的具体原因上，有的是因赌博输了钱，想还债或做本；有的是因结婚讲排场，想买高档日用品；有的是因哥们义气，为资助他人钱财；有的是为了满足自己的奢侈生活。在犯罪手段上，有的是"白日闯"顺手牵羊；有的是携带作案工具，撬门扭锁；有的是利用本单位制度松懈，搞内外勾结。在思想认识上，有的认罪服法，表示悔改；有的拒不认罪，肆意抵赖；有的认识肤浅，反复无常，针对这些不同的情况，就要进行不同的教育，才能收到成效。

对罪犯个体来说，情况也不是凝固不变的。在改造上、生产、生活上碰到一些具体问题，或家属接见时产生了一些家庭问题，都会使罪犯思想情况因而出现新的变化，或由高兴转为悲观，或由积极转为消极。所以，即使是对一个罪犯的教育，也不能用同一套的方法和同一套的内容，而要根据当前最新的实际情况，因时因事而异，做深入细致的思想教育工作，来解决其问题，促进其改造。

在教育中，还必须注意罪犯的性格特点。人的性格俗称脾气，是各不相同的。针对性格特点进行教育，是搞好因人施教的一个重要因素。对性格倔强、不易认识错误的罪犯，要摆出事实，多讲道理，使他强不过去，只得知错改过；对性格粗暴，易于对抗的罪犯，要端正态度，耐心教育，使他没有机会发火和对抗，只得接受教育；对沉默寡言，不肯暴露思想的罪犯，要循循善诱，启发开导，使他开口讲话，吐露真情；对性格软弱，不愿与反改造行为作斗争的罪犯，

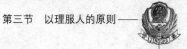

要阐明政策，多加鼓励，使他敢于检举揭发坏人坏事；对喜欢表扬的罪犯，在他确有成绩时，应给予适当的表扬，鼓励他积极改造；对爱面子的罪犯，尽可能不在公开场合批评，可以进行个别教育。

总之，针对性格特点进行教育，易收成效，这是一个不可忽视的问题。

（三）做到分别情况，妥善处理

由于罪犯的世界观没有得到应有的改造，思想品质低劣，法纪观念薄弱，在改造中经常会发生这样或那样的问题。对发生的问题要作认真的调查研究，并按照问题的性质、情节和造成的后果，根据法律和政策精神，给予妥善的处理。

罪犯中发生的问题，情况比较复杂，不仅涉及面较广，原因也多种多样。在教育时，必须分别情况，区别对待，赏罚严明，才能收到好的成效。罪犯中经常发生打架，但每次打架的原因、情节和后果是各不相同的。应当根据不同的情况，进行不同的教育和处理。这是因人施教中必须注意的问题。

有些不求改造的罪犯，屡犯错误，不想改过，有些罪犯抱着破罐子破摔的态度，消极改造。从表面上来看，他们都对抗教育改造，情况是一样的。但在实质上，他们对抗教育改造的因素是不一样的。对这些罪犯进行的教育，更要分别情况，不能一律对待。要遵循因人施教的原则，针对各个罪犯不求改造的原因，多做思想教育工作。同时，要尽可能帮助他们解决一些实际问题。实际问题的解决，有利于促进改造。只要切实贯彻因人施教的原则，那些不求改造的罪犯，经过教育，是可以转变为自觉地进行改造的。

第三节 以理服人的原则

一、以理服人原则的内涵

以理服人，就是坚持摆事实、讲道理，用说理的方法，对罪犯做耐心细致的说服教育工作。坚持说理教育，是我国教育改造罪犯政策的具体体现，也是我国教育改造工作的优良传统。只有坚持以理服人的原则，才能更好地教育改造罪犯，收到好的教育效果。实践证明，坚持说理教育，可以使罪犯逐步地接受马列主义、毛泽东思想、邓小平理论、"三个代表"重要思想、科学发展观的立场、观点、方法，潜移默化，转变自己的资产阶级腐朽的世界观；可以使罪犯分清是非，明辨善恶，区别美丑，改变自己的不良行为；可以使罪犯知错改正，心悦诚服地接受改造，避免或减少对抗行为的发生。在罪犯教育改造实践中，有的监狱民警认为，对罪犯只能采取训斥、压服的办法，这是对罪犯教育改造工作的曲解。解决罪犯的思想问题，只能靠说服，不能靠压服。压服的结果往往是压而不服。

贯彻以理服人的原则，监狱民警必须努力学习马列主义、毛泽东思想、邓小平理论、"三个代表"重要思想、科学发展观，掌握理论武器，提高政策策略水平和业务水平，注意工作方法。只有这样，才能更好地开展说理教育，提高教育改造的质量。

二、贯彻以理服人原则的基本要求

（一）摆事实、讲道理

在教育过程中，不论是集体教育、分类教育，还是个别教育，不论是对改造表现好的罪犯进行教育，还是对改造表现不好的罪犯进行教育，都要坚持摆事实、讲道理。要多用有说服力的、典型性的事实，多讲正面的道理，把事情的本质分析清楚，讲明是非，才能给犯人以教育。

事实是最有说服力的。要用社会主义建设的伟大成就，用劳动模范、英雄人物的成长过程和先进事迹，激励和启发罪犯，使他们看到前途和希望，从而树立重新做人的理想，努力改造，积极向上，把自己改造成为有用之材，为祖国的社会主义建设做出贡献。

罪犯有了错误，在进行批评教育时，要把他所犯的错误事实确切地摆出来，既不扩大，也不缩小，然后进行分析说理，指出错在什么地方，违反了那条规定，造成了什么影响。如果不服，也允许他发言讲述，让他把话讲完。在他讲述之后，再进行分析说理。这样他能够真正地认识自己的错误，心悦诚服地接受批评教育。对那些犯了严重错误的罪犯，在给予必要的处分之后，仍然要进行教育挽救。要多做说理教育，讲明道理，讲清是非，促使他们开展积极的思想斗争，认识错误的严重性，深挖犯错误的思想根源，逐步觉悟过来，向好的方面转化。

摆事实，讲道理，关键在于摆事实。摆事实是讲道理的基础。没有事实或事实摆的不确切，讲道理就缺乏基础和针对性。对于罪犯中发生的各种问题，

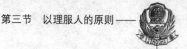

诸如打架、偷盗、损坏物品等，在处理和教育之前，首先要弄清事实，查明原因，分清责任，然后再作处理和教育。只有弄清了事实，才能正确地处理，才能针对性地教育。如果事实尚未弄清，就草率地进行处理或教育，非但罪犯不服，也容易发生偏差。

在罪犯教育中，有时会遇到善于诡辩、强词夺理、不肯认错的罪犯。对这种罪犯，更是要坚持摆事实、讲道理的方法，只有充分地揭露他所犯错误的事实，桩桩件件，有证有据，使他在铁的事实面前，无法狡辩，无可抵赖，同时给他讲道理，促使他低头认错。

（二）坚持疏通引导

这是贯彻以理服人原则的一个基本要求。

所谓疏通，就是沟通思想，明白道理的意思。所谓引导，就是把罪犯指引到正确的方向上来。

具体操作可主要从两个方面进行：

1. 从思想上疏导。

罪犯能不能接受改造，态度是消极还是积极，同他们的思想有着密切的关系。监狱民警要针对罪犯的思想问题，耐心地开导他们，帮助他们分析错误和认识错误，放弃谬论，接受真理，把思想端正过来。疏通引导与强制压服是相互对立的。对待思想上的问题，强制不行，压服也不行，只有通过说理疏通，才能解决问题。

对罪犯中带有普遍性的问题，除了由监狱民警教育之外，还可以归纳起来，列出题目，有计划地组织罪犯开展讨论，使他们在讨论中分清是非，明确什么是正确的，什么是错误的，哪些是可行的，哪些是禁止的，从中接受教育。这样的疏通引导，也能收到好的效果。

有些罪犯头脑糊涂，思想闭塞，坚持自己的错误观点。对这种罪犯，特别要注意疏通引导。要利用一切机会，多找他们个别谈话，多做说理教育，边疏通，边引导，使他们逐步地改变错误观点，接受正确思想，走向自觉改造的道路。

2. 从行动上引导。

思想是行动的基础，行动是思想的外在表现形式。因此，在思想上疏导的同时，在行动上要进行引导，把两者密切地结合起来。要求监狱民警仔细观察、分析罪犯的行动表现，然后根据他们的特点，因势利导，把他们的违规行为，引导到求改造的正路上来。有些罪犯逞强好胜，妄称"英雄"、"好汉"，可以组织他们开展劳动竞赛或体育方面的竞赛，指导他们在竞赛活动中夺取优胜；有些罪犯好动不好静，扰乱监规秩序，可以组织他们开展各种球类活动，让他们正常的活跃起来；有些罪犯爱好音乐，喜欢唱唱跳跳，可以组织他们成立业余剧团或歌咏队，让他们在规定的时间内放声歌唱；有些罪犯好静不好动，喜欢写写画画，可以组织他们成立书画小组，让他们集中起来共同练习，互相启发。通过正确的疏导，既可以充分地调动罪犯的各种积极因素，又可以避免或减少违犯监规纪律行为的发生。

（三）捕捉说理时机，坚持耐心说服

做罪犯的思想教育工作，监狱民警要抱着热情、诚恳、耐心的态度，不能急躁，不能粗暴，不能怕麻烦。教育改造罪犯，不是十天半月、一年半载的事情，而是要花相当长的时间，下相当大的工夫才能办好。这要求监狱民警要长期不懈地、耐心地做罪犯的教育工作。对于罪犯的各种错误思想，决不能任其泛滥，要抓住时机进行教育，结合实际分析批判，帮助他们认识错误和改正错误。但是，思想问题极为复杂，并不是谈几句话就能解决的。如果罪犯一时思想不通，也允许他们保留自己的观点，等待时机，掌握"火候"，进行有理、有力、有节的说服教育。对于思想认识问题，不能随意地扣帽子、打棍子，也不能随意地乱加训斥，更不能以惩罚代替教育。只有实事求是地分析批判、耐心教育，才能奏效。

有些罪犯，脾气急躁，性格倔强，犯了错误不肯认错，在教育这些罪犯时，更是要有耐心的态度。要注意工作方法，允许他们讲话、申辩，一时想不通的也允许保留意见，在罪犯发火时，可以等待时机，尽量避免打"遭遇战"。切实做到以理服人，以情感化，情真理切，情理结合，调动罪犯内在心理的积极性，这样才能收到事半功倍的效果。

第四节　协调一致的原则

一、协调一致原则的内涵

协调一致的原则，要求在罪犯教育改造工作上步调一致，相互协调，对罪犯的教育产生一致性的影响，这是搞好罪犯教育改造的重要保证。

协调一致的原则，是根据罪犯接受多方面教育的实际情况提出来的。对罪犯的教育改造，不单是监狱的事情，也包括社会上机关、团体、企业和家庭等各个方面；从监狱机关内部来看，也不单是教育部门的工作，也包括劳动生产、狱政管理和生活卫生等方面的工作。各个方面的罪犯教育口径必须一致，各个方面的教育改造工作必须相互协调，才能有效地教育罪犯，提高综合治理的效果。

贯彻协调一致的原则，最根本的问题，就是要坚决遵守《监狱法》和贯彻执行党的罪犯教育改造工作的方针政策，对中央关于罪犯教育改造的各项指示和规定，要具体地落实，决不能符合自己口味的就执行，不符合自己口味的就不执行。任何部门、任何个人对罪犯的教育，必须遵循党的政策精神；对罪犯提出的要求，必须符合政策的规定。在罪犯教育过程中，从入监教育到出监教育，以及各个阶段的教育，必须紧密衔接，始终如一。总之，惟有各个方面的协调一致，才能产生对罪犯教育的一致性影响，促使他们向统一的方向发展，明确教育改造的目的与要求，加速思想改造进程。

罪犯的思想比较敏感，他们对各个方面的教育，不仅反应及时，也会进行对比。如果教育的内容不一致，执行的制度不统一，他们就会提出疑问，或者不相信监狱的教育，不服从制定的制度。个别不求改造的罪犯，还会借机对抗改造，起哄闹事，造成不良后果。只有切实地遵守协调一致原则，严格管理和教育，才会堵塞工作中的漏洞，防止罪犯出现反改造活动。

二、贯彻协调一致原则的基本要求

（一）监狱民警之间必须协调一致

从事罪犯教育改造的监狱民警是教育改造罪犯的专门人员，每天都在教育改造罪犯，影响着罪犯。监狱民警之间能否步调一致，统一口径，是搞好罪犯教育改造的主要因素。

对罪犯的教育改造，是一件非常严肃而又必须十分认真的事情。不论是作报告、演说，还是个别谈话，都要依据《监狱法》和罪犯教育改造工作的方针政策精神，依据上级部门的有关指示和规定进行，不允许自搞一套，随便乱说。监狱民警，包括领导、科室、监区和分监区民警，对罪犯的教育影响应当是一致的。对研究决定的罪犯教育内容、教育计划和教育制度，各个部门应当步调一致，统一贯彻落实。不能这个部门贯彻，那个部门不贯彻，这个部门抓紧，那个部门放松，各自为政，各搞一套。

分监区是教育改造罪犯的基层单位，分监区的民警言行是否一致，对罪犯的教育有着直接的影响。因此，分监区民警对罪犯的教育，包括内容、方法、要求和措施等，应当集体讨论，共同研究，作出决定，以便统一思想，统一认识，统一行动。对罪犯中发生的问题，在教育处理时，监狱民警要共同商量，统一教育口径，统一处理方法，使罪犯无空子可钻。监狱民警教育的一致性，有利于形成罪犯接受教育改造的一致性，会收到良好的教育效果。如果各搞一套，各行其是，就会造成罪犯思想混乱，无所适从，降低教育质量，甚至可能使罪犯"看人行事"，造成不良后果。

（二）教育内容与客观实际协调一致

教育内容是为教育目的服务的。教育内容必须与客观实际相一致，才能有充分的说服力，达到教育的目的。

对罪犯的教育，不论选择那方面的内容，都要贯彻实事求是的精神，提倡讲事实，讲真话，是成绩就讲成绩，是缺点就讲缺点。在事实的基础上进行说理教育，才能使罪犯信服。要力戒讲假话、讲大话、讲空话。就是工作上有了差错，也可以向罪犯讲明情况，敢于承认错误，敢于批评自己，给犯人以实事求是的教育。如果回避事实，掩盖错误，就会产生不良影响。

对罪犯进行正反两方面的典型教育，要注意教育内容与事实的一致。批评表现不好的，揭露的错误要合乎事实，扩大了，本人不服；缩小了，其他犯人会产生错觉。表扬表现好的，宣扬的事迹要合乎事实，讲得过分，犯人不信，讲得不足，失去典型意义。

罪犯教育内容实在与否，反映着监狱民警的工作作风与业务水平。

（三）教育工作与其他工作必须协调一致

教育改造罪犯，不只是监狱教育部门的工作，它与劳动生产、狱政管理、生活卫生等工作有着不可分割的联系。要搞好罪犯教育改造，有赖于各项工作的密切配合。反过来，各项工作的开展，必须围绕罪犯的教育改造展开。它们之间的关系不是相互排斥，而是相辅相成的。罪犯教育工作与其他工作的协调一致，是把罪犯改造成为守法公民的一个重要条件。

教育工作与劳动生产必须协调一致。劳动是改造罪犯的重要手段,要把罪犯改造成为建设社会主义的有用之材,只有通过劳动才能实现。然而,要促使罪犯积极劳动,离不开在劳动中进行教育。

为了使教育工作与劳动生产协调一致,在制定教育计划和生产计划时,应考虑到两个方面的情形,要科学地安排罪犯的劳动时间和学习时间。在具体工作中,分管教育的监狱民警,要过问劳动生产;分管生产的监狱民警,要注意抓思想教育,使改造与生产很好地结合起来。那种只抓生产而不问教育,只抓教育而不问生产的做法,都是错误的。

教育工作与狱政管理必须协调一致。要搞好罪犯教育,首要的是加强监管,这是必不可少的重要条件。教育离不开管理,管理也离不开教育。管是前提,教是根本。只有管得住,才能教得进;只有教得好,才能管得了。管和教是紧密地联系在一起的,不可分割。许多监狱在教育中加强管理,在管理中渗透教育,实行管教结合,做到管中有教,教中有管,有效地促进了罪犯的教育改造。如果把管和教截然分开,管而不教,教而不管,势必影响罪犯教育改造工作的顺利开展。

为了使罪犯教育工作与狱政管理协调一致,必须以法律、制度为根据,对罪犯严加管理,不得松懈。要及时打击重新犯罪的行为,刹住反改造歪风,并抓住典型事例,加强思想教育。同时,要结合本部门的实际情况,制定一些具体的、行之有效的规章制度,教育罪犯切实遵守,创造一个良好的改造秩序。

教育工作与生活卫生工作必须协调一致。生活卫生工作不是单纯事务性的工作,而是罪犯教育改造工作的必要物质保证。罪犯投入改造以后,他们的吃、穿、住和疾病等问题,就由监狱来负责管理和解决。抓好生活卫生工作才能使罪犯安心改造,才能更好地发挥他们劳动生产和自我改造的积极性。所以,要努力改善犯人的生活条件,使其吃饱饭、睡好觉,衣能遮体御寒,病能及时治疗。使他们感到政府是在教育、改造、挽救他们,而不是在折磨、虐待他们,从而消除对立情绪,接受改造。经验证明,搞好生活卫生工作是促进罪犯思想改造的重要因素。

(四)言教与身教协调一致

监狱民警,是重新塑造罪犯灵魂的"工程师",是代表国家依法对罪犯执行刑罚执法者,是把罪犯改造成为守法公民和有用之材的"特殊园丁"。监狱民警的一言一行，一举一动，直接影响着罪犯的改造。在罪犯的心目中，监狱民警代表的是政府，其言行是政策、法律的体现，监狱民警的身体力行是他们重新做人的楷模。因此，监狱民警要严格要求自己，言行一致，以身作则，切实做到"言必行，行必果"，言教与身教相结合、相一致，身教重于言教，以言传身教给罪犯做出榜样，这样才能在教育改造罪犯中产生巨大的威信和力量，收到更大的改造效果。

（五）监内教育和社会教育密切配合

监狱是教育改造罪犯的专门机关，但是仅仅依靠专门机关教育改造罪犯是不够的，必须与社会教育密切配合，运用多方面的教育力量，共同促进罪犯的教育改造。

社会教育是影响罪犯思想、言行和品质的重要方面。马克思指出："人的本质并不是单个人所固有的抽象物，实际上，它是一切社会关系的总合。"就是说，一个人的思想、言行和品质，是受到社会、企业、家庭等各个方面影响的。要把罪犯教育改造过来，需要社会上各个方面力量的密切配合，共同来影响罪犯的思想。然而，社会影响是多方面的，有积极的，也有消极的。在罪犯教育中，要争取和利用积极影响，抵制和消除不良影响。

为了与社会教育密切配合，监狱民警应该走出大门，主动与社会上有关部门联系，请求他们协助和配合，多做罪犯的教育工作，或请人来监作教育报告，或请代表来探望和规劝，或请相关的人写信来进行书面教育。同时，要向有关部门宣传《监狱法》和党的罪犯教育改造工作方针政策，提出教育的内容和要求，使他们对罪犯的教育能够同监内教育一致起来，有利于推动罪犯的教育改造。

在社会教育中，家庭教育是一个十分重要的方面。罪犯有了思想问题，特别是与家庭有关的问题，监狱民警应当走访家庭，反映罪犯的思想状况，要求家庭做罪犯的思想工作。有时监狱民警多次对罪犯进行教育未见成效，而亲属来规劝一番，问题就能得到解决。

监内教育与社会教育配合，监狱应该起主导的作用。一要主动与社会上有关部门联系，二要协调和统一来自社会教育的各种影响，使罪犯的思想改造日益向好的方面发展。

第五节　分类教育的原则

一、分类教育原则的内涵

分类教育是指对罪犯在分类的前提下所进行的教育，即在分类关押、分类管理、分级处遇的基础上，根据不同类型罪犯的特点而采取的有针对性的教育内容和方法进行的教育。分类教育是罪犯教育所特有的一种教育原则。分类教育是个别教育的类型化和因人施教的抽象化。分类教育是介于个别教育和集体教育之间的一种教育形式。与集体教育相比，分类教育是要解决特殊类型的特殊问题，而与个别教育相比，分类教育则是要解决某一类型罪犯的共性问题。1991年司法部《对罪犯实行分押、分管、分教的试行意见（修改稿）》中指出："对罪犯实行分押、分管、分教，是刑事执行制度发展的必然趋势，是提高改造质量的必由之路。" 1994年我国的《监狱法》又以法律的形式使其法制化，从此分类教育成为罪犯教育法定性原则。

二、贯彻分类教育原则的基本要求

分类教育有利于矫正某类罪犯中共同的错误认识和恶劣习惯；有利于落实区别对待的政策；有利于调动罪犯改造的积极性。贯彻分类教育原则必须把握好科学分类管理、科学分类施教两个环节。

（一）科学分类管理

罪犯的科学分类管理是分类教育的前提和基础。分类教育必须在分类管理的组织方式下进行。分类教育是根据不同的类型罪犯的不同情况分别进行的教育。如何对罪犯类型科学的划分，如何制定罪犯分类的标准，是实现科学分类管理的关键。首先，要进行深入调查研究，了解掌握罪犯的基本情况。其次，要把握标准，科学分类。在罪犯教育的实践中，可以依照罪犯犯罪性质进行分类。如财产型、暴力型、淫欲型、反社会型；可以依照罪犯性别、年龄进行分类。如男犯、女犯和未成年犯；可以按在监时间不同进行分类。如新入监罪犯、即将出监罪犯；可以按改造表现进行分类；按罪犯恶习程度深浅进行分类，把同一类型的初偶犯和累惯犯分开，以免深度感染。除此以外，教育者还可以根据罪犯改造的实际需要，按照其他标准进行科学分类，只要分类有利于提高罪犯教育质量，各种分类都是值得探索的。

（二）科学分类施教

分类施教是分类教育的核心。按照一定的标准将罪犯划分为不同的类型，针对每一类型罪犯的特点进行什么内容教育，用什么样的方法进行教育是分类教育的核心内容。首先，要组织编写分类教育教材，突出分类教育的针对性内容，要把握一个"类"字，始终保持对"类型化"特征的敏感性。根据不同类型罪犯的特点编写教材，一是注意教材体系的科学性、系统性；二是注意教材内容的针对性、实效性；三是注意教材使用应联系罪犯实际；四是注意教育方法的多样性。其次，加强分类教育专门教育者的师资队伍建设。师资队伍建设是分类教育的关键。分类教育对施教者的要求更高，既要有较强的事业心和责任感，还要有丰富渊博的社会知识，更要了解和熟悉每类罪犯的犯罪特点、思想状况和行为特征。因此，在分类教育过程中，要在监狱民警中选拔、培训分类教育骨干，使之胜任分类教育工作，必要时可邀请社会教育专家和心理教育专业人士参与罪犯的分类教育。

第六节　循序渐进的原则

一、循序渐进原则的内涵

循序渐进，就是有序地稳步前进。辩证唯物主义的认识论认为，人的认识过程是渐进的、有次序的。人们对于客观事物的认识过程总是由浅入深、由简到繁、从低级到高级、从现象到本质、从感性认识到理性认识这样一个渐进的过程，这是人的认识规律。罪犯教育的循序渐进原则，是指对罪犯的教育改造，必须根据罪犯思想转变和知识积累的客观规律，统筹安排，有组织、有计划、有步骤地进行，逐步提高罪犯的政治思想觉悟，提高文化知识和生产技术水平。

循序渐进的原则，符合罪犯思想转化的规律，也符合罪犯教育改造的基本要求。因为人的认识的提高和转变，有一个内部矛盾反复运动的过程；知识的积累和丰富，有一个由浅入深的深化过程；技术的掌握和提高，有一个由易到难的过程。不能操之过急，否则过犹不及，欲速则不达。

62

二、贯彻循序渐进原则的基本要求

（一）防止教育计划脱离实际，缺乏系统性

教育计划是根据罪犯的实际情况制定的，教材是根据教育计划编写的，有一定的目的与要求。监狱要按照教育计划和规定的教材，科学地安排具体的教育日程，实施对罪犯的教育改造。在教育过程中，要注意课程之间的紧密衔接，阶段之间的互相连贯，教育内容的完整和系统。同时，要注意罪犯的接受能力，符合循序渐进的要求。片面地加快教育速度，跳跃式地进行教育，超过了罪犯的接受能力，不可能有好的效果。

教育改造的主要任务，是转化罪犯的思想，矫正罪犯的恶习。但是，罪犯的思想、恶习不可能一下子转变、矫正过来，必须有一个弃旧图新的逐步提高觉悟的过程。为此，对罪犯每一课程或每一阶段的教育内容，要有一定的针对性和具体的目的与要求。在教育过程中，要及时了解罪犯接受教育的情况，考察他们的改造表现，包括思想认识是否提高，存在的问题是否解决，改造表现是否好转。如果这一课的教育目的尚未达到，就要采取措施，进行补课，促使他们认真改造，然后再进行下一课的教育。只有这样，才能保证教育改造的质量。

罪犯的思想觉悟和知识水平高低不一，存在问题也有多有少，各不相同。对他们教育改造，也应有不同的要求。对政治觉悟较低的罪犯，要通过多种渠道，多做思想工作，使他们逐步地觉悟过来。对存在问题较多的罪犯，要根据他的改造实际，有计划、有目的地给予思想教育，具体地帮助他分析问题和认识问题，改正错误。在解决了一个问题之后，再解决第二个问题，循序渐进，稳步提高。组织罪犯学习文化知识和生产技术，也要从罪犯的实际水平出发，分别编组，有计划地进行教育。

（二）防止一般教育和重点教育相脱节

在系统教育的前提下，对于教材中的重点问题和关键部分，监狱民警要认识钻研，掌握要领。在讲授时，反复讲，突出讲，讲深讲透，务使罪犯弄清道理，明确是非，加深印象，以利于他们的改造。对那些不注意思想改造，不认真学习文化知识和生产技术的罪犯，要作为重点教育对象，专门进行补课或辅导，促使他们接受教育，努力改造，有所进步。抓好重点对象的教育，是罪犯教育改造工作的一个重要问题。只有这样，才能保证教育计划的顺利实施，保证罪犯教育改造的质量。

（三）坚持不懈，持之以恒，逐步提高

罪犯的教育改造，有一个从强迫改造到自觉改造的过程。这个过程充分表明，要把罪犯改造过来，需要做长期的、大量的、细致的教育改造工作，才能使罪犯潜移默化，提高觉悟，转变自己的世界观。监狱民警坚持不懈的工作态度、持之以恒的教育精神，是教育改造罪犯成为守法公民的重要条件。那种时断时续，或者搞突击式的教育，显然是不能奏效的。

总之，罪犯教育的基本原则，即：理论联系实际原则，因人施教原则，以理服人原则，协调一致原则，分类教育原则，循序渐进原则，是根据我国罪犯教育改造的目的、任务和教育过程的规律提出来的，也是我国在教育改造罪犯的长期实践中总结出来的成功经验。认真地贯彻这些原则，是搞好罪犯教育改造工作的重要保证。同时还应该指出，这六项原则既有它们各自的独立性，彼此之间又有密切的联系，因此，在教育改造罪犯过程中，必须有机地结合运用。

思考题

1. 罪犯教育为什么必须坚持理论联系实际原则？

2. 如何坚持因人施教原则？

3. 为什么罪犯教育要坚持以理服人而不是以力、以势服人？

4. 罪犯教育为什么必须坚持分类教育原则？

5. 简述协调一致原则，循序渐进原则的基本含义及要求。

参考书目

1. 力康泰主编：《教育改造学》，中国监狱学会编印，1998 年版。

2. 李青主编：《罪犯教育学》，社会科学文献出版社，1993 年版。

3. 王祖清、赵卫宽主编：《罪犯教育学》，金城出版社，2003 年版。

第四章

罪犯教育的客观对象

本章主要阐述和讲解三方面的内容：一是罪犯教育客观对象个体的概念、属性、特点及其在教育改造过程中的地位；二是罪犯教育客观对象群体的概念、群体动力、群体特点及罪犯教育客观对象正式群体的形成发展与管理教育；三是罪犯教育客观对象转化过程、良性转化的条件和转化的个别差异。

重点问题

● 罪犯教育客观对象个体作为服刑人员的特点

● 罪犯教育客观对象个体在教育改造过程中的地位

● 罪犯教育客观对象群体动力

● 罪犯教育客观对象群体特点

● 罪犯教育客观对象正式群体的形成发展

● 罪犯教育客观对象群体的管理教育

在《罪犯教育学》的理论研究中，首先要研究的是罪犯教育的客观对象；在监狱的教育改造工作中，监狱民警首先要了解和掌握的也是罪犯教育的客观对象。罪犯教育的客观对象是监狱教育改造工作的实践对象，也是教育改造活

第四章

65

动的最基本要素。

在监狱教育改造的工作实践中,罪犯教育客观对象存在着个体和群体之分。研究罪犯教育客观对象个体的概念、特点以及这些特点对教育改造工作的指导意义;研究罪犯教育客观对象群体的概念、特点和规律,研究罪犯教育客观对象群体在教育改造过程中的作用,对更好地促进罪犯教育客观对象的转化有重要的意义和作用。

第一节　罪犯教育客观对象个体

一、罪犯教育客观对象个体的概念

广义的罪犯教育客观对象个体概念是刑法学范畴所指的罪犯教育对象,是指被人民法院生效判决和裁定的实施了我国法律明文规定犯罪行为的自然人。自然人既包括我国公民,也包括其他国家公民和无国籍人。从是否服刑角度考虑,罪犯教育客观对象包括:虽被定罪但被免于刑事处分、被判处死刑缓期执行、无期徒刑、有期徒刑、管制、拘役、罚金、没收财产剥夺政治权利等刑罚者。

狭义的罪犯教育客观对象个体概念是监狱学范畴研究的罪犯教育客观对象,是指被我国法定机关剥夺或限制人身自由,在监狱中依法接受教育改造的人。又被称为服刑人员。他们是教育活动作用的对象,与监狱民警构成了监狱教育改造活动中的一对基本矛盾。罪犯教育的客观对象包括被判处有期徒刑、无期徒刑、死刑缓期两年执行等在监狱接受刑罚处罚的人员。因刑期短暂(六个月以下)、身体患病或其他原因而实施监外执行、保外就医及假释的罪犯不包括在内。

二、罪犯教育客观对象个体作为普通人的属性

罪犯教育客观对象个体是人,是一个有血、有肉、有情感的人。因此,要把罪犯教育客观对象个体真正当成一个活生生的社会人来看待,研究罪犯教育客观对象个体作为社会人所具有的属性。

(一)罪犯教育客观对象个体是人

在教育改造的实际活动中,首先要明确罪犯教育客观对象个体是人,要重

视罪犯教育客观对象个体作为社会人的一般属性。罪犯教育客观对象是人，它所包含的意义是：

1. 罪犯教育客观对象个体具有主观能动性。

罪犯教育客观对象个体不是无意识的客体，而是具有主观能动性的个体，即他具有发展自身的动能。作为监狱教育改造的对象，他不是消极被动地被他人塑造和接受改造，而是能够意识到自己是被他人所塑造和改造的，从而有可能自觉或不自觉地参与到教育改造过程中去，活动目的与监狱民警的改造目的重叠，共同完成教育改造的任务。

2. 罪犯教育客观对象个体是具有思想感情的个体。

罪犯教育客观对象个体是有血有肉的人，是具有思想感情的个体，具有自身独立的人格，有自己的需要、愿望和尊严，这一切在服刑改造期间也应当得到满足和尊重。罪犯教育客观对象个体不同于其他的物体，可以听任摆布、屈从于人。因此，监狱民警对罪犯教育客观对象个体的反映不仅限于认知范围内，而且必须与罪犯教育客观对象个体之间建立起心理联系系统，诸如情感、需要等等的联系。而各种心理联系同时又必然是双向的，如监狱民警对罪犯教育改造客观对象个体产生某种感情，罪犯教育客观对象个体对监狱民警也会有感情。

3. 罪犯教育客观对象个体具有独特的创造价值。

人具有其独特的价值，这是因为人有能动的创造力，人有智慧，能劳动，具有创造价值的积极作用。世间的一切有价值的东西，都是由人所创造的。从这个意义上说，人是世界上最宝贵的。处于服刑期间的罪犯教育客观对象虽然尚未进入创造价值的过程，但是教育改造却可以使他们出狱后对社会做出积极的贡献。在教育改造过程中应当珍视罪犯教育客观对象作为人的无与伦比的价值，不能任意损伤或无视他们的价值。

（二）罪犯教育客观对象个体是发展中的人

罪犯教育客观对象个体是发展中的人。所谓发展中的人是指：

1. 罪犯教育客观对象个体是重新发展的人。

由于多种原因，大多数罪犯教育客观对象个体很早就离开学校，到社会中去闯荡，他们的社会准备期十分短暂，他们的世界观、人生观、道德观以及个性心理还不成熟或是错误的。因此，在教育改造工作中，要重视他们的身心缺失，向他们提出与正常人同等的要求和行为标准，对他们进行特殊教育和塑造，使他们的心身得到重新发展。

2. 罪犯教育客观对象个体具有发展的潜在可能。

对于罪犯教育客观对象个体来说，在他们身上所展现的各种特征都还处在变化之中，并不是已经达到终极。即使他们出现某种身心发展的不足，思想行为上的缺点错误，一般也有较大的矫正的可能性。在他们身上潜藏着各方面发展的极大可能性，教育改造得法就可以使他们的身心获得重新的发展，经过再塑造成为对社会的有用人才。

3. 罪犯教育客观对象个体具有获得教育和关怀的需要。

由于罪犯教育客观对象个体各方面发展的缺失，取得监狱民警的教育和关怀就成为他们发展中的必然需要。只有充分认识到这一点，才能以一种教育、改造、培养的观点去对待罪犯教育客观对象个体，积极发挥教育改造的作用。

（三）罪犯教育客观对象个体是一个完整的人

应该看到，现实生活中的人都是一个完整的人。罪犯教育改造工作作为一种特殊的培养人的专门活动，不仅要改变罪犯教育客观对象个体的身体、生理等因素，也要改变他们的认识、情感、行为习惯等精神因素；不仅要使罪犯教育客观对象个体具有生存和发展的知识力量，同时还要使他们具备相应的思想观念、道德观念、法制观念及良好人格品质等，使他们从社会化缺失的罪犯转化成为守法公民。由此可见，从罪犯教育学意义上看，罪犯教育工作就是使罪犯教育客观对象成为一个完整的人、合格的人、全面的人。

三、罪犯教育客观对象个体作为服刑人员的特点

对罪犯教育客观对象个体特点的分析，是为了解罪犯教育客观对象个体与普通教育个体之间的差别。只有对罪犯教育客观对象个体的内在特性有一个清楚的认识，才能够在罪犯教育客观对象个体教育活动中随机应变，运用各种手段达到最佳的教育效果。

（一）罪犯教育客观对象个体被限制人身自由

任何社会都不允许有破坏其社会规范即法律规范的行为发生，否则会采取各种手段对破坏其法律规范的人实施刑罚惩处。限制人身自由是对破坏法律规范的人实施的最主要的处罚。

罪犯教育客观对象个体因为破坏了最神圣不可侵犯的社会规范——法律规

范，因而被剥夺了人身自由。对人身自由和行为的限制，一方面避免了罪犯教育客观对象发生继续破坏社会规范的行为，体现了社会的正义性，另一方面也为对其进行有效地教育改造工作提供了帮助。

罪犯教育客观对象个体是破坏社会规范的人，是被限制人身自由的人，这是罪犯教育客观对象个体的共有特点之一，也是罪犯教育与普通教育的最大区别，体现了罪犯教育客观对象个体的法定性特征。

（二）罪犯教育客观对象个体存在社会化缺失

社会学认为，罪犯教育客观对象个体还没有完全实现社会规范的内化，对自己所扮演的社会角色、应具有的社会形态以及自己所应遵循的社会规范，都存有一定程度的模糊认识或错误认识。他们是社会化的失败者，是社会化过程中出现社会化缺失的人，具有自身的身心发展的特点，如消极的思想意识，主观恶性，错误的世界观、人生观、价值观、不良的个性等等。罪犯教育客观对象个体的社会化缺失，是导致其违法犯罪的重要因素。

因为罪犯教育客观对象个体存在社会化缺失，在教育改造过程中很少会主动地进行自我教育，必须在监狱民警的引导和干预下才可能放弃旧有的思想意识。这也决定了罪犯教育工作应具有批判意识和进攻意识。罪犯教育工作实际上是通过对罪犯教育客观对象个体的再社会化，帮助他们形成和发展个性、内化价值观念、掌握生活技能、形成社会角色认知。所以监狱民警要在罪犯教育客观对象个体教育工作中提高辨别正误、明辨是非的警惕性和能力。

（三）罪犯教育客观对象个体法律规范意识薄弱

罪犯教育客观对象个体通过其犯罪行为表现出了与一般合法社会成员截然不同的遵规守纪意识，他们具有社会规范意识薄弱的特征。罪犯教育客观对象个体的法律规范意识薄弱表现为三种不同的情况：一是明知某些行为为法律禁止而有意识和有目的的主动实施，这是有意对抗国家法律，是威胁社会秩序的最危险因素；二是其主观心态并不希望发生自己明知的法律后果，但其行为却造成了危害社会的结果，这主要是因疏忽大意和过于自信的过失犯罪以及在特定情景下所激发的激情犯罪；三是不了解法律规定，但其行为却违反了法律所确定的规范，即将法律规定所禁止的行为理解为合法行为而为之。这三种情况只存在量上的区别，其本质都是法律规范意识薄弱。

（四）罪犯教育客观对象个体道德水平低下

道德观念由一定的社会物质生活水平所决定，是评价人的思想观点、原则和规范的总称。它对社会成员具有极强的引导和指示作用。对违反社会公德的行为，社会舆论会给予强烈谴责。国家法律所确定的规范在某种程度上是社会公德的最低标准和基本要求。罪犯教育客观对象个体实施了法律所禁止的危害社会的犯罪行为，不仅要受到国家刑事法律的制裁，而且还要受到社会公德的否定评价和伦理责难。绝大多数罪犯教育客观对象个体道德水平低下，是非观念和价值评判与社会公德格格不入。道德水平低下和法律规范意识薄弱是相辅相成的，罪犯教育客观对象个体的道德水平低下必然导致法律规范意识薄弱，两者可以说是从量变到质变的渐进过程。

（五）罪犯教育客观对象个体生理需求强烈畸形

人的需求是人类一切活动的前提和动力。美国著名人本主义心理学家马斯洛将人的需要层次从低到高分为五层：生理需要、安全需要、爱和归属的需要、尊重的需要和自我实现需要。罪犯教育客观对象个体作为社会的个体，对物质和精神有一定需求是无可厚非的，但其满足必须控制于通过合法渠道，自己所能获取的限度之内，并应当考虑社会其他成员和国家利益。但是罪犯教育客观对象个体的需求强烈畸形，处于失控状态，为了满足自己的需求不择手段，铤而走险，最终走上违法犯罪的道路。

（六）罪犯教育客观对象个体心理和行为需要矫正

罪犯教育客观对象个体是在心理、思想、行为上有缺陷的人，需要监狱民警去帮助、引导、教育、启发，给罪犯教育客观对象个体提供常态模式，以便罪犯教育客观对象个体能够对照不足改正缺点。罪犯教育客观对象个体因为存在种种缺陷，所以罪犯教育工作必须突出矫正的重要性。罪犯教育工作必须将罪犯教育客观对象个体作为发挥作用的对象。在罪犯教育改造实践中出现的"以管代教"、"以罚代教"、"以生产冲击改造"等现象，都是没有认识到矫正的重要性，没有把罪犯教育客观对象个体看作是一个需要矫正的人而出现的错误做法。

（七）罪犯教育客观对象个体以接受教育改造为服刑的主要任务

在监狱工作中，对罪犯教育客观对象个体的改造活动主要有三项，即：狱政管理、教育改造、劳动改造。在这三大活动中，狱政管理是前提，劳动改造是手段，教育改造是核心。因而，教育改造是罪犯教育改造工作的主要任务，是使罪犯教育客观对象个体重新社会化的重要手段，是监狱对罪犯教育客观对象个体开展的重要工作。以教育改造为主，也是《监狱法》中改造罪犯教育客观对象个体的质的规定性。这既是《监狱法》赋予他们的权利，也是《监狱法》赋予他们的义务。罪犯教育客观对象个体在监狱民警强制下接受教育改造，这是罪犯教育客观对象个体与社会成员自我教育改造的最大区别。罪犯教育客观对象个体接受规范化的教育改造，是有目的、有计划、有组织地进行的，它是由一定的教育改造制度以及监狱的各项规章制度所规定的。

四、罪犯教育客观对象个体在教育改造过程中的地位

（一）罪犯教育客观对象个体在教育改造过程中处于客体地位

我国以法的形式肯定了监狱民警在教育改造过程中的主体地位，罪犯教育客观对象个体作为教育改造实践过程中的被改造者、被加工者，处于一种客体地位。对罪犯教育客观对象个体的教育改造工作是在监狱民警的主导下，有目的、有计划、有组织地进行的。因此，就整个教育改造过程而言，作为罪犯教育改造工作的客观对象始终处于客体地位，这是由教育改造的本质属性所决定的。否定或颠倒这种主客体关系，把罪犯教育客观对象个体视为教育改造过程的主体，把监狱民警置于从属地位，实际上是把教育改造过程与罪犯教育客观对象个体自发的学习和发展过程相混同，其实质是从根本上否定教育改造，否定监狱教育工作是有目的、有计划的实践活动。

（二）罪犯教育客观对象个体又是教育改造的主体

根据辩证唯物主义的观点，承认罪犯教育客观对象个体在教育改造过程的客体地位，并不意味着否定罪犯教育客观对象个体在这一过程中的主观能动作用。

罪犯教育客观对象个体是监狱民警教育改造工作的对象，但这一对象与其他实践过程中的对象不同，他是一个有意识的人，他能否接受教育改造，以及接受教育改造的程度，都要受到他自己意识的支配。就个体来说，他的行动的一切活力，都要通过他的头脑，转变为他的愿望和动机，才能使他行动起来。罪犯教育客观对象个体的意识在一定程度上是在监狱民警的影响下形成的，在

监狱民警的教育改造影响和罪犯教育客观对象个体的行为之间存在着一种函数关系。但是，罪犯教育客观对象个体的主体意识一经形成，就具有其相对独立性，它以其自身固有的模式去同化外来的影响，从而产生出每个人自身特有的反应。同时，还应该看到，罪犯教育客观对象个体作为接受外部影响的复合体，他还有接受非教育改造影响的一面，这种影响与教育改造影响交织在一起，构成了每个罪犯教育客观对象个体特定的意识结构，形成对教育改造影响作出反应的选择性和定向性。因此把罪犯教育客观对象个体看成是完全由监狱民警决定的因变数是错误的。

此外，监狱民警的作用作为一种外部力量，不会自动地转化为罪犯教育客观对象个体的意识，教育改造影响不能简单地授予人，移植到人身上，它必须以罪犯教育客观对象个体自身的活动作为中介，才能使外部影响纳入到罪犯教育客观对象个体的主观世界中去。这也就是说，教育改造过程不仅包括了监狱民警的活动，也包括了罪犯教育客观对象个体的活动，还包括了罪犯教育客观对象个体对外部世界有目的作用过程。从这个意义上说，对罪犯教育客观对象个体教育改造的过程，不单纯是一个由外向内的传导过程，也是一个由内向外的主动作用过程，而前者要以后者为中介环节。换句话说，监狱民警的活动一定要与罪犯教育客观对象个体的主动活动相联系，监狱民警的活动目的一定要转化为罪犯教育客观对象个体的活动目的，监狱民警所施加的影响一定要成为罪犯教育客观对象个体活动的手段和对象，教育改造才能产生它的作用。总之，罪犯教育客观对象个体的变化，虽然是在监狱民警的干预下引起的，但归根到底要通过其自身的矛盾运动而实现。要撇开罪犯教育客观对象个体，监狱民警无法实施改造活动，更不能脱离罪犯教育客观对象个体自身的活动而为所欲为。

监狱民警的主导作用就在于发挥罪犯教育客观对象个体的主动性。在监狱民警的主导作用下，教育改造的影响以客观的形式作用于罪犯教育客观对象个体。罪犯教育客观对象个体以其主动活动接受教育改造影响，他们不断地将客观形式的外部影响内化为主观形式的认识、情感、动机、态度等等。随着这种内部因素的变化和发展，罪犯教育客观对象个体的主观能动性可以得到更大的发挥，这也就是说，教育改造可以培养罪犯教育客观对象个体自我教育改造、自我发展的能力，教会罪犯教育客观对象个体自我学习、自我发展。

第二节　罪犯教育客观对象群体

一、罪犯教育客观对象群体的含义

罪犯教育客观对象群体是指在监狱的组织结构中，由于接受刑罚惩罚与教育改造的共同活动而组成的多个罪犯教育客观对象个体相互作用和影响，形成相应的行为规范、产生同一性心理感受的罪犯教育客观对象结合体。

罪犯教育客观对象个体所在的监区、分监区是监狱的基层组织，它所面对的不是孤立的罪犯教育客观对象个体，而是将罪犯教育客观对象个体的力量汇合起来，形成了一种新的力量的结合体。这种新的特性可以覆盖每一个罪犯教育客观对象个体，其力量远超过一个个罪犯教育客观对象个体的简单相加，因此构成了组织影响个体的中介因素或中介力量。

二、罪犯教育客观对象群体动力

群体动力也称群体力量，是与群体同步形成，并驱动群体不断发展，使之产生有效活动的群体内部力量。这是一种新的力量，它超越了群体成员单个力量的总和，从而对个体发生重大影响。这种影响可以是正面的，也可以是负面的。正负与否，取决于监狱对罪犯教育客观对象群体的控制程度及其对罪犯教育客观对象个体实施管理和矫正的力度。

监狱中罪犯教育客观对象群体动力主要由群体规范、群体压力和群体内聚力等构成。

（一）罪犯教育客观对象群体规范和群体压力

群体形成以后，需要有一定的行为准则来统一其成员的价值观念和行为方式，以保证群体目标的实现和群体活动的一致性，这种约束群体成员的行为准则，就是群体规范。群体规范可以是组织明文规定的，如制度、公约、准则等；也可以是自发约定俗成的，如风俗、习惯、礼仪等。无论何种形式，作为群体规范一旦形成，就具有一种公认的群体力量，被绝大多数成员所接受，并内化为人们的心理尺度，从而对个体的行为起到标杆和导向作用。在此基础上，群体规范依靠大多数人一致的态度、意见和倾向对其成员产生一种压力，迫使他依照群体的目标和准则调节与制约自己的行为，这就是群体压力。群体压力往往比来自组织的压力更为强大，因为个体难以在心理上忍受群体大多数

当代中国司法警官院校『十一五』规划教材

成员的疏远、冷落和谴责，而心甘情愿地顺从于大多数成员的意志。

监狱可以依靠组织的权威和法律的强制力左右罪犯教育客观对象个体的行为，但是若要真正地影响和改变罪犯教育客观对象个体的心理和行为倾向，使监狱民警的意志内化为罪犯教育客观对象个体的需要并使罪犯教育客观对象个体为之而努力，就必须使组织的规范转化为罪犯教育客观对象群体的规范，为大多数成员所接受并加以遵守。这样才能保证组织目标与群体活动的一致性，促使罪犯教育客观对象个体由顺从、服从到内化，导致心理和行为倾向的根本改变。

（二）罪犯教育客观对象群体内聚力

群体内聚力是群体成员之间以及群体与群体成员之间的吸引力的全部总和。它来自于群体成员之间的感情、志趣、共同的利益和人际关系。在内聚力作用下，个体的自信心和安全感增强，自愿成为群体一员，积极参与群体活动，自觉遵守群体规范，认真履行角色义务，努力实现群体要求等等。因此，群体的内聚力越大，对其成员的影响力也就越强，而且它直接指向个体的心理和行为倾向。

监狱除了要将组织规范转化为罪犯教育客观对象群体的规范以外，也要重视形成与规范的价值取向相一致的罪犯教育客观对象群体的内聚力，这不仅有助于罪犯教育客观对象改造集体的形成，也有利于罪犯教育客观对象改造心理的激发和罪犯教育客观对象自我意识的转变。

三、罪犯教育客观对象群体特点

群体动力对群体内个体的影响既可能是正面的，也可能是负面的，由此而引起的罪犯教育客观对象的群体心理也就有积极和消极之分。可以分别从罪犯教育客观对象群体心理现象、心理气氛和群体心理效应几方面作具体分析。

（一）罪犯教育客观对象群体心理和行为

1. 竞争与合作。

竞争是群体内的个体为了满足自我利益而与他人争胜的心理和行为活动。合作是群体内的个体为了实现共同的目标而与他人协作的心理和行为活动。在监狱组织的教育改造活动中，前者是群体压力的结果，后者与群体内聚力有关。两者可以在群体规范作用下有机地结合起来，即遵循共同的行为准则，维护共

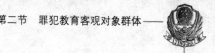

同的活动秩序，在集体学习和集体劳动的过程中积极地表现自我，改变或维持和发展自我在集体中的地位，争取改造的成功。

2. 从众与服从。

从众是指个体在群体中，由于受到群体的压力而在心理或行为上表现出与多数人一致的现象。仅在行为上与大家一致，是权宜的从众，称为顺从；不仅在行为上，而且在心理上与大家都保持一致，称为遵从。后者与群体内聚力也有一定关系。反从众者，会受到大多数人的谴责与冷落。服从是群体中的个体在受到来自群体的规章制度或权威意志的压力时，不管自己内心愿意与否，都按照要求或指示去行动的一种心理和行为。内心愿意者，是自觉服从；内心不愿意者，为被迫服从。不服从者，会受到纪律或权威的制裁。

监狱必须严肃监规纪律，树立监狱民警的绝对权威，并在罪犯教育客观对象群体中形成良好的心理氛围，使大多数人都能遵纪守法、积极改造。由此而言，从众与服从有着它的积极作用。但如果罪犯教育客观对象群体中缺乏良好的心理氛围，甚至歪风邪气占主导地位，牢头狱霸横行，或者监狱民警主观武断地发号施令，甚至滥用职权，从众和服从则会成为一种消极因素。

3. 相互感染。

相互感染是情绪交流传递的一种基本形式，它是在无压力的条件下，群体中的成员相互之间通过语言、表情、动作等方式引发情感上的交流，从而在相同的情绪控制下表现出大致相同的行为。罪犯教育客观对象群体中的成员由于面对共同的情境和共同的压力，加上各自的地位及其态度和价值观念相近，相互间的感染更容易发生。在监狱对罪犯教育客观对象群体控制不力，罪犯教育客观对象群体风气不良时，相互之间消极因素的感染在所难免；反之，监狱如果能够强有力地控制罪犯教育客观对象群体，在群体中形成良好的心理氛围，那么也能够促进罪犯教育客观对象相互之间积极因素的感染，加强罪犯教育客观对象在共同改造活动之中的合作与竞争。

4. 责任扩散。

责任扩散指个体在群体中比在独处时承担更少的责任以致失去个人责任感的心理现象。当罪犯教育客观对象的消极行为特别是违规行为属于群体性消极行为的一部分时，由于责任扩散的作用，罪犯教育客观对象个体的行为就会摆脱法律与道德规范的约束，我行我素，不计后果，因而是一种消极的群体心理反应。这种消极的罪犯教育客观对象群体具有一定的内聚力时，责任扩散的现象更为明显。

5．冲突与对抗。

冲突是个体与群体或个体相互之间在心理或行为上的矛盾斗争。对抗是个体拒绝群体规范或权威的要求甚至产生相反的心理和行为。冲突和对抗往往是相互间利益严重失衡，群体内聚力涣散的结果，也与个体难以承受群体规范的压力有关，因而是罪犯教育客观对象群体中常见的一种心理现象。冲突与对抗得不到有效的缓解与改变将严重地削弱群体的积极功能，而对罪犯教育客观对象群体及个体造成持续的消极影响。

（二）罪犯教育客观对象群体心理气氛

群体心理气氛是指群体或集体中占优势的比较稳定的心理环境的总和。罪犯教育客观对象群体心理气氛是指构成罪犯教育客观对象群体或罪犯教育客观对象改造集体的心理环境的一系列因素。主要有：群体中每一个成员对群体中形成的心理环境的自我感觉，由这种感觉构成的群体意识；群体中大多数成员的情绪、情感状态和体验；群体成员相互之间的关系；群体中大多数成员对刑罚与改造活动的态度及对周围事物的态度。群体心理气氛是在群体动力内化基础上，外化为大多数成员行为表现的结果，因而它更具有动力作用，可以影响和决定群体中个人的心理和行为的取向。在积极、健康的群体心理气氛中，大多数成员能够体验到自己所在的群体具有良好的改造风气，彼此之间即竞争又合作，对前途充满信心并能共同地为之努力。而在不健康的群体心理气氛中，歪风邪气盛行，冲突对抗不断，相互尔虞我诈、欺弱逞强，个体紧张、不安，对前途不抱希望、对改造缺乏信心。

（三）罪犯教育客观对象群体效应

典型的群体效应是指"我们同属一群"的心理感受和行为表现。具体有：

1．认同感。

认同感指群体内各个成员对一些重大事件或原则问题保持共同的认识和评价。罪犯教育客观对象的认同感可能是在群体内聚力的作用下，由于价值观念或情感的一致性而主动形成；也可能是在群体压力作用下，为避免其他成员的冷落、打击而被迫产生的；又可能是在入监、入队之初，由于不了解所处环境或不了解周围信息，缺乏经验时效仿或从众所致。

2．归属感。

归属感是个体自觉地将自己归类，依属于某一群体的一种需要、情感或意识。罪犯教育客观对象个体不能离群，不是归属此群体，就是归属彼群体。不只是在压力之下，更重要的是在内聚力的作用之下产生归属感时，便会将自己的利益与群体连在一起，荣辱与共。此归属感是作为一种深层的群体心理效应而对个体产生影响。

3．力量感。

力量感是个体所感受到的群体用赞许、鼓励和帮助等方式对其行动表示支持的力量。它建立在认同感和归属感基础之上，又是将认同感与归属感外化于行为活动并使之持续下去的一种激发、维护力量。具有力量感的罪犯教育客观对象个体，便会与群体活动保持一致，使自己在群体的支持下实现既定的目标。

四、罪犯教育客观对象正式群体

（一）罪犯教育客观对象正式群体的含义

罪犯教育客观对象正式群体是监狱组织为了执行刑罚而依据有关法规建立起来的群体。这类群体有稳定的结构和明确的规范，成员之间因为必须完成组织规定的任务而相互联系相互作用，是监狱在行刑过程中为了实现刑罚的目的而将罪犯教育客观对象组织起来的结合体。

罪犯教育客观对象正式群体具有以下特征：

1．法定性。

监狱依据《中华人民共和国监狱法》等有关法律法规收押罪犯教育客观对象个体，强制编队，组成罪犯教育客观对象正式群体。罪犯教育客观对象个体不管愿意与否，在法定刑期内必须受制于罪犯教育客观对象正式群体，而不能随意进出。

2．组织性。

罪犯教育客观对象正式群体是由监狱组织直接控制的，有着稳定的组织结构。这种组织结构由监区、分监区与组的形式所构成，并以分监区为基本单位。其间包含了两个方面的组织关系：监狱民警与罪犯教育客观对象个体的组织关系；罪犯教育客观对象个体之间的组织关系。前者是行刑与服刑的关系，后者是在服刑中处于不同的角色地位而形成的关系，如组长与一般成员的关系。后者受制于前者，监狱民警在群体中居绝对的权威地位，对群体的活动起决定作用。

3．规范性。

监狱对罪犯教育客观对象正式群体及其个体的活动或行为有着明确的规范。这种规范既可以是法律法规所规定的，也可以是监狱根据罪犯教育客观对象所在监区、分监区、小组的特点而制定的；既有面向群体中所有罪犯教育客观对象的一般的规定，也有针对群体中某些或某类罪犯教育客观对象个体作出的特别规定。正式群体的规范用正式文件明文规定并严格执行。罪犯教育客观对象个体必须在言行举止上严格遵循，否则将受到法律或监规纪律的制裁。

4．目的性。

罪犯教育客观对象正式群体是监狱在行刑过程中，即在对罪犯教育客观对象个体实施刑罚惩罚与改造的过程中，为了实现将罪犯教育客观对象个体改造成为守法公民的教育目的而组织起来的。因此无论是收押编队还是分类教育或分级处遇，都要在惩罚与改造罪犯教育客观对象个体的基础上，以改造罪犯教育客观对象个体为群体组成与群体活动的最终目的。

（二）罪犯教育客观对象正式群体的形成与发展

罪犯教育客观对象正式群体的形成与发展由五个连续的阶段构成，发展的最高形态即罪犯教育客观对象改造集体。

1．监狱执行法律的规定，并按照"三分"工作的要求收押罪犯教育客观对象并进行编队，形成罪犯教育客观对象正式群体。

在这一阶段，罪犯教育客观对象个体形式上同属一个正式群体，但罪犯教育客观对象个体之间，监狱民警与罪犯教育客观对象个体之间还未形成心理上的联系，监狱民警只能依靠自己的强制性权威来发号施令，开展工作。

2．群体的活动目标和任务确立，监狱民警指定组长、事务犯等群体中的职能人员，群体结构形成并正常运转。

监狱民警与罪犯教育客观对象个体逐渐形成心理上的联系，罪犯教育客观对象个体通过活动建立相互之间的交往关系。

3．积极改造的骨干队伍得以形成，并成为群体的核心。

群体活动的目标、任务成为这部分成员的自觉要求，监狱民警依靠积极分子开展各项工作，发挥正式群体的各种功能。

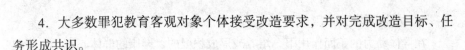

4. 大多数罪犯教育客观对象个体接受改造要求，并对完成改造目标、任务形成共识。

积极改造的骨干队伍不断扩展并与周围罪犯教育客观对象个体产生密切联系；群体规范、群体舆论形成并发挥着积极的教育功能。监狱民警依靠整个群体开展教育工作，改造集体开始形成。

5. 改造集体已成为改造主体。

大多数罪犯教育客观对象个体能结合自己的实际，提出自我改造目标和要求，并认真地执行。为了完成共同的目标，罪犯教育客观对象个体之间互相帮助、互相鼓励，形成积极向上的群体氛围。

（三）罪犯教育客观对象正式群体的管理与教育

1. 加强群体控制。

控制是对群体实施有效管理和教育，是实现群体目标的必要手段。主要包括信息控制与组织控制。信息控制是对群体目标、价值及舆论导向的控制，它决定着群体心理气氛的性质及其对罪犯教育客观对象个体的影响。控制的手段有：宣传教育，组织管理，严禁小道消息、流言蜚语以及各种不利于改造的思想与行为习惯的传播、交流与教唆。组织控制是指对群体结构、制度及成员角色的控制，它决定着群体心理动力的性质及其对罪犯教育客观对象个体的影响。

2. 开展群体活动。

群体是在共同的活动中形成和发展起来的，也只有在共同的活动中才能促进群体成员的改造与发展。因此组织好罪犯教育客观对象的群体活动对形成积极健康的群体（改造集体）及促进罪犯教育客观对象个体心理的转化具有不可忽视的作用。

罪犯教育客观对象群体活动的开展可以分为两方面：其一，根据分类关押、分级处遇及分类改造的需要将罪犯教育客观对象个体分为不同类型的群体，针对不同类型群体的特征开展群体活动；其二，根据罪犯教育的活动内容与形式，组织学习、劳动和生活三个方面的群体活动。在群体尤其是集体的意义上组织各类活动，这些活动不仅应当具有个体意义，而且必须具有群体意义；活动任务和目的只有经过群体成员之间相互联系和相互作用的过程才能完成及实现，由此才能促进群体的发展，并在群体的发展中实现罪犯教育客观对象个体再社会化的成功。

3. 优化群体心理。

在群体动力的正面作用下，培养或形成积极的、健康的群体心理。主要包括：（1）建立正确的舆论导向，促使罪犯教育客观对象个体在对一些利害相关的重大问题(如犯罪、刑罚与改造)的看法上，从顺从、遵从到服从，逐步转变态度；（2）形成积极向上的群体心理氛围，促使罪犯教育客观对象个体以守纪律、讲改造为荣，积极争取光明前途；（3）培养健康的群体意识，促使罪犯教育客观对象个体在群体活动中形成集体责任心与荣誉感，学会如何尊重人、关心人，获得自我改造的成功。

4. 建设改造集体。

集体是群体的最高表现形式，它是由既符合社会利益又具有个人意志的共同活动而结合起来的正式群体。罪犯教育客观对象改造集体是罪犯教育客观对象正式群体发展的最高形态，它是由监狱组织在监管改造过程中建立起来的能有效地促进罪犯教育客观对象个体心理转化的积极健康的正式群体。罪犯教育客观对象改造集体一旦形成，不仅对其成员具有不可抗拒的制约与导向作用，而且能为罪犯教育客观对象个体的自我改造和自我发展提供充分的机会，促进罪犯教育客观对象个体再社会化的成功。

一个改造集体所必须具备的标准是：

改造目标已经确立并形成共识。在罪犯教育客观对象改造集体中，已经确定了符合社会要求的集体活动目标，形成了与改造目标相一致的集体舆论和规范，集体成员不仅意识到改造目标及其对自己的意义，还能认识到自己改造目标的实现和集体改造目标的实现是同步的，集体中的大多数成员都能把集体目标作为自己的行为目标去指导自己的改造活动。

组织结构已经形成并建立在大多数成员积极行为的基础之上。随着改造活动的开展以及群体成员在活动中的相互作用,各成员在集体中的地位逐渐明确,大多数罪犯教育客观对象个体认识到自己在集体中的角色、地位及应产生的积极行为。集体组织具有一定的威信并在群体活动中发挥积极作用。

集体规范已经建立并形成了遵守集体规范的舆论和压力。在改造集体的建立过程中，罪犯教育客观对象个体相互间产生了与改造目标相一致的共同的行为准则和判断是非的准则，并形成了遵守集体规范的舆论和压力。大多数罪犯教育客观对象个体自觉地执行和维护集体规范，违规者自然地受到舆论的谴责和群体的压力，继而产生抑制、调整自己行为的效应。

监狱民警有绝对的影响力并能有效地组织改造活动。监狱民警在集体中不仅拥有绝对的权力影响力，而且具有相当的自然影响力，能够影响整个集体，通过集体组织改造活动。

第三节　罪犯教育客观对象转化过程

罪犯教育客观对象在改造过程中是处于不断发展和变化之中。我国监狱在执行刑罚的过程中，不仅要对罪犯教育客观对象实施惩罚，以体现刑罚的本质，而且要通过种种改造措施，以矫正罪犯教育客观对象的错误思想与不良行为。因此，促使罪犯教育客观对象向良性方向转化，将他们改造成为守法公民是监狱工作的基本目标。

一、罪犯教育客观对象转化过程

罪犯教育客观对象的转化，是一种在强制条件下的教育改造活动。每一名罪犯教育客观对象的转化尽管具有明显的个性差异，但一般要经历一个从强制到半强制，再从半强制到自觉的过程。而这一过程大致可以区分为表面服从、自愿认同和自觉改造三个过程。由于罪犯教育客观对象原有的心理基础不同，开始转化的时间也不一样，加之，他们刑期也不完全是其改造所需要的时间。因此，每一名罪犯教育客观对象经历的转化过程不是完全一致的，而且每一个阶段不是绝对界限分明的，有时存在着交叉与重叠。

（一）表面服从阶段

监狱执行刑罚是国家权力的具体体现。在我国对罪犯教育客观对象的刑罚关系尽管不再是命令与服从的关系，而是一种权利与义务的关系，但不可否认，服从监狱民警的管理和教育本身就是罪犯教育客观对象的一项重要法律义务。不过，与过去那种绝对的服从关系本质不同，罪犯教育客观对象服从义务与其享有的权利是相对称的，也是与监狱民警的依法管教的职责相对应的。监狱作为国家执行刑罚的机关，法律赋予了监狱对罪犯教育客观对象实施惩罚与改造的一系列的权力。罪犯教育客观对象在被剥夺人身自由的情况下，出于基本需

当代中国司法警官院校『十一五』规划教材

要或主要是改造需要的满足，服从是绝大多数罪犯教育客观对象对待监狱民警管理和教育的一种基本态度，也是其心理转化的第一阶段。但由于罪犯教育客观对象的改恶从善的程度不同，加之监狱运用行刑权力的方式、方法存在差别，因此，罪犯教育客观对象的服从又存在两种不同的形态：

口服心不服。这种服从是一种口头表示服从，内心抱有不满的心态，是罪犯教育客观对象对定罪量刑或对监狱民警的管理教育抱有抵触不满，因慑于监狱民警的权力或从现实利益的考虑又不愿公开表露的矛盾心态。可以说，服刑初期的大多数罪犯教育客观对象都抱有这样的心态，只不过产生这种心态的原因不同。有的对法院的定罪量刑存有异议，并由此对服刑改造抱有抵触；有的既认罪也服判，就是因为监狱民警的管理或教育的方式、方法不完全符合法律的规定而导致口服心不服；还有的是由于恶习未得到改造，从而对来自监狱民警合法的监管改造活动采取口是心非的做法，当着监狱民警面表示服从，背着监狱民警则消极对抗。

欺犯但服管。口服心不服主要是有不满情绪，尚未有明显的反改造的行为。欺犯但服管已经将内心的不满化作反改造的行动。具体表现为当着监狱民警面，表示接受教育，服从管理，即使面对监狱民警的处罚，他们也不公开对抗；背着监狱民警，他们又会干出仗势欺人，打击报复等欺侮其他罪犯教育客观对象的事情。

服从是刑罚强制所产生的效应，以上两种不同形态的服从，既反映了罪犯教育客观对象对强制的态度，也反映了其改造良性转化的程度。由于决定罪犯教育客观对象良性转化的内外因素不同，因此，罪犯教育客观对象的良性转化，既可能发生在罪犯教育客观对象服刑改造的任何一个时期，甚至有的在处于诉讼的某一个阶段时即开始转化，也可能开始于对抗与服从的不同阶段。即使同是服从，有的投入改造就心悦诚服地接受改造，而有的只是从表面上转化自己的观点和态度。

同是罪犯教育客观对象，都在接受惩罚和改造，但由于他们的恶习深浅不同，悔悟、转化的程度也不一样。因此，对强制改造的态度和所需的强制改造的时间也存在很大的差别。面对强制改造，罪犯教育客观对象通常表现为对抗、逃避和服从。与表面服从相对应，对抗和逃避是罪犯教育客观对象不服惩罚和改造的两种不同表现形式。对抗有硬抗和软抗，逃避则有脱逃和自毁（自杀与自残）等，它们都是对强制性改造要求的公开违反。

（二） 自愿认同阶段

自愿认同是罪犯教育客观对象对其所处的服刑改造情境的自愿调适，即当监管改造要求与其原有的不良心理、错误思想和恶劣行为相矛盾与冲突时，自愿调节与控制自己的心理和行为以符合改造的要求。

经过强制性改造，罪犯教育客观对象在监狱惩罚性权力、报偿性权力和制约性权力的积极影响下，不仅其原有的犯罪意识和对惩罚改造的抗拒性逐渐削弱，而且对改造的认同性和对改造生活的适应性不断增强。

强制性的行刑权力，尽管对罪犯教育客观对象的心理转化起着决定性的作用，但它作为主体外的力量，是通过推动罪犯教育客观对象心理发展的基本矛盾运动起作用的。惩罚性权力作为一种强制性的力量，使罪犯教育客观对象远离违法与犯罪，从而对其原有的犯罪意识和对抗行为具有遏制作用；报偿性权力作为一种激励力量，使罪犯教育客观对象产生符合改造要求的思想和行为的动机，因而，具有促进新增和强化积极心理因素的作用；制约性权力作为一种赢得别人信仰的权力，则具有使罪犯教育客观对象产生自愿服从，直接强化新增积极心理因素的作用。由此，在行刑权力的积极作用下，一方面，罪犯教育客观对象的早日出狱的核心需要得到了强化，并起到了支配罪犯教育客观对象改造行为的作用；另一方面，罪犯教育客观对象原有的消极心理因素受到了遏制，并趋于弱化。久而久之，罪犯教育客观对象的改造由强制逐步过渡到半自觉或认同状态。

罪犯教育客观对象对改造目标和要求的自愿认同，标志着罪犯教育客观对象的改造已经由表面服从过渡到改造上的半自觉的阶段。处在这一阶段的罪犯教育客观对象，虽然改造态度发生了转化，已由被迫接受改造转入半自觉接受改造，并在一定程度上出现了对改造要求的认同，但由于某些积极心理因素的强化，或某些新的心理因素的增加，尚处于孤立和不巩固的状态，还没有形成积极心理因素的重新组合而达到体系上的融合。因此，罪犯教育客观对象积极的和消极的心理因素会交替对其改造产生影响，从而出现改造上的反复，这也进一步说明罪犯教育客观对象的良性转化尚处于量的积累阶段。从强制到半自觉或自愿认同阶段并不意味着强制性的削弱，对罪犯教育客观对象的强制仍然表现为：监管设施，如高墙、电网、岗哨等监管制度和与此相关的惩罚性权力的应用。罪犯教育客观对象虽因改造表现不同而有处遇上的区别，但只要尚未获得合法出狱的证明，他们就不能离开监管场所，各种制度和相关的惩罚性权力也不会因此取消。由此，即使罪犯教育客观对象步入了自觉改造的道路，各种强制依然存在，不过与强制改造时的强制不同，这时的强制力量已经不是主要起威慑作用，而是起监督和保障作用。

（三）自觉改造阶段

作为罪犯教育客观对象良性转化的最后阶段，即罪犯教育客观对象自觉改造的阶段，就是指罪犯教育客观对象将改造的客观要求转化为主观映象，逐渐形成良好思想意识的过程。罪犯教育客观对象原有的不健全的人格、缺陷的品德等，既影响其对外界新的刺激的选择，又影响对这些反映到头脑中的客观现实的加工。因此，监狱充分运用行刑权力，既改变其消极动机，又改善其改造环境，这样，罪犯教育客观对象选择外界的积极因素（改造要求）在头脑中予以反映和加工。这样经过多次反复和强化，内在的积极心理因素和外部积极因素逐渐接近、融合，并逐渐将监狱的改造要求转化为他们的主观需要。由此罪犯教育客观对象经过语言、模仿、学习、实践等中介，将改造的客观要求内化为主观映象，逐渐形成其内在的思想意识。内化作为个体心理形成的机制，既适用于积极心理因素的形成，也适用于消极心理因素的产生。

同化是对改造要求逐渐接近的过程，而内化则是在这基础上进行选择反映和思维加工，将这种改造要求转化为其心理结构构成部分的过程。改造要求再好，如果得不到罪犯教育客观对象的自觉认同，那么，它始终只能得到被动的服从，而不可能成为罪犯教育客观对象自己的内在要求。因此，内化是罪犯教育客观对象自觉改造的结果。罪犯教育客观对象对改造要求的内化，总是伴随着其原有犯罪心理的瓦解、消极心理因素的弱化，甚至是消除而发生。对罪犯教育客观对象的改造要求常常分解为诸多的具体要求。罪犯教育客观对象对改造的内化也是一个从量变到质变的过程，只有当各种改造要求内化为心理因素，并形成守法心理结构时，才表明罪犯教育客观对象真正改造好了。

受罪犯教育客观对象犯罪思想、恶习、刑期等因素的影响，有的罪犯教育客观对象只经历了服从和同化阶段，而没有经历完整的内化阶段。他们虽然改造态度有所改变，某些积极心理因素得到了强化，有的还形成了某些新的积极因素，但由于恶习只是得到改善，而未得到彻底矫正，未能形成稳固的守法心理结构，因此，一旦遇到新的不良刺激容易重新犯罪。

二、罪犯教育客观对象良性转化的条件

罪犯教育客观对象的良性转化，是在罪犯教育客观对象心理基本矛盾的推动下，其内在积极心理因素与外界积极刺激因素相互作用的结果。监狱行刑权力的运用虽然属于外因，但它对激发并维持罪犯教育客观对象的核心需要，遏制并矫治罪犯教育客观对象的消极心理，改善并营造罪犯教育客观对象的改造环境起关键性的作用。因此，依法、公正地运用监狱行刑权力是罪犯教育客观对象转化的必要的条件。此外，要促使罪犯教育客观对象的良性转化，还必须创造和维护以下条件：

（一）激发并维持罪犯教育客观对象个体的核心需要

罪犯教育客观对象个体因被剥夺人身自由而产生早日获得自由的核心需要，但由于这一核心需要的满足是有附加条件的，因此，他们又为满足这一核心需要而产生最初对改造要求的被迫服从。也正是在这一基础上，罪犯教育客观对象个体才有可能逐渐由强制改造转入自觉改造的轨道。罪犯教育客观对象原有的违法犯罪心理和行为同改造目标和要求之间的矛盾，作为罪犯教育客观对象发展的基本动力既可能推动罪犯教育客观对象个体向良性转化，也可能推动罪犯教育客观对象个体向恶性方向变化，那么，怎样才能使之推动罪犯教育客观对象向良性转化呢？重要的是监狱要充分运用行刑权力，激发并保持罪犯教育客观对象的核心需要。根据马斯洛的需要理论，只有罪犯教育客观对象个人始终被早日出狱这一尚未满足的优势需要所主宰，他们才会动用所有的身心能量为满足这一需要服务，也才有可能从被迫服从到自愿同化，并最终内化改造要求为自己的心理组成部分。罪犯教育客观对象个体的需要虽然始终是围绕着早日重返社会这一核心展开的，但当满足这一需要的机会过少、难度太大、成本过高，或满足这需要的实际条件未能与改造的要求紧密结合时，罪犯教育客观对象个体既可能寻找非制度性途径寻求核心需要的满足，甚至不惜以脱逃去获得自由，也可能放弃核心需要，以寻求低层次需要的满足。激发并维持罪犯教育客观对象个体的核心需要，其

实质就是让罪犯教育客观对象个体在希望中改造，由罪犯教育客观对象个体自己把握改造的命运。而要做到这一点，监狱要善于运用报偿性权力，既要科学设定减刑、假释的条件和比例，又要规范考核与评比的程序，还要注意奖励兑现的及时性。

（二）遏制并矫正罪犯教育客观对象的消极心理

在我国监狱，除极个别罪犯教育客观对象个体可能因体弱多病或年事已高，又无家可归而不愿出狱外，早日获得自由几乎是每一名罪犯教育客观对象的共同需要。但由于早日出狱需要的满足是要附加改造条件的，因此，罪犯教育客观对象个体在争取满足这一需要的过程中，其原有的各种消极心理因素与改造的目标和要求发生尖锐的矛盾和冲突，而这种矛盾和冲突的结果又决定着罪犯教育客观对象转化的方向。由此，要使罪犯教育客观对象向良性转化，监狱在激发和维持罪犯教育客观对象个体的核心需要的同时，还要善于运用惩罚性权力和制约性权力，遏制并矫正罪犯教育客观对象个体的消极心理。作为一种正向激励，监狱报偿性权力的运用，在激发并保持罪犯教育客观对象个体积极改造动机的同时，事实上对罪犯教育客观对象个体原有的消极心理起也到了一定的遏制作用，但报偿性权力的运用，如果不能与制约性权力的运用相结合，并以惩罚性权力作保障，那么，它很难充分发挥作用。罪犯教育客观对象个体要想早日出狱，历来有两条道路可供选择，而他们大多数之所以选择合法的途径，而放弃以脱逃等手段出狱，不仅在于脱逃必然会遭到新的惩罚，而且在于监狱通过管理、教育和心理矫治，使罪犯教育客观对象个体产生积极改造的内在需要。如果说惩罚性权力是使罪犯教育客观对象个体不敢不按改造要求行事，即产生表面服从，那么，制约性权力则对罪犯教育客观对象产生改造要求的自愿接近和内化。

（三）改善并净化罪犯教育客观对象的改造环境

罪犯教育客观对象虽然被强制与社会隔离，但他们仍生活在由监狱组织的正式群体和由罪犯教育客观对象自发组织的非正式群体之中。罪犯教育客观对象非正式群体，是罪犯教育客观对象个体在狱内交往中，基于共同兴趣、利益、情感和共同的犯罪经历等自发形成的特殊的监狱共同体。它对罪犯教育客观对象个体的影响极大。狱内常见的牢头狱霸、团伙等消极非正式群体，以及广泛存在于这些消极非正式群体之中的亚文化，不仅严重阻碍罪犯教育客观对象个体向良性方向转化，而且具有强化罪犯教育客观对象个体消极心理因素，甚至有形成新的犯罪心理和行为的作用。改善并净化罪犯教育客观对象的改造环境，就是要严格控制并消除狱内的消极非正式群体，扶持并引导狱内积极的非正式群体，大力建设正式群体。只有形成积极向上的改造氛围，最大限度地减少改造环境中消极刺激，罪犯教育客观对象个体才可能积极争取减刑、假释，并在这一过程中内化改造要求。那么，怎样才能形成良好改造氛围呢？监狱民警作为刑罚执行者，一方面，要充分运用惩罚性权力，以行政的、法律的手段，分化瓦解并彻底摧毁狱内的消极的非正式群体；另一方面，要善于运用报偿性权力和制约性权力，通过改善监狱民警与罪犯教育客观对象个体之间的关系，引导罪犯教育客观对象个体的自我管理和教育，重视罪犯教育客观对象个体合理需要的满足，加强监区文化建设，强化罪犯教育客观对象的分类管理和矫治，充分发挥罪犯教育客观对象正式群体在促进罪犯教育客观对象个体重新社会化、满足他们的心理、情感需要、控制罪犯教育客观对象个体等方面的作用。

（四）树立监狱民警的威信

监狱民警作为刑罚执行的主体，作为法律和政府形象的"代言人"，作为教育改造直接主导者，对罪犯教育客观对象个体的转化具有不可忽视的、决定性的影响作用。作为教育者、管理者的监狱民警，其威信的高低直接影响着罪犯教育客观对象个体转化的效果。监狱民警威信高则罪犯教育客观对象个体容易转化，反之则不易转化。监狱民警的威信主要取决于专业性、可靠性和吸引力三种因素。

1. 专业性。

专业性是指监狱民警的身份具有使罪犯教育客观对象信服的权威性。这种权威性除法律赋予的权威外，更重要的是取决于监狱民警的受教育程度、专业能力、社会地位、社会经验以及年龄等因素。这些因素使得监狱民警在罪犯教育客观对象面前成为矫正专家或某一方面的权威形象。一般而言，监狱民警权威性越高，罪犯教育客观对象个体转化的可能性也就越大。

2. 可信性。

可信性是指监狱民警使罪犯教育客观对象相信的程度。它与监狱民警的执法公正、人格品质以及诚信度有关。不论监狱民警专业能力如何，罪犯教育客观对象相不相信监狱民警执法的公正性，罪犯教育中公平是最重要的，如果监狱民警的执法公正客观、不偏不倚、大公无私、无偏见，那么监狱民警对罪犯教育客观对象的说服影响力就越大。

3. 吸引力。

吸引力是指监狱民警是否具有一些令罪犯教育客观对象喜欢的特征。这种特征既可以是外在的如外形容貌等，也可以是内在的如性格特质等。通常情况下，罪犯教育客观对象喜欢监狱民警的程度越高，其转化可能性也越大。

（五）注重教育改造方式的选择

教育改造手段与措施的科学性和规范性会较为深远地影响罪犯教育客观对象的转化。教育的内容、方式和方法的艺术性与合理性也会影响罪犯教育客观对象的转化。特别是监狱民警的教育信息内容越是科学、适当，组织的方式越是正确、合理，方式、方法越是艺术、恰当，罪犯教育客观对象转化的可能性也就越大。教育改造罪犯教育客观对象的方式，如集体教育、个别谈话、专题教育、观看影视作品、报告会等，都有助于罪犯教育客观对象改变错误的观念，纠正其偏见，促其转化。但教育改造的方式怎样运用，传递何种教育信息，又如何有效地呈现信息等，又直接影响着罪犯教育客观对象转化的效果。

三、罪犯教育客观对象转化的个别差异

罪犯教育客观对象的良性转化既具有共同性，也存在着个别差异性。了解罪犯教育客观对象良性转化的共性，是为了解决罪犯教育客观对象转化过程中的一般问题，而掌握罪犯教育客观对象转化的个别差异，则是为了更好地处理他们在转化过程中的出现的特殊问题。罪犯教育客观对象的良性转化是在行刑权力的积极作用下发生的，并要经历从表面服从、自愿认同到自觉改造的过程，但由于罪犯教育客观对象发生良性转化的基础不同，行刑机关施加的影响力大小不一样，因此，罪犯教育客观对象的良性转化存在着个别差异。

（一）转化的难易不同

罪犯教育客观对象入狱后虽都想早日出狱，但由于他们原有的犯罪因素、强度及其结合形态不同，因此，其心理的基本矛盾的主要方面也不一样。有的罪犯教育客观对象恶习较浅，其犯罪心理随刑罚的适用而瓦解，投入改造以后，改造目标和要求成为他们心理基本矛盾的主要方面，因而，其良性转化也较为

容易。而有的恶习较深，随着改造需要的满足，其原有的犯罪心理虽趋于衰落或衰减，但由于自身各种消极因素仍十分强大，因此，即使在他们入狱以后，违法犯罪心理仍会在一定时期内作为心理基本矛盾的主要方面，支配其服刑生活，从而导致其良性转化困难重重。

（二）转化的进程不同

罪犯教育客观对象恶习的深浅意味着其改造转化的难易，也影响着他们转化的时间。即使是罪犯教育客观对象良性转化的进程，还会受到其基本矛盾发展变化差异的影响。有的罪犯教育客观对象转化较快，在行刑权力的积极影响下，其转化效果明显；有的罪犯教育客观对象转化缓慢，即使受到行刑权力的强有力的影响，仍难收到明显的转化效果；还有的罪犯教育客观对象转化不稳定，表现时好时坏，时进时退，左右摇摆。

（三）转化的方式不同

罪犯教育客观对象的良性转化，是他们原有的积极心理与行为因素及改造环境积极的刺激因素相互作用的结果。但由于其个性不同，存在的问题也不一样，因此，每一名罪犯教育客观对象个体如何转化也存在差异。有的心理变态，需要心理咨询、治疗等专业矫治，有的罪犯教育客观对象好逸恶劳，以强制劳动的方式予以改造，还有的罪犯教育客观对象习惯恶劣，需要养成训练，但更多的是要进行综合矫正和改造。

（四）转化的程度不同

罪犯教育客观对象的良性转化表明了罪犯教育客观对象发展的方向，是朝着为罪犯教育客观对象设定的改造目标发展的，但它不能说明罪犯教育客观对象良性转化程度。罪犯教育客观对象在服刑改造过程中，由于他们的恶习深浅、刑期长短不同，心理基本矛盾的尖锐程度也不一样。因此，他们在经过相同服刑时间后的实际改善程度也存在很大差距。有的表现为原有积极因素的强度的增强；有的表现为新的积极心理因素的出现及增强，即量的增加；有的表现为原有消极心理因素的减弱和消除；有的是以上两种或三种情况的综合。也正是这种差距的存在，罪犯教育客观对象在出狱时，有的已经改造好，即已经形成了守法心理，有的则是得到改善，即某些积极心理因素强度的增强或数量的增加。

思考题

1．如何正确利用和发挥罪犯教育客观对象个体属性和特点来促进罪犯教育客观对象个体的教育改造？

2．在罪犯教育改造工作中应树立怎样的改造观？

3．罪犯教育客观对象群体动力和群体特点对教育改造罪犯教育客观对象有哪些有利和不利影响，我们如何进行利用和引导？

参考书目

1．沙莲香主编：《社会心理学》，中国人民大学出版社，2004年版。

2．申荷永主编：《社会心理学：原理与应用》，暨南大学出版社，2004年版。

3．王道俊、王汉澜主编：《教育学》，人民教育出版社，2003年版。

4．王秉中主编：《罪犯教育学》，群众出版社，2003年版。

第五章
罪犯教育的主导因素

内容提要

　　本章系统阐述了监狱民警在罪犯教育中的主导地位和作用、监狱民警应具备的素质、监狱民警素质的培养与训练工作的重要性及实现途径。通过这一章的学习，重点了解和掌握监狱民警在罪犯教育中处于主导地位、发挥主导作用的法律依据，以及由其依据和教育客观规律所决定的监狱民警应当具备的基本素质；明确监狱民警素质培养与训练的必要性及提高途径。

重点问题

● 罪犯教育主导因素的含义

● 监狱民警在罪犯教育中的主导地位和作用

● 监狱民警应具备的素质

● 监狱民警素质培养与训练的途径

　　罪犯教育主导因素，是指在罪犯教育过程中，起主要作用并且能够引导罪犯教育活动取得最佳教育效果的因素。在罪犯教育过程中，影响罪犯教育改造质量有诸多种因素，除了罪犯自身因素外，还有许多因素会对其改造产生影响，包括监狱的罪犯教育、狱政管理、劳动改造、生活卫生等行政管理和劳动改造工作的影响，也包括罪犯亲友和社会因素的影响，但主要起决定性作用的因素

是监狱民警。为此，要提高罪犯教育改造质量，必须建设、培养一支高素质的监狱民警队伍。

第一节 监狱民警在罪犯教育中的主导地位和作用

一、监狱民警在罪犯教育中的地位

（一）教育者在教育过程中的主导地位

从教育学角度来看，监狱民警属于教育者。教育者在教育过程中起主导作用主要体现在以下几方面：[1]

1. 在对受教育者施加影响的过程中，教育者处于组织、领导、管理的主导地位。教育者的活动对象是受教育者，教育者根据社会发展及受教育者身心发展需要的特点，对受教育者身心施加影响。

2. 在传授知识过程中教育者处于主导地位。教育者一般都是受过系统的专业训练和培训，术业有专攻；教育者知之在先，知之较多；教育目的、教育目标、教育计划主要靠教育者去组织实施。而受教育者知之在后，知之较少，要通过教育者的传授及引导来学习知识和培养各种能力。

3. 教育者表现型社会角色，决定其在教育过程中的主导地位。教育者属于表现型社会角色，他们是以表现社会秩序、制度、价值观念、道德风尚为目标的社会角色，并通过自己所扮演的这一角色，启蒙和塑造受教育者的心灵，从而成为"人类灵魂的工程师"。

4. 受教育者的"向师性"也要求教育者在教育过程中的主导地位。所谓"向师性"是指受教育者都有模仿、接近、趋向于教育者的自然倾向。有人把受教育者的这一心理特点形象地比喻为学生好像花草树木趋向于阳光一样，趋向于教师。但教育者在利用受教育者的"向师性"特点时，不能完全包办和代替，要注意引导受教育者发挥其主体性。

（二）监狱民警在罪犯教育过程中的主导地位

罪犯教育改造质量，是指监狱民警有计划、有组织、有目的地使塑造对象的品格和特性由于监狱民警改造手段的影响，能够按照教育计划的预期目标达到所

---

[1]参见南京师范大学主编：《教育学》，河海大学出版社，1990年版，第165页～第166页。

应达到的完善状态。从这一定义得出的结论是：在"计划预期目标——实施矫治方案——使改造主体的品格和特性按预想方案得到改善"这一影响过程中，监狱民警是罪犯改造过程中的方案制订者和具体操作者。执法者的地位，教育者、管理者的角色，使监狱民警在这一过程的发展、变化中处于关键性的主导地位。

1．国家法律赋予监狱民警在罪犯教育中的主导地位。

监狱民警是党和国家路线、方针、政策的贯彻者。国家通过监狱民警实现对监狱的管理，并对犯罪者实施有效的教育和改造。监狱民警是国家刑事法律的执行者，代表国家和政府执行对罪犯的刑事惩罚。监狱民警是罪犯改造活动管理的能动因素。罪犯改造活动的管理，是一系列关于执行刑罚和行政事务方面的监督、管制、组织、协调活动。只有通过监狱民警的科学管理，才能调动起罪犯改造的积极性和主动性，也只有通过监狱民警的积极组织，做思想工作，激发力量，才能变消极管理为积极管理，提高管理教育水平。监狱民警正是这种能动管理因素的物质承担者。《监狱法》第5条规定："监狱的人民警察依法管理监狱、执行刑罚、对罪犯进行教育改造等活动，受法律保护。" 第7条规定："罪犯必须严格遵守法律、法规和监规纪律，服从管理，接受教育，参加劳动。"法律明确规定了对罪犯进行教育是监狱民警的法定权利，接受教育改造是罪犯的法定权利和义务。因此，在罪犯教育中，监狱民警要依法制定罪犯教育计划，依法执行教育计划；罪犯在服刑改造期间，必须接受由监狱民警主导的依法进行的教育。

2．罪犯教育对象的特点，决定了监狱民警在罪犯教育过程中的主导地位。

罪犯教育活动的对象与普通学校里的教育对象相比，具有一定的特殊性。普通学校里的学生的世界观、人生观、价值观一般正处于形成阶段，他们会主动模仿教育者的言行，其自身发展的方向与教育目标大多数情况下是一致的。而罪犯则是思想当中具有消极意识的越轨者，他们绝大多数已经形成了错误的世界观、人生观、价值观，他们在人生的道路上迷失了方向，需要监狱民警充当其人生导师。不良思想意识、扭曲的价值观念和恶劣的行为习惯是罪犯犯罪的主要原因，更是影响罪犯改造的障碍。罪犯已经形成的这些不良思想意识、扭曲的价值观念和恶劣的行为习惯，往往不会主动改变，他们的不良思想、价值观念和行为习惯更为牢固。对于成年犯来说，这一特点更为突出，必须经由外部因素来进行引导，必须通过监狱民警长期、科学的正面引导教育，帮助罪犯去恶趋善，成为守法公民。而且，监狱民警在罪犯教育方法的运用、教育时机的把握上有着丰富的经验，对教育理念等问题有所思考，这就决定了监狱民警总是以一种向导者、帮助者、引路人的身份出现在罪犯教育活动中。

3. 监狱民警的工作特点，决定了监狱民警在罪犯教育过程中的主导地位。

监狱民警是特殊的教育工作者，其工作既具有一般教育的共同特点，也具有罪犯教育的特殊性。这些特点表现在以下方面：[①]

（1）强制性。

目前，越来越多的国家通过教育立法，来保障教育活动得以依法执行。从上个世纪末，我国的教育立法也得到较大发展，普通教育活动越来越表现出法定的强制性，如《中华人民共和国义务教育法》的颁布实施，对义务教育作出了强制性规定。相对于普通教育而言，罪犯教育的强制性更为明显，这是由罪犯教育目的及罪犯必须依法接受刑罚和改造的特点决定的，国家以立法的形式使罪犯教育强制施行。《监狱法》对罪犯教育的形式、任务、内容、方法等都做出了明确具体的规定；对服刑人员在服刑改造期间必须接受教育提出了法律上的要求。

（2）复杂性。

罪犯教育是一项复杂的工作，其复杂性是由三个方面所带来的复杂因素决定的。一是罪犯教育的任务决定了罪犯教育的复杂性。罪犯教育的根本任务是监狱通过罪犯教育，使罪犯在思想、品德、法律意识、知识、技能、心理等方面得到改造和提高。每一方面的教育，都具有不同的特点与要求。另外，罪犯教育既担负着矫正罪犯恶习、消除不良思想的改造任务，又担负着养成良好行为习惯、确立新思想新意识的塑造任务，这种改造与塑造同时进行的要求，加大了罪犯教育的复杂性，工作任务的艰巨性。这一特点要求监狱民警必须具备广博的知识和全面的教育能力。二是罪犯教育对象的复杂性决定了罪犯教育的复杂性。罪犯教育的对象是具体的、具有主观能动性的人，教育活动不能不考虑每一类或每一个罪犯的实际情况。不同罪犯的身心发展、个性特点、爱好、特长、年龄、价值观、家庭出身、社会经历、犯罪原因、改造表现等方面也都存有很大差异，情况复杂。这就要求监狱民警要充分考虑罪犯的不同情况，做到因材施教。三是影响罪犯改造因素的复杂性，决定了罪犯教育的复杂性。罪犯在改造过程中，除了受监狱民警的影响外，还受其他服刑人员、社会和家庭

①参见南京师范大学主编：《教育学》，河海大学出版社，1990年版，第168页～第170页。

等各方面因素的影响。罪犯身上所发生的变化，很多不是或不完全是监狱民警的教育活动所引起的。这一特点要求监狱民警在教育过程中，要充分考虑多方面因素对罪犯的影响，引导罪犯分析犯罪原因，认罪服判，接受改造；引导罪犯正确面对来自家庭、社会等方面的影响；同时，监狱民警还要根据社会变化，及时调整罪犯教育方法和教育内容。

（3）主体性和示范性。

主体性和示范性是普通教育的基本特点，这一特点在罪犯教育活动中更为突出。主体性是指监狱民警在教育过程中，要把凝聚在教育内容中的智能、情感、价值观，再创造地内化为自己的智能、情感、价值观，并通过自己的知识、才能、人格、感情、价值观等去影响和感染罪犯。示范性是指在罪犯教育过程中，监狱民警自身的个性心理品质、德性、能力、行为等也是能够影响、感染罪犯的一种重要的教育手段。罪犯在改造过程中，还会观察监狱民警的言行举止，并以此作为学习模仿的榜样。这种示范作用在对罪犯进行思想教育、品德教育过程中，是最现实、最鲜明、最有力的教育手段，也是其他手段所无法替代的。所以，在对罪犯进行教育时，应对罪犯教育的主体性和示范性给予高度重视。德国著名教育家第斯多惠指出："谁要是自己还没有发展、培养和教育好，他就不能发展、培养和教育别人……他自己受了多大程度的教育和教养……他就只能在这样大和这样多的程度上对别人发生培养和教育。"孔子曰："其身正，不令而行；其身不正，虽令不从。"监狱民警只有具备广博的知识、高尚的品德、美好的言行、热情的态度、乐观无畏的精神才会对罪犯起到良好的示范性教育作用，对于罪犯教育而言，这种示范性往往比说教等教育方式更有教育作用。

（4）连续性。

首先，罪犯教育工作是贯穿罪犯改造过程始终的一项长期的工作，监狱民警必须通过长期的、反复的、连续的教育，才能在罪犯的思想、行为等方面取得教育改造效果。希望罪犯改造在短期内一蹴即就是不切实际的错误想法。其次，在罪犯改造过程中，罪犯还会因种种原因出现反复，这种反复性也要求把罪犯教育作为一项不间断的、连续性的工作。只有持续地对罪犯施加教育影响，才能防止罪犯出现反复和及时应对罪犯的反复。最后，罪犯教育的连续性还体现在罪犯释放后，监狱民警的教育影响不会因改造过程的结束而结束，而是会对罪犯产生终身影响。

二、监狱民警在罪犯教育中的主导作用

监狱民警在罪犯教育中的主导作用，是通过行使职权、执行任务体现出来的。主要表现以下几个方面：

（一）社会作用

监狱民警的社会作用，主要表现对和谐社会建设的作用。第一，对罪犯的惩罚改造，有利于社会主义思想道德建设。第二，向社会输送合格守法公民，是社会主义精神文明建设的根本任务，也是监狱改造罪犯的奋斗目标。监狱民警对罪犯进行法制、道德、理想、前途、纪律、文化、技能等方面的教育，既改造罪犯旧的思想道德观念，又培育新的思想道德观念；既矫正不良的行为习惯，又培育新的生活方式，最终使他们通过改造成为拥护社会主义制度的守法公民，并在重返社会后，能够以新的精神面貌投身和谐社会的建设。第三，组织罪犯生产劳动，不仅改造他们的好逸恶劳、好吃懒做的思想和恶习，而且直接为和谐社会建设作出贡献。第四，对罪犯的关押和改造可以保卫和谐社会建设成果。罪犯是建设和谐社会中的消极因素，是破坏者，监狱民警依法对其执行刑罚，进行改造，使社会更加和谐，人民群众增强了安全感，可以集中精力投身于和谐社会的建设。

（二）法律作用

监狱民警的法律作用主要表现在两个方面，即一般预防作用和特殊预防作用。

1. 特殊预防的作用。

第一，监狱民警对罪犯实施惩罚改造，使罪犯与社会处于相对隔离状态，这样不仅可以切断犯罪诱因对罪犯的刺激，而且使罪犯失去在社会上继续进行违法犯罪的条件。第二，监狱民警通过对罪犯的惩罚改造，惩恶扬善，扶正抑邪，打击犯罪，鼓励改造，从而预防和减少了重新犯罪。第三，监狱民警的特殊预防作用表现在，改造罪犯思想，矫正不良恶习，培养罪犯新的道德品质，使他们由犯罪者变为守法者，由破坏者变为建设者，有力保障了我国刑罚目的的实现。

2. 一般预防的作用。

第一，监狱民警通过对罪犯的惩罚改造，警告和震慑了社会上试图违法犯罪的危险分子，使他们畏惧法律，迷途知返，不再犯罪。第二，监狱民警对罪犯实施惩罚改造，使受害人心理得到一种补偿和平衡。第三，监狱民警对罪犯实施惩罚改造，对社会是一种法制教育，可以鼓舞人们同违法犯罪行为作斗争，

促进社会治安综合治理工作稳定发展。

（三）改造作用

1. 贯彻监狱法规政策的感召作用。

党和国家的监狱法规政策是国家意志的表现，它规定了改造罪犯的宗旨和改造活动的准则。只有把这种意志变成罪犯的实际改造行为，才能产生改造人的效果。这种转化，必须以监狱民警的改造教育实践活动为中介。在罪犯教育中，监狱民警是党和国家监狱法规政策的执行者。国家改造罪犯的宗旨和准则，都要由监狱民警在执行中去体现。监狱民警组织罪犯学习法律规章，领会党的监狱工作方针政策，指导罪犯树立改造信心、明确改造方向，顺应社会发展需要并达到改造要求，是监狱民警执行监狱政策的出发点和落脚点。辩证唯物主义认为实践是检验真理的唯一标准，而且也是将人的观念转变为行为的基础。在罪犯的教育中，离开监狱民警的教育实践活动，党的政策就难以指导和转化为罪犯的改造行为。如监狱民警在罪犯的教育中进行法律知识讲解、政策教育、政策解释、政策兑现等，都是监狱民警贯彻法规政策的实践活动。

2. 罪犯灵魂的再塑作用。

监狱民警是刑罚执行者和教育改造的组织实施者。罪犯改造过程中的思想转化，是根本性的转化。辩证唯物主义认为，人的思想是人脑的机能，是客观存在的反映，是在社会实践中产生和发展的。由此可知，罪犯的犯罪思想，是受到剥削阶级思想和其他不健康因素的影响而形成的。这种犯罪思想在受到审判时已经被否定。但是否定并不一定能消除，其消除工程主要依靠执行刑罚和教育改造活动来完成，要依靠监狱民警全面做好重塑灵魂的工作。监狱民警的责任，是教育帮助罪犯树立正确的人生观、道德观。要联系罪犯的犯罪思想，进行人的本质和人的价值的教育，批判自私自利的极端个人主义剥削阶级人生观；进行人生目的的教育，批判剥削阶级腐朽的人生哲学，正确处理国家、集体、个人的关系；进行革命理想教育，教育罪犯把自己的改造同社会发展联系起来，重新认识人生的意义。道德是用信念、传统、习惯力来约束人们行为的规范。罪犯形成的犯罪思想和腐朽的道德观念，不是单靠强制力量所能改变好的。从知到行的转化，是一项重建人生观、道德观的灵魂修复工程。在罪犯教育中，监狱民警对罪犯被扭曲的灵魂的重新塑造，要从思想道德矫正开始。要通过教育实践活动，对罪犯传授道德知识，陶冶情感，磨炼意志，训练行为习惯；要通过启发罪犯思想内部矛盾的斗争，促进罪犯的知、情、意、行从消极方面向积极方面发展。在罪犯教育中，监狱民警还以通过有目的有计划设置和组织有教育意义的情境活动，利用监狱民警的感化力量，组织健康的集体、营造文明的环境，建立互相帮助的人际关系，开展增长德识才学的活动等进行思想道德熏陶。经过长时间的定向熏陶，使罪犯原来的不良情感、性格等产生变化，形成良好的观点、信念、情感、性格。

3. 传授知识、技能的导师作用。

我国唐代著名文学家和教育家韩愈在《师说》中，将教师的职责概括为："师者，所以传道授业解惑也。"监狱民警对罪犯教育也体现了"传道、授业、解惑"的作用。监狱民警在对罪犯传授知识的同时，结合知识教育进行思想、政治、品德教育，改造罪犯。在文化知识内部也蕴藏着思想的、政治的，品德的因素，在传授知识中这些因素必然也影响着罪犯，起教育作用。社会科学的传授易于从中提炼教育因素，自然科学传授也能从中对罪犯进行辩证唯物主义世界观的教育。教学中，监狱民警的求实精神、严谨作风，也会对罪犯起到教育作用。这就是监狱民警在对罪犯文化、技术教学中的教育性。注意发挥罪犯文化、技术教育中的教育性，是监狱民警必须重视，而且能够做到的大事。

在罪犯文化知识、技能教学中，监狱民警是教育主体，罪犯是教育客体，教育对象，但罪犯也同时是学习主体，认识主体。在教学的双边活动中，监狱民警尊重罪犯的人格，注意调动、激发罪犯的学习积极性，如克服罪犯的思想障碍，激发学习信心，热情帮助克服学习中的困难，都能收到较好的教育效果。罪犯教育中，教育者的品德对罪犯起着熏陶作用。教育罪犯学好，自己必须用良好的思想素养、精深的业务专长、高尚的道德品质，给罪犯起到示范作用。

第二节　监狱民警应具备的素质

监狱民警素质是一个由诸多因素组成的有机结构体系，它具有综合性、系统性的特点，包括监狱民警的政治素质、思想品德素质、业务素质、心理素质、身体素质等内容。其中，身体素质是各项素质之本，政治素质是各项素质的统帅和灵魂，道德素质是各项素质得以正确发挥的前提，知识素质是各项素质的基础，能力素质是各项素质的动力，心理素质则是各项素质共同作用的内在机制。作为罪犯教育的组织者、实施者、管理者，其素质状况对罪犯教育具有决定性影响。

一、思想品德素质

思想品德素质，可以分为政治素质和道德素质两个方面。

（一）政治素质

所谓政治素质，是指人在政治活动或政治事件中所体现的思想水平或状况，是判断一个人"向性"的主要依据。政治素质是通过个体在参与政治生活时的理论信仰、价值取向和活动能力来体现的，包括了政治立场、政治观点、政治觉悟、政治鉴别力、世界观、价值观、人生观等内容。对于监狱民警来讲，政治素质是其素质构成的核心，也是一个普通社会公民能否从事这一职业的先决条件和决定性因素。监狱民警的政治素质主要包括：了解党和国家现阶段的大政方针，特别是与本行业有关的基本政策和方针；掌握国家法律、党纪、政纪和国家公务员纪律的有关规定，特别是廉政、勤政方面的要求；了解现阶段监狱工作的发展方向和工作重心，特别是如何搞好监狱工作改革与发展的工作内容和要求。具体讲，在罪犯教育工作中能否坚定立场、摆正态度、响应党的号召、始终与党中央保持高度一致就是对政治素质高低最直接的考验。监狱民警具有良好的政治素质，既是监狱性质的要求，也是搞好罪犯教育工作的要求。监狱作为国家的刑罚执行机构，本身也是国家政权的组成部分。监狱民警的政治素质，会影响到罪犯对国家政权的认同，也会影响到对罪犯的政治思想教育效果。

监狱民警必须坚持社会主义的教育方向，坚持科学发展观和和谐社会理念，坚持民主法治观念。不断加强政治学习，与社会政治改革、发展的方向保持一致。在此基础上，以自身健全的政治观念和思想，去教育影响罪犯，提高罪犯的政治思想觉悟。监狱民警应该把改造罪犯作为自己的重要责任，要有广阔的胸怀。对于罪犯既要严格管理，限制其人身自由，但又要实行革命的人道主义，不打骂、不虐待、不侮辱人格；政治上给出路，确保狱务公开，对罪犯一视同仁，克服不良的执法态度，公正执法、廉政执法，把罪犯真正改造成为社会主义建设的有用之材。

（二）道德素质

所谓道德,简言之就是个体参与社会活动所应遵循的社会规范。道德素质,是指监狱民警在内心信念和社会舆论的影响下自觉地按照社会道德规范行为时所表现的特点和倾向性。一个人的道德素质,是他能否正确处理好与他人、社会和自然关系的关键因素。监狱民警的道德素质主要包括监狱民警的伦理知识、道德规范的内化程度、约束取向、价值维度、气节、风格、境界、作风、勇气、正气、责任感等因素,反映着监狱民警对他人以及个人对社会的认识、态度和行为规范。古人云:"德不重不能服众,无德不以使民。"可见,道德素质是监狱民警自身的行为准则和良好素质的一个重要的方面。

身为监狱民警,应该具有很强的责任意识,这是其思想觉悟、道德修养、理智能力和事业心等主观意识在罪犯教育改造实践中的综合反映。监狱民警的责任意识应体现为对工作、对罪犯的高度负责,将国家、社会,以及大众的利益作为自己的责任,并终身为之奋斗。责任意识越强,工作热情越高,越有凝聚力,也就越有创造力。同时还应认识到,监狱民警既是铁面无私的执法者,同时也是教育改造罪犯的"灵魂工程师"。面对特殊的教育对象,监狱民警的高尚品质将对罪犯有着巨大的影响力。因此,监狱民警不仅要遵守一般的社会道德,如"爱护公物"、"遵守公共秩序"等公共道德,还要遵守作为监狱民警所应具备的职业道德规范。《人民警察法》第4条规定:"人民警察必须以宪法和法律为活动准则,忠于职守,清正廉洁,纪律严明,服从命令,严格执法。"第20条规定:"人民警察必须做到:(一)秉公执法,办事公道;(二)模范遵守社会公德;(三)礼貌待人,文明执勤;(四)尊重人民群众的风俗习惯。"《监狱法》第13条:"监狱的人民警察应当严格遵守宪法和法律,忠于职守,秉公执法,严守纪律,清正廉洁。"第14条规定:"监狱的人民警察不得有下列行为:(一)索要、收受、侵占罪犯及其亲属的财物;(二)私放罪犯或者玩忽职守造成罪犯脱逃;(三)刑讯逼供或者体罚、虐待罪犯;(四)侮辱罪犯的人格;(五)殴打或者纵容他人殴打罪犯;(六)为谋取私利,利用罪犯提供劳务;(七)违反规定,私自为罪犯传递信件或者物品;(八)非法将监管罪犯的职权交予他人行使;(九)其他违法行为。"这些规范,是监狱民警在执行刑罚过程中必须具有的道德素质,必须遵守的职业纪律和必须持有的职业态度。只有具备良好的职业道德素质,才能树立监狱民警的良好形象；只有切实遵守这些规范，监狱民警才能有效地开展罪犯教育工作，提高教育效果。

（三）业务素质

教育改造罪犯是一项需要综合业务素质的工作，监狱民警必须具备全面的知识结构和良好的教育能力。

1. 全面的知识结构。

（1）法律知识及罪犯改造知识。

罪犯教育改造本身是一项执法活动，监狱民警必须掌握相应的法律知识，具备相应的法制理念，这是作为一名执法者所必备的。监狱民警，应当掌握的法律知识包括《宪法》、《刑法》、《监狱法》、《人民警察法》、《刑事诉讼法》、《民法》等一系列与监狱执法相关的法律知识。学习这些法律，一方面有利于提高监狱民警的法律意识，另一方面，也有利于对罪犯进行法律知识教育，增强罪犯的法律意识。只有这样，才能依法改造罪犯，促使罪犯认罪服法。

罪犯改造知识主要包括《监狱学》、《监狱学史学》、《罪犯教育学》、《犯罪心理学》、《罪犯改造心理学》、《劳动改造学》等。

（2）教育学、心理学知识。

首先，罪犯教育工作，属于特殊教育活动，必须遵循相应的教育规律。因此，监狱民警必须系统地学习教育学知识、心理学知识，普通教育学、教学论、德育论、教育心理学、发展心理学等。只有全面掌握这些相关学科知识，才能全面把握罪犯教育规律。

其次，罪犯教育工作者学习心理学知识有利于做好罪犯心理健康教育工作。据相关调查发现，罪犯的心理健康水平普遍低于社会平均水平，罪犯在情绪、人格方面问题比较多。另外，刑罚惩罚、封闭、单调的监狱服刑生活，也容易使罪犯产生心理问题。在20世纪80年代，罪犯心理咨询、心理矫治工作开始在我国出现，近几年来，这项工作在全国监狱得以大规模推广。因此，心理咨询、心理矫治知识与技术，也成为监狱民警必备的业务知识。

（3）伦理学、宗教学知识。

伦理学是研究道德现象及发展规律的学科。学习伦理学，有利于把握道德的发展规律、正确掌握道德范畴和道德教育方法。这一方面有利于提高监狱民警道德素质，另一方面也有利于科学地开展罪犯道德教育。

　　自 20 世纪末开始，宗教信仰成为社会热点问题。我国越来越多的公民选择了佛教、道教、基督教等作为自己信仰的宗教，也出现了一些打着宗教名义的邪教组织。此外，藏传佛教、伊斯兰教，一直是民族性的宗教。因此，在罪犯教育改造工作中，不可避免地要遇到宗教信仰问题，监狱民警学习、了解相应的宗教知识，已成为工作的必需。学习宗教学知识，一方面是改造邪教犯罪分子的需要。因为邪教犯罪分子经由邪教组织洗脑，持有强烈的不良信念和心理体验。如果监狱民警不了解邪教组织洗脑的手段，仅靠触及表面的说教，就根本无法改造邪教犯罪分子，这也是难以改造邪教犯罪分子的一个原因。宗教对于促进社会的稳定具有一定的积极作用，而且像佛教、道教、基督教等宗教文化，已经渗入到了其他文化之中。如果监狱民警能够合理利用宗教知识，对信教的犯罪分子进行积极引导，也有利于促进罪犯改造。

　　（4）犯罪学、社会学知识。

　　犯罪学，是研究犯罪原因、行为和犯罪对策等的一门学科。治病要找病因，改造罪犯也要分析罪犯的犯罪原因。犯罪学，在研究犯罪的原因及对策方面为监狱民警提供了丰富的知识。学习掌握犯罪学知识，有利于从宏观与微观两方面把握罪犯的犯罪原因，从而找到有效的改造对策。

　　掌握社会学知识，一方面有利于从社会宏观的角度来把握犯罪产生的原因，另一方面，也为研究罪犯回归社会提供了理论依据与方法。

　　总之，罪犯教育工作对监狱民警的知识结构要求是全面的系统的，除了上列的一般性学科知识外，还要根据监狱民警所从事的具体工作及社会的发展，掌握相应的学科知识和新出现的学科知识。

　　2. 全面的教育能力。

　　罪犯教育工作要求监狱民警必须具备全面的教育能力，这些能力主要有：[1]

　　（1）组织能力。

　　现代系统科学告诉人们，整体大于部分之和。之所以能够如此，关键在于整体内部的结构合理、结构之间要素相互协调。监狱民警是罪犯教育、教学活动的组织者，要使罪犯教育活动有条理、协调系统地开展，必须合理地配置和运用各种教育资源，形成一种合力，作用于罪犯改造。这种组织协调能力，本质上是将各种积极性综合在一起的能力。

[1]南京师范大学主编：《教育学》，河海大学出版社，1990 年版，第 175 页～第 178 页。

监狱民警必须具备组织教学工作的能力。首先，要对罪犯教育内容及教材内容准确把握，并根据罪犯的身心特点、知识水平、接受能力等，编写出教案，并选择相应的授课方式与教学方法。教案是开展教育、教学工作的脚本，研究分析教材及罪犯是开展教育、教学工作的基本功。其次，监狱民警还必须具备组织课堂教育、教学的能力。教案只是教学活动的脚本，在具体的教学活动中，不能完全按照教案按部就班地开展教学活动，还要根据罪犯的反映，灵活调节教学进程，活跃课堂气氛，妥善处理偶发事件，以及组织好整个课堂纪律。另外，监狱民警还必须有组织罪犯集体和组织罪犯集体活动的能力。一个良好的罪犯集体，对罪犯会起到潜移默化的作用。监狱民警要善于组织罪犯集体，利用罪犯集体的力量来教育罪犯。监狱民警还要善于组织罪犯文化活动，通过这些活动来教育罪犯和培养罪犯健康向上的生活兴趣。

（2）表达能力。

表达能力是指监狱民警通过语言及体态语等方式向罪犯表露自己的思想、观点、知识、信念、情感等方面的能力。表达能力是一个教育工作必备的基本能力，缺乏这一能力，就无法开展正常的教育、教学活动。

语言表达能力包括口头语言表达能力和书面语言表达能力。教案是以书面语言组织的，具体的教育、教学活动中必须把它转换成口头语言。语言表达要求科学、严密、准确、形象、具体、清晰并富有感染力。模棱两可、含糊不清、词不达意、呆板冗长是教学语言之大忌。专业语言还要合乎罪犯的理解水平，并结合图表、符号、文字表达自己的思想、感情与信念。在与罪犯谈话中，为提高谈话效果，可运用心理咨询中的尊重、热情、真诚、共情、积极关注、倾听、提问、内容反应、情感反应、具体化、面质、解释、指导、内容表达、情感表达、自我开放等心理咨询技术。

体态语指用身体各部分的动作和姿势来表达自己思想、信念、情感的能力，主要包括手势、体态、面部表情、注视、距离等。体态语是传递信息，增强表达效果的辅助手段。合理地利用体态语，对交流思想、情感、激发学习兴趣、活跃课堂气氛有重要作用。不合理的体态语，如矫揉造作、低级庸俗，也会给教育、教学带来消极影响。

（3）自我调控能力。

自我调控能力是指监狱民警调整自身知识结构、身心状态的能力。

当代中国司法警官院校『十一五』规划教材

首先，学习化社会要求监狱民警必须根据社会的发展、知识的更新、价值观念的更替及工作的变换，及时更新自己的知识和能力、更替自己的价值观念。

其次，监狱民警要根据具体的罪犯教育、教学情景，调控自己的思想、心理和行为。在罪犯教育改造过程中，罪犯的表现是各种各样和动态发展的，监狱民警应该根据罪犯的反馈信息，及时调整自己的行为，采取相应的教育策略，以应对发生的实际情景。

另外，监狱民警还必须具有调整自身情感的能力。在教育过程中，要始终处于最佳心理状态，以愉悦、向上的精神状态，去感染罪犯。当然，监狱民警应该结合实际情况，善于用情感的力量去感染罪犯。

（四）良好的身心素质

良好的身心素质包括良好的心理素质和良好的身体素质。

1. 监狱民警应具备的心理素质。

良好的心理素质是搞好教育改造罪犯工作的重要条件。监狱民警应具备的心理素质，主要表现在要求监狱民警具有健康的人格、良好的自我意识能力。一是坚强的意志。意志是人自觉地确定目的，根据目的支配和调节行动，克服困难，力求实现预定目的的心理过程。罪犯教育改造工作是一项任务重、时间持久的工作，监狱民警经常面临高度的压力和不良情绪。由于工作的特殊性，监狱民警与社会的联系比较少，生活、工作方式比较单一，自身的不良心态不太容易得到释放。只有具备坚忍不拔、百折不挠的意志力，才能克服重重困难，胜任罪犯教育工作。二是积极、乐观的个性。个性是一个人特有的感情和行为倾向的总和。个性影响着个体对事物的观察和情感体验。监狱民警面对着变化莫测的教育对象和繁重的工作任务，面对着人才竞争的挑战，必须有积极、乐观、勇于向上、敢于竞争的心理素质。三是良好的心理稳定性。由于职业和岗位的特殊性，监狱民警特别要善于控制自己的情绪，包括喜、怒、哀、乐等易变的情绪，要在工作中注意培养有效调节自己心理状态的能力，以不变应万变。

2. 监狱民警应具备的身体素质。

身体素质是个体道德和智慧的载体，是个体成功的物质基础。没有健康的体魄，一切都变得毫无意义。监狱民警工作的繁重性、艰巨性和重大责任性，决定其必须有强健的身体和充沛的精力。身体素质是人体运动综合能力的表现（如：走、跑、跳，速度、力量、耐力、柔韧性等），是公民能否从事监狱民警职业的基础条件。除了应四肢健全、身体无疾病外，还应具有强健的体魄、敏捷的反应能力、和谐的协调能力。加强身体素质的训练和培养，对应对处理工作中遇到的突发事件很有必要。

第三节　监狱民警素质的培养与训练

所谓素质的培养与训练，是指通过实施全面的教育培训，提高全体受教育者的整体素质，并使其主动地发展的教育培训活动。归根结底，素质教育的立足点在于人的潜能的开发和综合品质的提高。

一、监狱民警素质培养与训练的必要性

（一）监狱民警素质培养与训练是时代的要求，社会的需要

21 世纪是人类历史上一个空前辉煌的世纪。信息时代已经来临，知识成为社会发展的核心因素。知识经济要求新世纪监狱民警不仅要有复合型知识结构，有创新思维和创新意识，还要有全球化的视野和思维，这些都要求监狱民警素质要有一个全面的提升和进步。

教育培训是世界各国提高警察队伍素质的普遍做法，旨在通过不同形式针对不同层次警察受众的教育培训，充分提高警察个人和团队的基本素质和业务水平，以充分保证执法质量。随着我国对监狱警察专业化和职业化要求的不断提高以及监狱工作由安全模式向质量模式的转变，罪犯教育工作必然要求监狱警察的教育培训也必须朝着专业化和职业化方向发展。这就要求监狱民警素质的培养与训练工作必须注重培训的效果，注重培训工作的科学性与规范性，必须摒弃传统培训中一些只重形式不求效果，既浪费时间又浪费了人力、物力、财力的不良做法。

（二）监狱民警素质培养与训练是实现科学发展观和构建和谐社会的需要

构建社会主义和谐社会，是新世纪现阶段全面建设小康社会面临的重大现实课题，也是贯穿中国特色社会主义事业全过程的长期历史任务。在构建社会主义和谐社会的进程中，监狱工作是一个非常关键的因素。高素质的监狱民警既为科学发展观的实现提供政治保证，也为和谐社会的建立提供智力支持，是

构建和谐社会所必不可少的重要推动力。现阶段监狱民警整体素质不高,创新能力不足,仍是影响监狱改造罪犯工作质量的重要问题。一些腐败现象,违纪违法现象还十分严重,一些监狱民警的素质能力和作风与新形势新任务的要求还不适应。监狱是国家的刑罚执行机关,它代表国家行使着惩罚与改造罪犯的职权。监狱民警作为监狱工作的主体,是刑罚的具体执行者和实施者,是惩罚和改造罪犯的主体。监狱民警的整体素质决定着我国刑罚的执行水平,代表着我国司法实践的整体形象,而其个体素质则反映了我国司法队伍的构成状况,影响着"把罪犯改造好"这一目标的实现。因此,提高监狱民警的个体素质和整体素质,实施素质的培养与训练这一系统工程就显得尤为重要,并对于构建和谐社会,解决和谐社会建设过程中的矛盾,具有十分重大意义。

(三) 监狱民警素质培养与训练是改造罪犯工作的需要

随着社会的发展和受教育程度的提高,服刑罪犯的"素质"有了很大提高,也使"罪犯替代"现象在监狱越来越普遍。如许多过去由监狱民警做的事情,现在由被改造的罪犯来做,甚至做得更好。被改造罪犯"素质"的提高,使得他们对监狱民警有了更高的"期望",他们希望有更为优秀的监狱民警来做自己的人生向导,以更快更好地完成服刑改造任务。而且,也只有高素质的监狱民警才能真正地尊重罪犯,驾驭罪犯,充分发挥调动他们改造的积极性和主动性。监狱民警只有努力地提高自身素质,具有胜人一筹的施教本领,才能更好地影响和引导罪犯改恶从善,悔过自新。

二、监狱民警培训应遵循的原则

(一) 理论联系实际原则

在培训中坚持这一原则,一是要做到全面地传授业务知识,阐明罪犯教育的理论体系、基本原理、原则方法等,提高监狱民警的理论水平和业务能力。二是做到传授的理论知识不能脱离罪犯教育改造工作实践,杜绝脱离实际的空洞说教,坚持一切从实际出发,确保培训更有针对性、更富有成效。这一原则强调的是方法。

(二) 按需施教原则

按需施教,是根据监狱民警的工作需要和要求,设计必要的培训内容,做到有的放矢。这一原则强调的是内容。在培训中坚持这一原则,就是要求培训内容必须围绕"需"字做文章，按其所需选择和安排培训内容，因需施教，以保证每次的培训都会有较大收益。培训工作还要注意根据不同时期政治经济形势变化，中心工作的转移和培训对象的岗位职能要求，选择适宜的和相应的培训形式。

（三）学用一致原则

学用一致原则主要是针对学习目的而言的，它与理论联系实际原则既有联系，也有区别。学用一致原则特别强调了培训方式和培训目标之间的相互联系。培训的目的在于学以致用，它具有鲜明的实用特点。在培训中坚持这一原则，一要树立明确学习目的，端正学习态度，完成培训计划。二要根据培训内容和不同岗位的不同特点，选择培训对象；或根据培训对象的客观要求，选择、确定培训内容，使培训对象与培训内容保持一致。三要做到培训与应用有机结合起来，真正达到学以致用的目的。

（四）讲求实效原则

这一原则是针对培训结果而言的。坚持这一原则，培训工作不仅要注意根据实际培训需要，增大规模，增加层次，增多数量，而且更重要的是注重培训质量，确保培训效益。没有效益的培训是徒有虚名的培训，是劳民伤财之举。因此，在具体实施培训中，既要制定周密的培训计划，确立科学的培训目的，又要细化培训目标，使计划更具有可操作性，有更好的社会效益，不能搞形式主义，更不能走过场。

三、监狱民警素质培养与训练的途径

（一）更新培训理念，提高思想认识

理念是一切工作的先行者，决定你工作的方式方法。先进的培训理念可使培训工作取得事半功倍的效果。当前要通过对培训管理者和参训民警开展培训理念更新教育，让广大民警切实从思想上树立"理论联系实际、学用一致、讲求实效"的培训理念，让他们充分认识培训工作对提高岗位履职能力、公正文明执法水平、更好地适应监狱工作的新形势、新任务、新要求所发挥的重要作用，从而更好地端正学习态度，由"单位组织要我培训"向"我要培训"转变，提高培训的自觉性和主动性。

（二）整合培训资源，开展分类分层培训

在目前的状况下，建设大规模、专业化的监狱民警培训基地尚需时日，在目前的过渡时期，应在合理利用教学资源，尽量减少培训成本上做文章。可建立省和监狱两级培训基地，省一级培训基地应与当地有师资条件的政法院校进行联姻，借助院校有效的教学资源大力开展教育培训工作，省级培训基地培训对象应是监狱领导、监狱后备领导、科监区主要负责人；监狱级培训基地培训对象应为监狱科监区以下民警，分监区一线民警和新警应列为培训重点。

（三）增加监狱警力，适当延长培训时间

我国监狱警察结构由于历史的原因，分布很不合理，主要是直接从事罪犯管理的民警数量不能满足繁重的改造、生产任务的需要，基层警力紧张状况依然十分严重。鉴于此，国家应大幅增加监狱警察编制，从根本上缓解警囚比例严重偏低状况，只有这样，监狱民警的培训时间才有保障。在确保不影响基层警力的条件下，适当延长培训时间及缩短培训间隔时间，必要情况下可实行动态的培训时间调节模式。可以将单次培训时间延长，根据不同的培训形式及课程配置的需要将培训时间延长至两个月甚至更长，同时将培训间隔时间缩短。可以在两次晋升培训的间隔期内插入有针对性、分受众群体的专业培训和知识更新培训，并尽量使每名监狱民警每年受训不少于一次。这样才可及时更新监狱民警的知识储备，提高监狱工作效率。

（四）改良培训内容，合理设置培训课程

在培训内容的确定和选择上，要把与监狱工作密切相关的法学、监狱学、警察管理学、社会学、教育学、生产经营管理等专业知识培训作为基础，以提高岗位履职能力为重点，进一步强化心理学、管理学、信息学、计算机、刑事侦查、处理狱内突发事件演练、谈判技巧以及西方国家监狱管理比较研究等学科的培训，尤其要强化实战性科目的配置，以此进一步开阔监狱民警视野，拓展监狱民警工作思路，优化知识结构，增强工作能力，使监狱民警实现从"看守型"向"专家型"、"战员型"的转变。课程设置要考虑其整体性和系统性，强化其实践性和前瞻性，并根据具体的监狱工作需要实行课程的动态调剂，尽量避免片段式的培训课程设置。

（五）加强经费保障，创新培训方法

把培训经费纳入国家财政预算，实行专款专用，不得挤占和挪用。创新培训的手段和方法，采用网络、电化教学、视频系统等科技手段开展远程教学，这样既可节约培训成本，又能节省单位警力，如现在开展的"5+x"公务员能力培训，就可以由省局聘请专家教授进行专题辅导，制成碟片下发，或通过内网视频收看。要针对不同类型的监狱民警采取不同的培训方法，如对新警培训，可用半年至一年的时间进行脱产培训，让他们切实增强监狱警察的身份意识，强化对罪犯的惩戒意识。对一线民警的培训就要和科监区以上民警的培训区别对待，主要加强实用技能培训，开展体能训练和能力拓展方面的训练，通过培训达到提高其实务操作水平的目的。

（六）加强培训纪律约束，建立长效考核评估机制

"没有规矩不成方圆"。要改变目前培训效果不理想的处境，除了上述措施外，还要建立一套行之有效的考核评估机制，加强制度建设，如建立理论学习培训制度；建立监狱民警岗位培训和任职资格培训制度；建立定期轮训制度等。采取强制手段让对培训抱无所谓态度的人转变观念。一是严肃培训纪律，加强培训过程和效果的检查考核。将学员的出勤情况纳入考核指标，同时，对教育培训的实效进行硬性考核，把好考试这一重要关口，杜绝考试中的作弊行为，采取高考式的方法也不过分，只有这样才能让参加培训的人积极努力去学习。二是运用正负激励手段，调动监狱民警的学习积极性。每期培训班都要根据培训的目标设定科学的考核指标，并按照每个监狱民警的学习培训情况，依据教育培训的内容、标准和具体要求进行详细的考核，对在培训考核中成绩突出的优秀学员，应该在坚持德才兼备、群众公认、注重实绩的前提下，优先提拔重用。将培训考试成绩与个人竞争上岗、任职、考评相挂钩，对考试成绩优秀者给予一定物质和精神奖励，并记入个人档案，对在培训考核中不合格的学员，应该实行诫勉，并与当年年度考核挂钩。通过量化、细化考核的方式，真正提高教育培训的质量。

（七）鼓励倡导自我学习、自我提高

1. 领导干部在自我学习、自我提高中要率先垂范。

监狱领导干部的素质如何，能否适应现代化文明监狱的要求，关系到能否完成党赋予监狱的重任和建设现代化文明监狱的成败。同样领导干部的地位及其导向、核心作用，决定了领导者素质的提高将对整个队伍的素质建设起到关键作用。因此在新的形势下，要提高监狱民警的整体素质，首先要提高监狱领

导干部队伍的素质。监狱领导干部要树立强烈的责任感，带头学习，带头运用，从而带动监狱民警学习的积极性。监狱领导干部必须要做到：一是具备创新思维、开放思维。二是注重实干、艰苦创业的精神要发扬。三是要有罪犯改造专家的本领，要有敢于"冒尖"、演"大戏"的勇气。

2. 自我学习要求。

实现监狱民警思想过硬、业务精通必须调动监狱民警自我学习的热情，主动学习，提高自身素质。一是树立成才意识。明确学习目的，端正学习态度，真正把精力放在学习知识，提高能力上，成为适应监狱工作发展的专门人才。二是选准学习内容。知识的海洋中，谁都不可能掌握所有知识。监狱民警要结合自己的工作实际，选定学习内容，保证学习效果。三是方法要得当。要掌握大量的知识，必须讲究学习方法，提高学习效果。良好的学习方法可以收到事半功倍的效果。四是持之以恒。正确处理工作、学习、家庭关系，合理安排时间，坚持学习，防止忽冷忽热。

3. 注重实际运用，在实践中总结提高。

学习培训的目的全在于能够运用到工作中去，提高工作水平。亲自参加罪犯改造工作实践，是培养和提高监狱民警素质的基础和关键。有调查表明，一个人的知识，只有 20% 是通过正规学习教育获得的，其余 80% 是靠工作实践和在职学习获得的。因此，要注重所学知识、技能的实际运用，着眼于在实践中提高工作能力。要坚持做到学为所用。把罪犯教育工作需要什么就学什么作为提高自身素质的基本着眼点，从实战角度出发，学习钻研岗位所要求具备的知识、技能，做到学用合一，以学习为动力，以用为目的，把是否能推动罪犯教育工作的开展，提高实际工作水平作为检验学习培训的最高标准。要科学制定自学规划，坚持学习，努力缩小所学知识与实际工作需要的差距。

■ 思考题

1. 论监狱民警在罪犯教育中的地位和作用。

2. 监狱民警应具备的基本素质有哪些？

3. 如何提高监狱民警的基本素质？

罪犯教育的主导因素

参考书目

1. 南京师范大学主编:《教育学》,河海大学出版社,1990年版。

2. 南京师范大学教育系编:《教育学》,人民教育出版社,1984年版。

3. 王祖清主编:《罪犯教育学》,中国民主法制出版社,1998年版。

4. 费广和、林国军、秦春元著:《犯罪与矫治》,群众出版社,2005年版。

第五章

第六章
罪犯教育的内容

── 内容提要 ──

　　本章着重对《中华人民共和国监狱法》明确规定的罪犯教育内容进行系统的阐述。明确必须对罪犯进行思想教育、文化教育和职业技术教育。明确思想教育是教育改造的核心，它包括法制、道德、形势、政策、前途等内容，文化知识教育是教育改造罪犯的基础，职业技术教育是重点。心理健康教育和美育也是罪犯教育改造工作不可缺少的重要内容。

重点问题

● 法制和道德教育的基本内容及主要途径

● 文化教育的组织及方法

● 职业技术教育的内容、形式和方法

● 心理健康教育的内容、方法和途径

● 美育的实施

　　《监狱法》第 4 条、第 62 条规定："监狱根据改造罪犯的需要，组织罪犯从事生产劳动，对罪犯进行思想教育、文化教育、技术教育"。"监狱应当对罪犯进行法制、道德、形势、政策、前途等内容的思想教育"。罪犯教育内容的确立是国家以立法的形式明确肯定的，因此，对罪犯进行思想教育、文化知识教育、技术教育不仅是改造罪犯的需要，而且成为监狱机关必须履行的基本职责。

第一节　法制和道德教育

一、法制教育

法制教育是指通过对罪犯进行现行主要法律和有关制度等法律知识的传授，促使罪犯知法、守法、服法为目的的教育影响活动。法制教育是《监狱法》规定的对罪犯进行思想教育的首要内容，是对服刑人员的基本要求。

（一）法制教育的意义

1. 进行法制教育是促使罪犯认罪服法、接受改造的重要前提。

认罪服法是罪犯接受改造的先决条件，如果罪犯不认罪服法，就看不到自身改造的重要性、迫切性和必要性，就不可能有积极改造的愿望和动力。罪犯只有过了认罪服法这一关，才会真正服从监管、接受教育、逐步改造。罪犯不认罪服法的原因很多，其中一个重要原因是其不学法、不懂法，毫无法制观念。因此，只有系统的法制教育，才能够使他们了解我国法律的相关规定，正确认识我国现行法律的进步性，法律判决的正义性、权威性，以及各种犯罪行为的危害性，从而提高他们辨别是非善恶、罪与非罪、此罪与彼罪的能力，逐步消除对判决的抵触、不满情绪，做到服从监管、接受改造。

2. 进行法制教育是维护改造秩序、预防违法犯罪活动的积极措施。

监狱为了维护正常的教育改造秩序，防止罪犯在服刑期间发生违法犯罪活动，要不断加强狱政管理和狱内侦查工作，加强对罪犯的监管控制，但这是防守性的、保护性的和震慑性的预防性措施。而实施法制教育则是进攻性的、主动性的积极措施，是从思想上消除罪犯违反监规监纪等反改造活动苗头的攻心战。开展法制教育，可以使罪犯懂得，服从国家法律的判决与遵守监规监纪具有一致性，也可以使他们明确监规监纪是依据国家的有关法律、法规、法令制定的，具有法律效力，作为服刑罪犯，遵守监规监纪就是服从国家法律的具体表现，反之，则是违法行为，严重的是又犯罪行为，将会受到国家法律的从重处罚。总之，在罪犯中开展法制教育，可以使罪犯逐渐养成自觉遵守监规纪律和国家法律的良好习惯，从而有利于稳定狱内改造秩序，保证教育活动顺利进行，预防罪犯服刑期间违法犯罪活动的发生。

3. 进行法制教育是矫正罪犯恶习，把罪犯改造成为守法公民的必要手段。

把罪犯改造成为守法公民，是监狱工作的宗旨与目标。罪犯已经形成的犯罪思想、意识、恶习，不会因被捕、判刑而消除。开展法制教育，能够动摇、瓦解罪犯不良企图和抗拒教育改造的动机，抑制其不良行为的发生，使罪犯知法、懂法、进而守法。开展法制教育，还可以使罪犯增强法制观念，逐步消除各种支配其犯罪的意识，改变其在犯罪生涯中形成的种种不良习惯，学会正确对待和处理个人与个人、个人与集体、个人与国家之间的关系。开展法制教育，可以使罪犯深刻认识我国《宪法》所规定的公民的权利和义务，正确行使公民的基本权利和履行公民应尽的义务，在刑满释放后，成为一个知法、守法、自觉维护法律的公民。

（二）法制教育的基本内容及主要途径

监狱机关对罪犯进行法制教育，主要包括法制观念教育和认罪服法教育：

1. 法制观念教育。

法的基本知识教育。要向罪犯阐明法的起源、本质、特征、功能和人类社会发展过程中法的历史类型及其各自的特征。尤其要着重讲明我国社会主义法的本质、作用、现行法律部门以及我国社会主义法制的基本要求。进行法律基本知识的教育，可以使罪犯对法律有比较全面而深刻的了解，为树立法制观念打下基础。在法制观念教育中，要向罪犯强调指出"有法可依、有法必依、执法必严、违法必究"是社会主义法制的基本内容，任何破坏践踏社会主义法制的不法者，都必将受到法律的制裁。

在对罪犯进行法的基本知识的教育中，应强调以下三点：一是要深刻阐明法的阶级性，社会主义法的合理性、正义性和进步性；二是要反复强调法的强制性，使罪犯树立法的严肃性、权威性和法的不可侵犯性的观念；三是指明法具有稳定性的特点，以消除罪犯担心政策和法律常变的思想顾虑，消除罪犯幻想翻案、逃避惩罚和教育改造的企图。

现行主要法律的教育。要根据罪犯的犯罪与教育改造情况，结合国家法制建设的重点，有选择地学习现行主要法律。

第一，《中华人民共和国宪法》教育。《宪法》是国家的根本大法，具有最高的法律效力，是其他一切法律制定的根据。《宪法》既是对全国人民进行法制教育的最重要的内容，也是对罪犯进行法制教育的最重要的内容。要向罪犯讲清《宪法》在我国社会主义法律体系中的重要地位；要重点讲清《宪法》规定的四项基本原则的内容；还要重点突出《宪法》中关于公民的基本权利、义

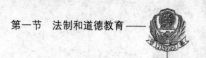

务及两者之间关系的教育。要教育罪犯懂得所有公民都必须履行义务才能享受权利，任何只享受权利而不尽义务的，其结果必然失掉其应享有的某些重要权利。许多罪犯之所以走上犯罪道路，一个重要的原因就是他们只贪图享受权利，不尽义务，进而危害社会、危害人民，因此受到了法律的惩罚。

第二，现行刑事法律教育。主要是《刑法》、《刑事诉讼法》知识教育。《刑法》是规定犯罪和刑罚的法律，所有罪犯被认定为犯罪，被处以刑罚都是根据《刑法》作出的。因此，《刑法》是对罪犯进行社会主义法制教育的主要内容。在刑法知识教育中，要联系犯罪构成的诸要素，运用刑罚的原则，启发罪犯进行自我剖析，提高其对所犯罪行性质及其对社会危害的认识；开展关于减刑、假释以及有关保障罪犯权利和义务的教育，可以鼓励和调动罪犯改造的积极性。在教育过程中，要注意紧密结合罪犯犯罪的实际和思想认识实际，教育帮助他们正确认识和划清罪与非罪、守法与违法的界限，寻找和清除犯罪根源。指导他们正确认识和划清既遂与未遂的界限，并且联系总则和分则中有关的具体规定，分析从重、从轻、加重、减轻和免除的条件，纠正某些罪犯自认为量刑不当、量刑不准、刑罚过重的错误认识。

《刑事诉讼法》是系统规定办理刑事案件程序的法律，是保证准确及时查明犯罪事实，正确运用法律，惩罚犯罪分子的工具。《刑事诉讼法》也是对罪犯进行社会主义法制教育的主要内容。《刑事诉讼法》内容比较广泛，因而在教育时一定要突出重点，着重进行刑事诉讼的原则，侦查、起诉、审判的具体程序，刑事案件执行的具体规定等内容的教育。

第三，现行民事法律教育。主要是《民法通则》、《民事诉讼法》、《婚姻法》等法律知识的教育。重点讲清公民和法人的地位、权利和责任；债权、知识产权和人身权的法律规定；民事诉讼法的程序规定；婚姻家庭制度的基本原则和结婚、离婚的具体标准，以及如何正确处理罪犯婚姻家庭问题。

第四，现行经济法律教育。包括税法知识、资源法律知识、金融法律知识、工商行政管理法规知识等项教育。

监狱法律、法规教育。它包括《监狱法》和与之相配套的监狱行政法规以及依此制定的监狱管理规范。

《监狱法》是改造罪犯的重要法律，与罪犯密切相关。组织罪犯认真学习《监狱法》，有利于促使罪犯端正改造态度，明确改造方向，坚定地走积极改造的道路。要使罪犯通过学习《监狱法》，明确自己的权利和义务，明白自己在服刑期间哪些是应该做的，怎样去做好；哪些是不能做的，做了要负什么责任。

监管法规是指除《监狱法》以外的，由全国人民代表大会及其常委会、中华人民共和国国务院、中华人民共和国最高人民法院、中华人民共和国最高人民检察院和公安部、司法部公开发布的有关执行刑罚和教育改造罪犯的决议、决定、命令、规定、细则等。在监管法规教育中，要使罪犯认识和理解我国监管法规体现着对罪犯监管教育改造的需要；要说明监管法规对罪犯生活卫生、保护、文化娱乐等方面的要求和条件，是对罪犯的关心和爱护；讲解表扬、记功等奖励规定和记过、禁闭等惩罚规定，可以促使罪犯认清教育改造中的两条道路、两种前途。

监规纪律教育也是监管法规教育的一个方面。监规纪律教育是依据《监狱法》、监管法规制定的有关狱政管理规范。监规纪律是维护狱内改造秩序，指导和约束罪犯的行为规则。进行监规纪律教育，要向罪犯阐明监规纪律的教育性、强制遵守性以及监规纪律的重要作用。要注意联系罪犯的实际，说明监狱改造提倡什么、允许什么，反对什么、严禁什么，指明作为一名罪犯遵守监规纪律是服刑改造的首要要求等。

2. 法制教育的主要途径。

通过办特殊学校，进行正规化的课堂教育。监狱通过创办特殊学校，采取正规化、课堂化的形式，有计划、有步骤地对罪犯讲授法律知识，讲解主要法律条文，实施较系统的法制教育。在听清弄懂，增强法制意识的基础上，结合各类刑事案例和罪犯教育改造实际，组织罪犯讨论，谈认识，讲体会，提问题，表态度，定改造措施，并可根据罪犯所提出的各种问题及不同的思想认识，进行有针对性的辅导教育，最终以考试考核等方法予以检验。

邀请公、检、法、司机关等权威人士作报告。监狱机关在向罪犯进行正规、系统的法制教育的基础上，还可以邀请公安、检察院、法院、司法行政机关等领导同志到监狱对罪犯进行法制宣传教育。这种教育应在调查研究的基础上，针对罪犯中存在的普遍问题和突出问题，重点阐明党和国家的刑事政策，讲明某些法律的含义及要求，强调党和国家政策、法律的稳定性、一致性。打消各种疑虑，批驳错误思想、批判错误行为，指明改恶从善的光明前途。

广泛开展形式多样、健康有益的辅助性教育活动。监狱除了进行正规化、课堂化的教育外，还应采用各种有益的辅助教育手段，广泛开展法制宣传教育，这也是我国监狱对罪犯进行法制教育的主要途径，例如，放映有关法制教育的电影、电视、幻灯片；举办法制教育展览；监区有关法制教育的标语、格言、警句的布置；开展以法制教育为题材的文娱活动等。这些做法，将对消除罪犯犯罪思想，帮助他们树立牢固的法律意识产生重要的作用。

3. 认罪服法教育。

认罪服法教育，属于社会主义法制教育的组成部分。罪犯虽然被判处了刑罚，投入监狱服刑改造，但是并不等于他们在主观上承认了犯罪和认可了刑罚。如果罪犯对所犯罪行不承认、不悔过，就根本谈不上改造罪犯思想，所以认罪服法是罪犯接受改造的开始，罪犯只有在认罪服法的情况下，才有可能真正服从管理、接受教育。

抓好承认犯罪事实的教育。所谓承认犯罪事实，就是承认人民法院依法认定的犯罪事实。罪犯能否承认犯罪事实，是罪犯能否服法，接受管教的前提和基础。在司法实践中，罪犯对犯罪事实的认识是很模糊的，因此，认罪服法教育的首要任务是促进罪犯承认犯罪事实。在教育中，要结合罪犯已经学过的法律知识，联系各种犯罪事实的实际，组织罪犯开展讨论和评议，加深他们对罪恶的认识，教育引导罪犯承认依法认定的犯罪事实。

正确分析犯罪原因的教育。许多罪犯往往把犯罪原因归咎于社会，对此，应该引导罪犯掌握外因必须通过内因才能起作用的客观规律，并运用这一规律去看待造成犯罪的主、客观原因，认识罪犯本身的主观方面是造成犯罪的决定因素，深挖犯罪思想根源，消除腐朽人生哲学在头脑中形成的各种反动的、陈旧的、落后的观念，引导罪犯找出最主要的、最直接的主观原因，并予以批评和纠正。

正确认识犯罪危害的教育。罪犯对其犯罪危害的认识，是罪犯认罪服法的一个重要条件。但是相当多的罪犯对所犯罪行的社会危害，都认识不足，只局限于个人犯罪造成的直接后果或经济损失。因此，应运用查找、对比和算细账的办法，使之从政治上、思想上和经济上认识到犯罪所造成的有形的和无形的危害，直接和间接的危害。同时，从现实和历史的角度，揭示犯罪对社会主义物质文明和精神文明建设、对国家和人民群众、对被害人及其家庭、对自己的家庭和子女造成的严重危害，促使罪犯从更深层次上认识犯罪的危害。

破除不认罪观点教育。罪犯中不认罪的情况是客观存在的，归纳起来，主要有以下几种论点："无罪论"（否认自己的行为是犯罪）；"轻罪重判论"（承认犯罪，但罪行不重，判刑过重）；"犯罪外因论"（把犯罪的主要原因推向客观，妄图推卸责任）；"有错无罪论"（把犯罪行为视为一般性的错误，因而感到不应定罪判刑）等。在认罪教育中，应当针对种种不认罪的思想观点和谬论，组织罪犯有目的、有准备地开展辩论，进行批判，使罪犯加深对犯罪实质的认识。

抓好交待余罪的工作。司法实践中，罪犯中除了初犯、偶犯和过失犯、渎职犯以外，往往都有大小不等的余罪，特别是累犯隐瞒余罪较多。隐瞒着余罪的罪犯往往具有很大的危险性。因此，监狱机关应认真抓好坦白交待余罪，检举揭发监内外犯罪活动的教育。

4. 认罪服法教育的主要途径。

采取普遍教育，以解决罪犯认罪服法教育中面临的共性问题。采取上课、集体教育的形式，对所有罪犯进行普遍性的认罪服法教育，以解决罪犯中存在的不认罪和不服法的共性问题。通过对罪犯的教育要向罪犯讲明认罪服法教育的目的、意义和要求；讲明党和政府有关惩办与宽大、坦白从宽、抗拒从严和给出路的政策；向罪犯分析认罪与守法，认罪与改造的关系，认罪服法与改造前途的关系。

实行分类教育。分类教育是在对罪犯进行普遍性教育的基础上进行的继续教育。分类教育中类型的划分，可根据认罪服法教育的要求和罪犯认罪服法的情况，既可以按罪犯的犯罪性质进行划分，也可以按罪犯的认罪服法程度划分，还可以根据罪犯的改造表现情况划分。

注重个别教育，以解决特殊问题。在认罪服法教育中，个别教育要贯穿于整个教育始终，这也是认罪教育中最重要、最常用的方法。实施个别教育前，要做到熟悉案情，熟悉教育对象的性格特点，熟知其不认罪服法的思想观点和表现。教育中要坚持正面启发诱导，对其错误的思想观点据理驳斥，对其反改造行为据理揭露批判。同时，要讲究谈话教育的艺术，注意斗争策略，搞好政策攻心。在教育过程中既要坚定信心，又要有耐心和毅力，不要怕罪犯思想认识上的反复，要集中全力找出其不认罪的根源症结所在，对症下药、有的放矢。

充分发挥法律政策的威力。在认罪服法教育过程中，要善于运用和发挥法律与政策的威力，积极主动的取得法院、检察院、公安等政法机关的密切配合和支持。根据罪犯认罪服法情况和改造表现，及时召开兑现法律政策的奖惩大

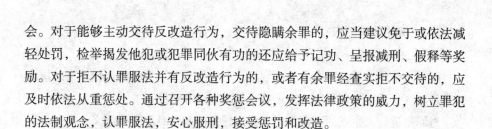

会。对于能够主动交待反改造行为，交待隐瞒余罪的，应当建议免于或依法减轻处罚，检举揭发他犯或犯罪同伙有功的还应给予记功、呈报减刑、假释等奖励。对于拒不认罪服法并有反改造行为的，或者有余罪经查实拒不交待的，应及时依法从重惩处。通过召开各种奖惩会议，发挥法律政策的威力，树立罪犯的法制观念，认罪服法，安心服刑，接受惩罚和改造。

二、道德教育

道德是调整人们之间以及个人与社会之间关系的行为规范的总和。它渗透于社会政治的、经济的、法律的、思想文化的一切社会关系之中，贯穿于社会的一切生活范畴和实践活动。监狱对罪犯开展道德教育主要包括人生观教育、价值观教育、道德观教育。

（一）道德教育的意义

道德教育，是一定社会或阶级为使人们接受和遵循其道德规范，而有计划、有组织地实施的系统的道德影响活动。道德教育是道德建设的重要形式，在社会的道德建设中起着重要的作用。

监狱对罪犯开展道德教育，目的是破坏罪犯原有的道德观，提高其道德修养，使罪犯能够运用社会主义道德标准，去对照、检查、调整自己的日常行为。

道德教育，对罪犯的重新社会化具有特殊意义。从因果关系说，罪犯之所以走上犯罪道路，绝大多数是从道德败坏开始的。从改造罪犯的目的出发，最低限度是使他们知法守法。从更高的要求说，则应提高他们的道德观念，唤起他们的良知，重塑改恶向善的"内心体验"。具体地说，就是以社会主义的道德规范体系改变他们的利己主义、个人主义、自私自利、损公肥私的不道德信念，从而对违反社会准则的不道德行为知耻、愧疚，提高知善知恶的能力和从善去恶的自觉性，从思想基础上解决不再犯罪的问题。

道德教育，对于罪犯的改恶从善具有认识、调解、评价、指导、规劝等特殊功能。从某种意义上说，政治更多是"大道理"，而道德更多是"小道理"。"大道理"固然要讲，但实践表明，对于政治觉悟、心理素质、文化水平普遍偏低的罪犯来说，"小道理"更符合他们接受教育起点低的特点。如果说政治教育和法制教育是更多的给罪犯以威慑的话，而道德教育则是更多地给罪犯以善导，唤起他们内心的良知，从根本上解决问题。

（二）道德教育的内容

1．人生观教育。

所谓人生观，就是对人生总的看法，对人生目的、意义的比较一贯的信念和态度。人生观在一定程度上决定着人生的方向和道路。

对罪犯进行人生观的教育，对于促进罪犯的改造具有重要意义：第一，有助于罪犯认识走上犯罪道路的原因。许多罪犯走上犯罪道路，是他们接受了腐朽的剥削阶级人生观，选择了错误的人生方向和道路的结果。对罪犯进行人生观教育，消除剥削阶级人生观的影响，将有助于他们建立正确的人生观。第二，有助于调动罪犯的改造积极性。罪犯在服刑期间，面临着严峻的人生问题。刑罚加身、身陷牢房的现实，使罪犯在认识人生问题上，很容易出现困惑和偏颇，这将直接影响罪犯在改造中的表现。开展人生观教育，可以澄清他们在人生问题上的糊涂认识，并正确认识和处理这些人生问题。第三，有助于罪犯巩固改造成果。罪犯服刑结束回归社会后，还会遇到一些特殊的人生问题。他们在人生道路上的犯罪经历，服刑改造经历，使他们在婚姻、就业、人与人之间的关系方面，都受到一定的压力和挑战。开展人生观教育，可以使罪犯树立正确的人生观，有助于他们正确对待和处理回归社会后面临的人生问题。

结合罪犯的实际和改造的需要，在人生观教育中要着重安排如下的教育：一是人的本质的教育。要教育罪犯认识人的本质是社会关系的总和。人的本质又是随着历史的发展而改变的，因而是历史的、具体的本质。理论上弄清了人的本质，有助于清除罪犯头脑中的诸如"人的本质是自私的"、"人的本质就是趋利避害，追求感官快乐"等错误的人生观，为罪犯树立正确的人生观奠定基础。二是人的价值的教育。要教育罪犯认识人的价值是个人价值和社会价值的统一，是个人对社会的责任和贡献与社会对个人的尊重和满意的统一。要教育他们在服刑期间努力改造，重塑灵魂，实现自己作为人的价值。三是人生观与罪犯改造关系的教育。要使罪犯认识到人生观是其改造的根本问题。认清之所以走上犯罪道路，一个主要的方面是因为错误人生观支配的结果。有的罪犯经过一段改造转变后又出现反复，归根到底，还是由于人生观问题没有彻底解决。

2．价值观教育。

价值观就是人们对所有同价值有关的问题的看法和认识。它是在个体社会化过程中逐步形成的，是个体世界观的重要组成部分，更是人生观的核心内容。

大多数罪犯之所以走上犯罪道路，价值观的失范是其根本原因。因此，必须对他们进行价值观教育。

罪犯价值观的失范主要是由错误的价值观念、错误的价值评价、错误的价值取向、错误的价值实现构成的。因此，对罪犯价值观的教育可以从以下三个方面着手：

转变罪犯错误的价值观念。罪犯价值观念的错误在于：只讲个人价值，不讲社会价值；只讲奢侈享受，不讲劳动创造；只讲人身价值的一致性，不讲实际价值的差异性。因此，要转变罪犯的价值观，必须进行价值观教育，使他们能够从个人与社会的联系中认识自身价值，以创造性劳动来确立自身价值，以社会评价来衡量自身价值，从而使他们的个人价值与整个社会价值结合和一致起来。

更新罪犯的价值评价体系。罪犯的价值评价主要表现为：以割裂主观与客观、相对与绝对、功利性与非功利性之间的关系为特征，以满足个人的需要、个人利益为核心，以金钱、权利、享受实用的多少为尺度，以个人价值否定社会价值。所以要把罪犯改造成守法公民，就要引导他们调整好价值评价体系，解决好对金钱、权利、享受等价值的认识问题，正确对待金钱、权力、享受等，使他们的价值评价标准符合社会需求。

根除罪犯错误的价值实现手段。价值的实现，需要具备一定的主客观条件。我国的社会主义制度的优越性为人生价值的实现提供了优越的客观条件。在此大背景下，罪犯未来的人生价值能否实现，还要靠他们自身的努力。根据罪犯价值失范的具体情况，必须在清除错误的价值目标、价值手段、价值实现途径的基础上，使其树立正确的价值目标，掌握实现价值的正确手段，正确地实现人生价值。

3. 道德观教育。

道德是人们在社会生活中的行为准则和规范的总和。道德对社会生活及其发展进程起着积极的影响作用。罪犯以往违反法律规范的行为，同时也违反了社会的道德规范。因此，罪犯的改造过程，必然也就有道德观的教育矫正过程。

对罪犯进行道德观教育，重点要讲清以下三方面内容：

道德基本知识的教育。在教育中，要对罪犯讲清道德的本质、特点及作用，讲清道德的阶级性和社会主义道德的基本要求。

道德与法律的相互关系的教育。道德观教育在改造罪犯中不仅具有其本身的作用，而且还为法制教育创造思想基础和提供舆论的准备。道德和法律同属于行为规范的范畴。法律为强制性的社会规范，是社会道德准则的强烈化和条文化。可以说，法是道德的权力支柱，道德是法的精神支柱。在社会生活中二者是须臾不可分的。

社会主义道德规范的教育。首先，要向罪犯讲清社会主义道德的概念及其形成，讲清社会主义道德的集体主义原则。其次，对罪犯进行以"八荣八耻"为主要内容的社会主义荣辱观教育，教育罪犯树立社会主义道德风尚，爱祖国、爱人民、爱劳动、爱科学、爱社会主义，祛除他们头脑中的旧道德。再次，联系罪犯的现状和未来需要，对他们进行日常生活行为中有关礼仪、态度、风格、文明礼貌的教育和训练。

道德修养教育。道德修养是指人们依据社会生活和社会道德要求，对自身道德素质的自我改造和自我完善。道德修养是个体道德形成和提高的内在因素，对个体道德品质的形成至关重要。因此，应该把道德修养教育纳入到罪犯道德教育的内容中。

要教育罪犯按照社会主义道德规范要求自己、磨炼自己，逐渐祛除不良品德，养成良好的道德品质。要教育罪犯掌握道德修养的方法：首先，要从点滴小事做起，"勿以恶小而为之，勿以善小而不为"；其次，要敢于自我解剖，对自己的缺点、毛病进行毫不留情的自我批评；再次，要慎独，在任何情况下，甚至在独自一人无人监督的情况下，也要自觉地严格要求自己，不做任何有损道德的事情。

（三）道德教育的方法

1. 理论灌输法。

教育是有目的、有组织的系统教授活动。既然要系统传授，就离不开理论灌输。就道德教育来说，无论帮助罪犯认识旧道德的丑恶性，消除旧道德的影响，还是教育罪犯树立社会主义新道德，都离不开理论灌输。由于罪犯道德教育的艰巨性和复杂性，理论灌输不仅是必需的，而且是应该反复进行的。同时还要讲究渐进性，使理论灌输适应罪犯的现状和发展的趋势。

2. 广泛开展富有针对性的精神文明活动。

道德具有强烈的实践性。因此，道德教育要适应实践的客观状况和客观要求，要注意引导受教育者践行道德义务。开展精神文明活动，就是要求罪犯践行符合社会主义道德的活动。在罪犯中开展精神文明标兵活动，开展向昨天告别奔向新岸的活动，开展读书读报活动等，都是道德活动的践行。这不仅有利于培养罪犯养成一些良好的行为习惯，而且有助于罪犯在主观上形成反映这些活动的特殊认识和特殊感受。开展这些活动要注意发挥榜样作用，注意运用典型对比的方法，同时要加强舆论的抑扬作用，使罪犯在参加这些活动时，既有引以为戒的典型，又有诱导前进的榜样。精神文明活动的形式丰富多样，开展活动时要结合罪犯的实际情况和监狱的实际，注意讲求实效，防止搞形式主义和一味追求活动规模与标准。

第二节　文化知识教育

一、文化知识教育的意义

（一）有利于提高罪犯接受思想教育的能力

一般来说，文化知识与思想觉悟是成正比的。文化知识水平越高，思想就越具有深度和广度，对党的方针、政策，对国家的法律、法规，对时事的发展和进步，就理解得越透彻，犯罪的可能性就小些。当然文化水平低的不一定就会犯罪，但从我国监狱押犯实际情况看，文化水平低的占大多数。因为缺乏文化知识，他们中的很多人不了解人类的发展和进步，不了解我国的历史和文化，不了解党和国家的方针、政策，不了解国家的法律和法规，行为触犯了国家的法律还懵懵懂懂的大有人在。文化水平低下是犯罪的重要原因之一。

罪犯教育改造的关键是进行针对性的政治思想教育，但它是以一定的文化知识水平为基础的。罪犯的文化知识水平提高了，认识力、理解力才能相应提高，政治思想教育的成效才能充分发挥出来。一般而言，文化水平越低的人，思想就越固执，就越认"死理"，小道理不服，大道理不认，接受思想教育的能力就差一些；文化水平相应高一些，知识面宽一些，观察力、理解力、认识力就会相应好一些，接受思想教育的能力就会强一些。对罪犯进行思想教育，总是通过一定的形式展开的，讲课、读书、讨论、记笔记等等，没有一定的文化知识，这些活动就无法深入进行。讲课听不懂，读书读不通，讨论不会发言，记笔记不会写字,思想教育怎么落在实处?很显然,对罪犯进行思想教育,同时要进行文化知识教育,努力提高罪犯接受思想教育的能力。

另外,罪犯必须具备一定的马列主义、毛泽东思想、邓小平理论、"三个代表"重要思想、科学发展观的理论常识,以马列主义、毛泽东思想、邓小平理论、"三个代表"重要思想、科学发展观为指导,改造思想。这样即使回归社会后,在复杂的社会生活中,也能明辨是非,站稳立场,做到不犯错误和少犯错误,不再重蹈覆辙。没有一定的文化知识,怎么学习马列主义、毛泽东思想、邓小平理论、"三个代表"重要思想、科学发展观?对罪犯进行文化知识教育,就是要提高他们的学习能力,使他们能够多掌握一点马列主义、毛泽东思想、邓小平理论、"三个代表"重要思想、科学发展观的基本理论,不仅把他们改造成为一个守法的人,还要努力把他们改造成一个有益于社会和人民的人。

(二)有利于提高罪犯掌握职业技术的能力

调查表明,大多数罪犯犯罪都是因为身无所长,又想不劳而获,从而逐步走上了犯罪道路。所以,监狱在对罪犯进行思想教育、文化教育的同时,还要进行技术教育,使他们掌握一技之长,为他们回归社会就业创造条件。然而,人的技能的形成是以对知识的领会为前提的,文化水平的高低直接影响着对知识的理解和领会程度。也就是说,没有文化学技术是相当困难的,文化水平不高技术水平也难以提高。只有具有了一定的文化知识,才能看懂图纸,计算数据,了解机器构造,知道材料性能等等,文化水平逐步提高,技术水平才能逐步提高。只有使罪犯有了一定的文化基础,把他们改造成有一技之长的有用之材才能成为现实。

进行文化知识教育,提高罪犯掌握职业技术的能力,对罪犯回归社会的自食其力有十分重要的意义。当然,只要热爱劳动,吃苦耐劳,或者熟练掌握生产技能,仍然是能自食其力的。但是,科学技术的发展,对劳动力素质提出了更高的要求,没有文化、没有技术是不能够适应社会发展的,即使种田也要讲科学,科学种田才能增产、增收。科学技术是第一生产力。所以说,罪犯文化水平提高了,技能水平提高了,适应社会发展的能力才会增强,参与社会竞争的能力才会提高,改造罪犯的成果才能得到有效的巩固。

实际上,文化和技术并不是绝对分开的。文化中有技术,技术中有文化,提高文化知识水平的过程，也就是提高技术的过程。罪犯在接受文化知识教育的过程中，掌握职业技术的能力也会很自然地得到提高。

（三）有利于提高罪犯的文明程度

罪犯犯罪的重要原因之一，是分不清善恶美丑，颠倒是非黑白，追溯一下更深层次的原因不难发现，大多数是因为缺乏文化知识，愚昧无知，分辨是非、抵制各种不良习惯的能力太差。如果罪犯文化知识水平高一点，对国情、对社会、对国家的政策和法律了解得多一点，他们分辨是非的能力，抵御不良习气影响的能力就会强一点。对罪犯进行文化知识教育，正是增强他们这方面能力的有效措施。

当前，押犯中大多数是年轻人。年轻人思想活跃，兴趣广泛，精力充沛，喜闹爱动，加上许多人在社会上养成一些不良习气，很容易滋生出各种是非。如果很好地引导、组织他们学习文化知识，就可以把他们的兴趣和精力集中到学习上来，滋生各种是非的机会就会相对减少。同时罪犯文化素质提高，自我约束能力就会增强。常言道，知书才能达理。读书越多，明白的道理就越多，自我修养的要求就越高，自我约束的能力就会增强。尤其是暴力犯罪的罪犯或性格暴躁的罪犯，接受文化知识教育，有很好的改造作用，文化水平提高了，书读多了，"蛮"、"暴"的性情就会得到改善。

社会主义文明是人类更高类型的文明，社会主义文明包括物质文明和精神文明两个方面。精神文明建设是社会主义建设的重要方面，党和国家十分重视社会主义精神文明建设，把它放在同物质文明同等重要的位置。人的素质的提高，是精神文明建设的重要内容之一。罪犯是公民的一员，罪犯素质也要提高。人的素质包括很多方面，文化素质是其中最基本、最重要的素质之一。对罪犯进行文化知识教育，是提高罪犯素质的重要途径，是监狱加强社会主义精神文明建设的有力措施。罪犯接受文化知识，努力提高自身素质，也是适应社会发展与进步的客观要求。

二、文化知识教育的组织

（一）编班与课程设置

入监关押的罪犯，年龄有大小，刑期有长短，文化有高低，怎样根据复杂的现实情况，合理编班和设置课程，是首先要解决好的问题。只有合理编班和

当代中国司法警官院校『十一五』规划教材

合理的课程设置，才能既保证文化知识教育的顺利进行，又能保证罪犯在一定的时间内掌握相关的文化知识和获得相应的学历。

根据《监狱法》的规定和要求以及文化教育的实际情况，监狱对罪犯的文化教育，一般进行扫盲教育、初等教育和初级中等教育。因此，常规的可分为：扫盲班、高小班、初中班、提高班（自学班）四个层次。

1. 扫盲班。

扫盲班对象为确系文盲、半文盲的罪犯。设置识字、算术和常识课程。一般一到两年要求脱盲。能读书看报、写信，掌握整数和小数的四则运算。

2. 高小班。

高小班对象为有一定文化基础（小学四年级以上水平）和扫盲班结业的罪犯。设置语文、数学、政治常识、自然常识等课程。要求两年学完课程，经考核合格达到小学毕业文化程度。

3. 初中班。

初中班对象为具有小学毕业文化程度和原为初中生而未完成学业或名为初中毕业实无相应水平的罪犯，以及在监内经过高小班学习结业的罪犯。一般设置语文、数学（代数、几何）、理化、史地、政治、法律等课程。要求三年学完课程，经考核合格达到初中毕业文化程度。

4. 提高班（自学班）。

根据押犯的文化情况和监狱文化教学的能力，可酌情开设高中班，以补课教学即缺（需）什么补什么和学历教育即系统教学相结合，学制两至三年。课程参考社会高中或补课需要开设。同时鼓励具有高中以上文化程度的罪犯参加高等自学考试或函授自学教育，并编班加强管理和组织教学辅导。

编班要兼顾管理需要与教学需要相统一的原则，既不能过分强调管理需要而班级不分层次和人为减少层次，也不能过分强调教学需要层次分得过细，造成组织困难，要相对集中。从事工业生产的监狱，班级可以分得细一些，有条件的监狱应当打破分监区的界限，统一编班、统一教学，以提高管理和教学质量。也可以相对分散。还应根据生产倒班的实际情况，分班时给予考虑，或采取强有力的补课措施，以保证教学的正常进行。从事农业生产的监狱，班级可以据情设置，班级人数过少的，可以参照乡村学校合班教学的办法。还要因地制宜，如果师资不足或其他条件不具备，高小或初中班也可只开设语文、数学、政治常识三门主课。

总之，分类编班以有利于文化教育的正常进行为目标，不能教条、生搬硬套。课程设置，既要考虑罪犯原有文化基础和接受能力以及罪犯刑期、监狱生产需要等因素，又不能违背教学规律，努力做到科学、合理、有效地分类编班和设置课程。

（二）学籍管理

根据我国《监狱法》的规定，对罪犯的文化知识教育列入所在地区教育规划。罪犯接受教育，经考试成绩合格的，教育部门发给相应的学业证书。因此，监狱对罪犯的文化教育以办学的形式进行，一定要认真做好学籍管理工作。

1. 入学注册。

根据司法部的规定，罪犯年满45岁及以下者，初中以下文化程度的，有学习能力的，都应当接受文化知识教育，编班实施教学。罪犯入学后，要建立学籍管理档案，对参加学习的罪犯的基本情况详细登记，并认真做好入学教育工作。每学期开学时，要求罪犯在规定的日期内办理注册手续，学期末对罪犯学习情况作出鉴定，存入档案。编班不当，罪犯明显跟不上学习进度的，可以适当调整，但罪犯不得要求退学。

2. 成绩考查与升留级，按学期进行学科成绩考查。

成绩考查分为平时成绩和试卷成绩，分别占总分的30%和70%。考试采取开卷或闭卷形式，以闭卷为主。闭卷考试，应按教育部门的要求拟定试题，不得随意降低标准；应采取相应的保密措施，严防泄题漏题；应严肃考场纪律，端正考风；应严格批阅卷程序，保证真实反映学习成绩。

3. 毕业考试与发证。

罪犯学完教学计划规定的课程后，组织毕业考试。毕业考试必须在当地教育部门的指导下进行，由教育部门命题或经教育部门认定由省监狱管理局教育处拟定试题。罪犯经考试成绩合格的，发给教育部门统一核准的毕业证书。对考试成绩不合格者，可以补考一次；经补考，仍有两门以上不及格者，发给结业证书，并允许在一年内申请补考，及格者可补发毕业证书。

（三）自学的组织

1. 自愿报名。

凡要求参加监狱函授教育和高等教育自学考试的罪犯，必须坚持自愿报名的原则，由本人提出申请，由监狱教育科审查批准。监狱鼓励罪犯参加自学，以提高文化知识水平，但不宜采取强制措施。有条件的可以与社会大中专院校联系，在监狱开设班级，要求有一定文化程度的罪犯参加学习。

2. 监狱审查。

一是对罪犯的表现进行审查，表现一贯不好的，不得批准参加高等教育自学考试；二是对罪犯的文化程度和学习能力进行审查，文化程度和学习能力与所报自学内容相差甚远的，不予批准；三是对学习要求的条件进行审查，要求出监面授的，一般不予批准。

3. 提供学习方便。

一是提供通信上的方便，保证罪犯函授学习上的通信及时畅达。二是提供学习资料上的方便，必要时干警应当帮助罪犯邮购或购买学习资料。三是提供学习时间上的方便，给予与教学班其他学员同等的学习时间，有条件的监狱，可以将自学罪犯编班集中自学。四是提供考试上的方便，根据需要给罪犯适当复习和考试时间。

4. 高等教育自学考试的组织。

高等教育自学考试是由省高自考委统一组织的，罪犯必须在规定的时间、规定的考场参加统一考试。监狱应当将参加自考的罪犯集中起来，送达考场，同时加强警戒和看守，确保安全。罪犯参加高等教育自学考试达到一定数量的，省监狱管理局可以与省高自考委联系，在监狱设立考场，以确保考试期间罪犯的安全。

(四) 教研活动与教员培训

为了不断提高教学质量，监狱 (学校) 应当适时组织开展教研活动，加强教学经验的交流，促进教学水平和教育管理水平的提高。实践中开展比较多的教研活动有：教学观摩，集体备课，教材研究，教育方法实验等等。教研活动采取定期组织与不定期组织相结合，有计划地进行，年初应当对学年教研活动作出安排，在充分准备的情况下展开，以保证活动的有效性。一般的教研活动由监狱 (学校) 组织，省局每年应当组织一两次规模较大的教研活动，增强教研活动的广度和深度。监狱 (学校) 从事文化知识教育的教员有专职的，也有兼职的；有监狱民警，还有一部分经过挑选的罪犯。教员的教学水平、教学能力和教学经验参差不齐，有必要组织培训。专职监狱民警教员应当定期或不定期地选送到相关院校进行正规的培训；兼职教员应当采取短期培训形式组织培训；罪犯教员应当由监狱组织培训。对罪犯教员还应当进行定期或不定期的考核，教学能力差的要限期提高；确实不能胜任的及时更换；改造表现不好的，取消任教资格。对教员也要引进竞争机制和监督机制，监狱民警教员的教学表现应与职称挂钩；应定期组织对教员的评议，采取教员评议教员与学员评议教员相结合，督促教员自觉提高教学水平。

（五）考核与奖惩

1．考核。

考核包括两个方面：一是罪犯学习情况的考核，旨在加强学习纪律，确保教育到位，维护正常教学秩序。二是教学质量情况的考核，旨在不断改进教学方法，提高教学质量。考核的内容主要有：上课点名，考核到课率；抽查作业，考核作业完成率；期末和年终考核及格率和升学率，等等。监狱（学校）应制定相应的管理制度，并严格考核，做好记录，归档备查。

2．奖励和惩处。

为加强教育管理，调动罪犯学习积极性，促进思想改造，应根据罪犯在学习中的不同表现，做好奖惩工作。对学习态度端正，学业成绩优良，一贯遵守课堂纪律的罪犯，可予以表彰和表扬；每学年可以开展评选优秀学员活动，设立单项表扬奖。对有违反学习纪律、无故旷课、课堂上无理取闹、考试作弊等行为的罪犯，应视情节轻重予以处分。

3．奖惩与百分考核和分级处遇挂钩。

罪犯接受文化知识教育的成绩和表现，是改造表现中一个重要方面，应当与百分考核和分级处遇挂钩。百分考核中应当有文化知识教育的内容以及考核办法，并有适当的加减分项目。接受文化教育成绩特别优良、表现特别突出的，可以给予适当奖励，直至呈报记功和减刑。

三、文化知识教育的方法

（一）课堂讲授

课堂讲授是罪犯文化教育活动中的基本方法，教学工作者和教育工作者，应当明确课堂讲授的基本要求，重视课堂讲授，切实提高教学效率和教学质量。

备课是上课前的准备工作，是讲好课的前提和保证。备课的内容和要求主要是：吃透教材，针对教学对象的情况，确定恰当的教学方法与教学步骤。只有把教材吃透，把教育对象吃透，才能确定恰当的教学方法和教学步骤，才能收到好的教学效果。

上课是整个教学工作的中心环节。要上好一堂课，达到讲课认真、目的明确、内容正确、方法恰当、逻辑严密、形象生动的要求，必须做到，一是明确每堂课的目的和任务，精心选择和组织教学内容，正确贯彻教学原则，灵活运用教学方法，严密组织教学过程；二是讲授内容要准确、透彻、清楚，通俗易懂；三是讲究语言艺术，教态自然，举止端庄，精神饱满；四是板书工整，布局合理，内容简明，重点突出；五是联系实际，讲练结合，因材施教，耐心启发；六是教学环节完整，内容适中，时间安排合理；七是要善于洞察罪犯的心理活动，巧妙运用语言和非语言手段引起罪犯的学习注意，以收到良好的课堂教学效果；八是要注意运用综合活动课、研究性学习等教学方式，培养创新意识，提高教学效果。

（二）课外作业练习

所谓课外作业，是指受教育者根据教育者的要求，在课余时间独立进行的学习活动。

课外作业主要分为课前预习性作业和课后练习性作业。课前预习作业是上课前的准备，有助于调动受教育者对上课的兴趣，使教学比较顺利的进行。课后练习作业是上课的延续，可以进一步巩固、完善在课堂内学得的知识和技能。由于课外作业是在没有教育者指导的情况下进行练习的，因此对于培养受教育者的独立思考与独立工作能力，以及学习习惯方面具有重要的意义。

在罪犯教育中，由于罪犯缺乏自觉学习的习惯，所以责成其加强课外作业练习，就显得十分必要。课外作业会占去罪犯一定的业余时间，这不但可以防止他们闲愁难挨，在想入非非中消磨时光，而且可以把他们的主要精力调动到学习知识上来，并养成自觉学习的良好习惯。当然，教育者在布置作业时，一是要考虑罪犯课余时间的长短和实际能力，不能用超量的课外作业作为惩罚罪犯的手段。二是课外作业要符合教学大纲的要求，与课程内容有联系，使课内与课外学习相互促进，掌握知识与发展能力相结合。三是课外作业的难易要适度，形式要多样，注意培养其自觉学习的习惯。四是对课外作业要及时进行检查和评定，以促进所学知识和技能的巩固。

（三）课外辅导

课外辅导，是课堂讲授以外对学员个体所进行的教育活动，其目的是照顾个体差异，指导和帮助学员完成学业。课外辅导的形式主要有：补课辅导与自学辅导；学业辅导与思想辅导；个别辅导与集体辅导；教员辅导与学员辅导。

（四）测验与考试

测验与考试是有区别的。测验一般内容简短、集中，程序也比较简单，主要是检验学员短期内的学习情况和效果；考试一般内容比较丰富、全面，程序要求比较严格，主要是检验学员一个阶段（学期、学年）学习情况和效果；毕业考试和学历考试，组织更加严密，要求也更加高一些。

（五）开展课外文化活动

课外文化活动是正式教学的必要补充，也是全面发展教育的重要组成部分。组织罪犯开展课外文化活动，是使他们在实践中运用、巩固和补充课内所学知识的有效途径。

课外活动要求丰富多彩、生动活泼，加强吸引力，使受教育者在热烈、愉快、轻松的气氛中增长知识、陶冶情操。就罪犯教育来说，可以开展的课外活动内容也是很多的，例如，开展读书活动，举办诗歌朗诵会、故事会、歌咏比赛、绘画展览、书法展览，组织各种文化讲座、报告会、参观文化古迹，进行智力竞赛、技巧比赛、文艺演出等。

第三节　职业技术教育

一、职业技术教育的意义

（一）有利于增强罪犯改造的信心，提高改造积极性

依法判刑投入监狱接受改造的罪犯，普遍存在着对前途悲观失望的心理，特别是对于那些初犯来说，入狱是一生最大的逆转，他们认为自己从判刑开始就成了社会的弃儿，有"一切都完了"之感，对能否重新回归社会缺乏信心，即使那些自己愿意改恶从善、重新做人者，也担心刑满释放后会受社会歧视，就业困难，因而悲观失望。这种消极的心理状态反映到行为上必然是意志消沉、混刑度日，不求上进，有的甚至破罐破摔，抗拒改造。

进行职业技术教育后，罪犯在学习职业技能的过程中，会深刻感到党和国家对他们确实不是单纯的惩罚，更不是抛弃，而是要把他们改造成为守法公民和对社会主义现代化建设的有用之材，是为他们刑满释放后的前途着想，这样他们就会从内心深处感受到党的监狱工作方针的英明伟大和教育改造人的诚意，从而激发起改造的积极性。同时，罪犯在学习一定生产技能以后也看到了自己的价值，看到了希望，从而增强重新做人的信心。

(二) 有利于促进监狱生产的发展

随着我国社会主义市场经济体制的建立和社会主义现代化建设的发展，对企业素质和产品质量的要求越来越高，市场竞争越来越激烈。罪犯是监狱企业的主要劳动力，监狱企业能否在激烈的市场竞争中求得生存和发展，在很大程度上取决于罪犯的技术素质，只有提高他们的技术素质，才能生产出具有竞争力的高质量、高性能、高科技含量的产品，才能在激烈的市场竞争中取得主动。实践证明，对罪犯技术教育搞得好的单位，产品质量就高，经济效益就好，凡是忽视罪犯技术教育的单位，产品质量就跟不上去，经济效益就差。

要使罪犯成为促进监狱生产发展的积极因素，就必须经过一定的生产技能培训。这些年来，不少监狱通过对罪犯进行职业技术教育，培养了一批技术力量，在一定程度上改变了罪犯技术素质低下的状况，但是从总体上看，当前无论数量和质量，都还远远不能适应监狱生产发展的需要。同时，随着监狱企业产业结构、产品结构的调整和新技术、新设备、新工艺的广泛采用，劳动力技术素质落后于现代化大生产的状况，已经成为制约监狱经济发展的一个重要因素。在这种情况下，技术教育如果跟不上去，监狱企业就很难在激烈的市场竞争中站稳脚跟，求得发展。因此，加强罪犯的技术教育就成为监狱生产发展的紧迫任务之一。只有进行教育和培训，才能提高罪犯的技术素质，才能使他们适应监狱生产发展的需要，使监狱经济的增长方式实现由粗放型向集约型转化，促进监狱经济持续、快速、健康发展。

(三) 有利于罪犯刑满就业，向社会输送合格的劳动力

搞好罪犯的职业技术教育，提高他们的科学技术水平，是提高全民族科学技术水平的一个组成部分。刑释人员能否妥善安置就业，是能否控制重新犯罪的重要因素。罪犯刑满释放后要成为社会需要的合格劳动力，就必须具有一定的生产技能。随着我国经济的发展、产业结构的调整以及劳动用工制度的改革，

社会上就业竞争日趋激烈，这对刑满释放人员回归社会后的就业冲击是非常大的。由于年龄偏大、文化水平较低以及被社会传统势力歧视，刑释人员中相当一部分都遭遇就业难的现实困境。在这种形势下，罪犯如无一技之长，在回归社会之后就很难谋求一个合适的职业，其生存的处境也就相当艰难。而当前在押的罪犯中，大多数人文化素质低下，生产技能缺乏，如果不给他们补上这一课，他们就不能获得谋生的手段，很容易重新走上违法犯罪的道路。因此，实施职业技术教育，使罪犯掌握一定的生产技能，就能够为他们创造劳动就业的条件，提高其回归社会后的生存竞争能力。这是提高罪犯教育改造质量、巩固教育改造成果、维护社会稳定、预防和减少犯罪、保障国家和社会建设得以顺利进行的一项必不可少的重要措施。

二、职业技术教育的内容

（一）确定职业技术教育内容的依据

1. 社会发展的基本状况是确定罪犯职业技术教育内容的前提。

罪犯职业技术教育的目的是为了使罪犯掌握一种或几种生产技能，以便在回归社会之后，能够凭借自己的能力在社会上自食其力。因此，其内容一定要根据社会发展的状况来决定，社会上需要什么，就应给罪犯培训什么。否则，罪犯即使掌握一种或几种生产技能，也难有用武之地，也不可能通过自己的能力改善自己的生存条件。在这里，需要特别提出的是，目前在我国有些监狱，基于监狱生产的条件，罪犯的职业技术教育只是依据监狱生产培养技能。而监狱生产的产品有些已经落后于时代的要求，罪犯掌握了这种技能对其回归社会后自食其力并无帮助。因此，职业技能教育的内容一定要适应社会发展的状况。

2. 罪犯个体情况的差异也是确定罪犯职业技术教育内容的依据。

确定罪犯职业技术教育的内容不仅要考虑社会就业状况（社会市场对劳动力的需求，对劳动者素质的要求），而且要考虑罪犯个体情况。因为每一个罪犯的身体状况、家庭环境、个人的兴趣爱好、气质类型等都存在着很大的差异，而这种差异导致罪犯个体在接受职业技术教育时会有不同选择。对于那些符合他的兴趣，并且认为有能力掌握的职业技术教育，他会欣然接受；而那些不能引起他的兴趣或者认为不能掌握的职业技术教育他就会本能地排斥。所以，职业技术教育要考虑不同罪犯的多种需要。

3. 职业技术教育在一定程度上也要适应监狱生产发展。

由于历史的原因，目前，我国监狱尚担负着一定的生产经营任务，这些生产对罪犯是有技能要求的，现实中罪犯在技能方面的不适应和欠缺，使监狱机关组织职业技术教育时，也要兼顾监狱生产发展的要求。这样做，一方面是监狱生产经营的必需，另一方面也有助于罪犯在劳动实践中提高职业技能。

（二）职业技术教育的一般内容

1. 第一产业的职业技术培训。

我国是一个农业大国，农业是我国立国之本，社会对农产品的需求是无限的。另外，在我国监狱里，来自农村的罪犯占有绝大多数比例，农业生产是他们最熟悉的。因此，对罪犯的职业技术教育，首先应关注第一产业的职业技术培训，具体包括两方面：一是种植业，二是养殖业。种植业包括粮食种植、蔬菜种植、花卉种植、林木种植、草地种植等；养殖业包括家禽养殖、水产养殖、特种养殖（如兔子养殖、蝎子养殖、狐狸养殖）等。第一产业的职业技术培训好处在于教育设施设备的投入不是很大，受教育者一般不需要有一定的文化知识基础。同时，这种培训简单易学，适合农村实际，符合罪犯的需要。

2. 第二产业的职业技术培训。

对于那些来自城市的罪犯，第一产业的职业技能培训，不能适应他们的需要，监狱机关要考虑的是第二产业的职业技能培训，它包括工业中的机械制造、原料加工技术以及机械修理技术等。第二产业的职业技能培训比较符合城市罪犯的实际情况，这些罪犯在进监狱之前，大多因为没有一技之长而沦为无业人员，而城市里很多企业都需要具备一技之长的工人，因此，他们若掌握第二产业的职业技能，回归社会后就能凭借自己的能力自食其力。

3. 第三产业的职业技能培训。

随着我国经济的不断发展、人们生活水平和质量不断的提高，社会对第三产业的需求越来越大，因此，监狱对罪犯的职业技术培训应重点关注第三产业的技术培训。第三产业包括：修理业，如家电修理、汽车修理、摩托修理等；餐饮业，如厨师、糕点制作；服务业，如家政服务、社会服务等；装修业，如城市建筑装修、住宅装修等。从我国目前的情况看，社会对第三产业的技术工人需求量很大，社会就业机会多。这为罪犯在刑满释放后改善自己的生存条件、经济状况提供了极为有利的条件。随着我国户籍制度的改革，掌握了第三产业

技能的刑满释放人员，无论是来自农村的还是城镇的，都可大有作为。因此，监狱机关在职业技术教育中，一定要重视对罪犯进行第三产业的技能培训。

4．职业道德教育。

随着市场经济的发展，人们的经济观念发生了深刻的变化，也有的人发生了扭曲和混乱。矫正机构内很多矫正教育对象都是由于经济原因走上了违法犯罪的道路，因而，必须加强职业道德教育。

首先，职业道德教育课应以正确的人生价值教育为主线，围绕爱岗敬业、诚实守信、办事公道、服务群众、奉献社会的职业道德教育和意志品质、适应能力、合作精神、心理承受力等关键能力的培养，进行职业选择、职业理想、职业精神和职业道德原则与规范的教育，使其树立全心全意为人民服务的观念，确立主人翁意识和敬业、乐业、创业的精神，明确职业道德的一般原则与规范，为回归社会的选择理想的职业创造条件。

其次，要充分利用实践活动进行职业道德的教育与训练。职业道德是高度角色化和实践化的道德。职业道德的养成和职业道德教育目标，只有在实践中去感受、体会和领悟，才能养成良好的职业道德习惯。要充分利用教学条件精心设计，聘请实习、实践基地的管理人员或行业劳动模范介绍该行业职业道德要求和规范；到操作现场感受职业道德和从业精神的内涵；写出职业道德实践体会，领悟良好的职业道德对企业、事业单位形象乃至生存的重要性。

再次，开展丰富的职业道德教育活动，形成职业道德修养。如帮助罪犯养成健康的心理素质、建立良好的人际关系，为职业道德教育准备良好的心理基础；聘请劳动模范开设专题讲座，进行爱岗敬业、无私奉献、开拓进取的敬业教育。

三、职业技术教育的形式和方法

（一）岗前培训

岗前培训，主要是对新入监的罪犯经过入监教育尚未分配到劳动岗位之前所进行的短期技术培训。培训时间一般在两个月左右。技术难度较大的，其时间可适当延长。

罪犯通过岗前培训，掌握一般的生产基本知识，懂得工艺操作规程和安全生产常识，学会使用有关工具和设备的维修与保养。这种"先培训，后上岗"的培训要形成制度，并逐步做到"定向培训，定向分配"。

罪犯教育的内容

第六章

135

（二）在岗培训

这种培训是利用正常的职业技术教育时间对罪犯进行初、中等级技术教育。参加这类技术培训的对象，一般应具有初中以上文化程度。方法以业余学习为主，实行课堂教学与岗位练习相结合。

初级等级技术培训，时间一般可以安排两年，参加学习的罪犯余刑一般在五年左右，通过学习，一般应达到二、三级水平。

中级等级技术培训，时间一般可以安排三年，参加学习的罪犯余刑一般应在七年以上。通过学习，一般应达到四至六级工水平，成为所从事工种的技术骨干。

以上两种等级技术培训，都要按照各行业、各工种颁布的"应知"、"应会"标准开设课程，选择教材，制定教学大纲，安排教学计划，落实授课时间，保证教学质量。

（三）以师带徒

以师带徒是一种传统的传授技术方法。它是师傅与徒弟一对一直接传授生产技术的一种方法，具有时间短、见效快的特点。

在监狱里"以师带徒"活动，一般应以生产车间为单位，在监狱民警的组织下进行。一般师傅需要具有四级工以上技术水平，徒弟要选择余刑在三年以上，积极改造，有培养前途的年轻罪犯。师徒关系确定后，由师徒共同制订学习计划，确定出徒时间，签订师徒合同。签订合同时，必须有师、徒、监狱民警三方在场，各方签字方能生效。生效的合同在执行期间由监狱民警进行监督。合同届满，由监狱统一组织考试，经考核合格的徒工，单独操作一个月，完成一定的工时，质量合乎要求，方能出徒。为了调动师傅带徒的积极性，监狱对带出合格的徒弟的师傅应给予适当的奖励，以促进"以师带徒"活动的开展。

（四）脱产培训

有条件的监狱，可以选择一部分年纪轻、刑期长、改造表现好，具有高中以上文化程度并有一定技术基础的罪犯，进行脱产重点培训，为监狱生产培养六级以上操作技工和从事工艺、工装、设计等方面的技术人才，使监狱生产的技术力量逐步形成以中级技术为主，初、中、高级技工搭配合理的技术等级结构。

（五）就业培训

就业培训主要是对服刑期间没有学到一技之长和虽学到一技之长但其所学

的技术社会适应性较差，刑期满后不好就业的罪犯，在刑满释放前，对其进行当前社会需要的实用性短期职业技能培训，为刑释人员回归社会后的就业谋生创造条件。这种职业技术培训，一般由监狱组织，也可以与社会上的职业学校、职业技能培训中心等单位联合办班。

以上几种技术培训，都要根据我国《监狱法》和司法部、国家教委、劳动部《关于进一步加强对罪犯文化教育和技能培训的通知》（司法通［1995］122号）等有关规定进行，对参加职业技能培训和有一定技术专长的罪犯进行考核发证。其职业技能的考核鉴定，应在当地劳动行政部门的指导下，按照国家各产业部门颁布的各工种技术等级标准，由劳动行政部门或由劳动行政部门委托监狱组织考核，经考核鉴定合格的，由当地劳动行政部门或主管产业部门颁发《技术等级证书》和《技术合格证书》，符合评定技术职称条件的，可以评定技术职称。

第四节 心理健康教育

一、心理健康教育的概念

心理健康包括身体健康和心理健康。世界卫生组织提出，健康是生理、心理和社会适应上的完好状态，而不仅仅是没有身体缺陷和疾病。这表明，人们既要注意身体健康，又要注意心理健康，才能达到真正、全面的健康。

罪犯犯罪的直接原因是他们在心理活动上出现了障碍，如认知障碍、情绪障碍、性格障碍等，从这个意义上讲，每名罪犯都是心理疾病患者。如果得不到及时有效的矫治，不仅不会缓解，甚至会因为特殊环境的负面影响而加重他们的心理不健康程度。《监狱教育改造工作的规定》第七章第45条中规定："监狱应对罪犯进行心理健康教育、宣传，使罪犯对心理问题学会自我调节、自我矫治。"这充分说明了进行罪犯心理健康教育的重要性，它对于减轻罪犯心理负担，促进罪犯改造，彻底消除犯罪根源，重新适应社会，降低重新犯罪率，均有不可估量的作用。

心理健康教育就是通过向罪犯传播心理健康知识，转变罪犯的不健康观念，提高罪犯对心理健康的认知能力，提高罪犯的心理健康水平和社会适应能力，促进罪犯心理不断完善和发展，从而使罪犯自觉地运用心理健康知识，克服心理障碍，消除犯罪这一不适应社会生活的行为。

衡量罪犯的心理是否健康，下列几项指标较为重要：

(一) 能和他人建立积极、良好的人际关系

良好的人际关系是维持个体心理平衡和个性正常发展的重要条件之一。在监狱中，心理健康的犯人应该乐于与人交往（包括与监狱民警及其他罪犯之间的交往），而且能和他人建立协调、良好的关系。在与人相处时，正面的态度（如尊敬、信任、关心、谅解等）常多于反面的态度（如仇恨、嫉妒、怀疑、畏惧等），能够以诚恳、公平、谦虚、宽厚的态度对待别人，能尊重别人的权益和意见，也能容忍别人的短处和缺点，使别人乐于和他交往。虽然也不免有令他不悦甚至厌恶的对象，但在他能够认识到，社会是由人际关系组成的，多数人是可与之为友的，在没有客观的事实为依据之前，不应轻易对人表现出愤怒或怨恨的态度。

(二) 有健全的情绪生活

所谓健全的情绪生活，是指积极愉悦的情绪状态（如：高兴、喜悦、欢欣等）常多于消极不良的情绪状态（如：愤怒、恐惧、焦虑等）。心理健康的罪犯，在服刑过程中，能基本保持情绪稳定、开朗、自信等生活状态。在挫折面前，能很快从消极的情绪中解脱出来，更不会在严重的打击之下自暴自弃甚至轻生。同时，他们也能适度地表达自己的喜怒哀乐，控制自己的不良情绪，对前途抱有希望，良好的心境占优势。

(三) 乐于学习和劳动

学习和劳动是服刑中罪犯最主要的活动。心理健康的罪犯应该是乐于学习和劳动的，并能够在学习和劳动中充分地、建设性地发挥其智慧与能力，尽最大的努力获取最好的成绩。同时，他们常能在学习、劳动取得成绩时产生满足之感。相反，那些经常对学习和劳动产生厌恶、抵触情绪甚至恐惧感的罪犯，其心理健康状况就值得怀疑了。

(四) 有正确的自我意识

人贵有自知之明。心理健康的罪犯既能客观地评价别人，更能正确地认识和对待自己。他们了解自己，自我评价客观，既不妄自尊大，也不妄自菲薄，始终保持恰当的自信，为自己确定切合实际的目标，不过分苛求自己，扬长避

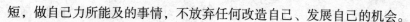

短，做自己力所能及的事情，不放弃任何改造自己、发展自己的机会。

（五）有正常的行为和协调的个性

心理健康的罪犯，其行为是一贯的、同一的，而不是反复无常的；行为反应适当，反应的强度与受到的刺激的强度相一致，该激动时激动，该冷静时冷静，恰如其分。心理活动和行为方式处于和谐统一之中，即具有"完整人格"或协调的个性。

（六）能面对现实，把握现实

心理健康的罪犯对因犯罪而被判刑入狱的现实能采取成熟的、健康的适应方式，绝不企图逃避。对于自己在学习、劳动和交往中所遇到的种种问题和困难，总是用切实有效的方法妥善解决，有一定的挫折承受力和改造好的意志力。

二、心理健康教育内容

（一）罪犯心理健康教育的一般内容

根据司法部监狱局组织编写的全国监狱系统通用的《心理健康教育》教材要求，罪犯心理健康教育的内容主要包括：

1. 心理健康基本知识教育。

向罪犯传授和普及心理健康常识，是监狱心理健康教育工作的重要组成部分。通过学习，罪犯掌握心理学和心理健康科学的基本常识，了解感觉、知觉、记忆、情感、思维、意志等心理过程，掌握动机、需要、能力、气质、性格等个性心理特征以及自我意识方面的基础知识，树立关于心理健康的科学观念，懂得心理健康的表现与判断标准，了解影响心理健康的各种可能因素及关系。

2. 认知模式教育。

认知模式教育是让罪犯掌握认知的概念及其与心理健康的关系，了解罪犯中常见的各种不良认知模式的表现及其危害，理解并掌握克服认知障碍的方法，培养正确的认知模式和思维方法。

3. 积极情感教育。

积极情感教育是让罪犯认识到情绪、情感与心理健康之间的关联，了解罪犯中常见的各种消极情绪和情感表现，懂得并掌握疏导和消除不良情感体验的原理和方法，建立积极向上的情感特征。

4. 意志力和生活方式优化教育。

意志力优化教育主要是让罪犯充分了解意志对心理行为的调控作用，懂得意志品质对心理健康产生的影响，了解罪犯在意志品质缺陷方面的具体表现及其克服方法，增强心理承受力，培养优良的意志品质。生活方式优化教育是让罪犯懂得不同生活方式与心理健康的关系，了解罪犯不良生活方式的具体表现及其改变方法，培养良好的生活方式。

5. 人格健全教育。

人格健全教育是让罪犯掌握健全人格和不健全人格的概念，认识到不健全人格对个体心理健康的消极影响，了解罪犯常见的人格缺陷表现，掌握消除不健全人格和培养健全人格的方法。

6. 自我意识教育。

自我意识教育是让罪犯掌握自我意识的概念及其形成规律，懂得自我意识在个体心理健康中的地位与作用，了解罪犯常见的自我意识方面的缺陷或不足，理解并掌握建立和完善自我意识的方法。

7. 人际和谐教育。

人际和谐教育是帮助罪犯懂得人际关系与心理健康的关系，认识到罪犯特殊身份给其人际关系带来的影响，了解罪犯常见的人际交往障碍及其消除方法，掌握人际交往的基本常识与技巧，建立和谐的、有助于罪犯良性发展的人际关系。

8. 心理测量、心理咨询与心理治疗知识教育。

心理测量、心理咨询与心理治疗是心理矫治工作的不同环节。所谓心理测量、心理咨询与心理治疗知识教育，就是让罪犯掌握心理测量、心理咨询与心理治疗的概念、功能与流程等相关知识，在此基础上能够积极参加心理测验，正确看待心理测验的结果，主动寻求心理咨询的帮助，积极配合心理治疗。

(二) 不同服刑阶段罪犯心理健康教育的具体内容

一般来讲，罪犯的改造过程大致分为三个阶段：服刑初期、服刑中期和服刑后期。在不同服刑阶段，罪犯的改造心态各有不同，也会引发不同的心理问题。因此，认识不同服刑阶段罪犯的心理特点及其存在的心理问题，有意识地采取针对性的心理健康教育方法，对维护和促进罪犯的心理健康并使之顺利完成改造任务有着重要的现实意义。不同服刑阶段罪犯心理健康教育的具体内容包括：

1. 服刑初期。

服刑初期是罪犯入监后半年左右的一段时间。在这一时期，罪犯由于角色的转换，原有社会地位的丧失，生活环境的急剧变化，心理落差加大，在认识、情感、意志、行为上一时难以适应监狱生活。这一阶段罪犯的情绪很不稳定，失落、恐惧、悲观、怨恨、焦虑、抵触等各种消极情绪比较普遍，心理健康教育十分必要。此时心理健康教育的主要任务是：帮助罪犯调整好自己的心态，适应监狱环境，确立目标，为今后改造奠定良好基础。服刑初期的心理健康教育可放在入监教育中进行，旨在使罪犯初步了解和掌握心理学的一般知识，认识心理健康的意义，积极配合监狱组织的各项活动，自觉调适自己的不良心理，对自己的身份和罪行有一个正确的认识，尽快适应监狱生活。具体包括：（1）心理学及心理健康基本知识教育。（2）调整自我，熟悉环境，适应环境。（3）置换角色，面对现实，接受现实。（4）重新确定目标，充实监狱生活。（5）调整情绪，改善心情。

2. 服刑中期。

服刑中期大致为罪犯入监半年后至出监前半年的一段时间。与服刑初期和服刑后期相比，这是一个时间相对较长、心理问题全面凸现的时期。从表面上来看，大多数罪犯都已初步适应了监狱生活，进入了心理上的改造适应期。但是这种状况很不稳定，容易反复。尤其是一些突发性事件，如，家庭变故、婚姻纠纷、改造中的人际关系冲突等，极易引起他们情绪上的波动，导致心理问题的产生，影响自身的改造。同时由于监禁生活的影响，容易出现一些新的问题，如，监狱人格、伪装心理、性心理问题等等。因此服刑中期是罪犯心理健康教育的关键时期，它既要巩固第一阶段罪犯心理健康教育的成果，又要不断解决一些新问题，并为下一阶段的罪犯心理健康教育打下良好的基础。

服刑中期心理健康教育的主要任务是：将罪犯纳入正常教育改造轨道，使其全面而且顺利地完成各项劳动、学习和改造任务。因此，这个时期心理健康教育的主要内容有：

教育罪犯构建良好的自我意识。良好的自我意识是罪犯心理健康的基础，也是罪犯从强迫改造到自觉改造的关键。只有构建良好的自我意识，罪犯才能以积极主动的姿态投入到日常的劳动和学习中，并且在劳动和学习中不断地完善自我，走向新生，而不是混刑度日。因此，要在罪犯初步了解自我意识知识的基础上，帮助罪犯认识到原有自我意识的缺陷，教育罪犯重构自我意识，以便能够具有清醒的自我理性认识,健康的自我情感体验和有力的自我意志控制。自我意识的构建有赖于监狱生活的各个方面。为了达到预期效果,要教育罪犯正确对待劳动,理解劳动对于心理健康的重要意义,调动罪犯劳动的积极性,鼓励他们在劳动中磨炼意志,重塑自我。同时激发罪犯学习的兴趣,改变他们学习上的被动态度或虚假热情,从知识中获取理性。

引导罪犯建立和谐的人际关系。监狱是一个相对封闭而又特殊的社会,这就使监狱人际关系具有既简单又复杂的特点。虽然它主要存在于监狱监管人员与罪犯之间,但它的实际过程却是复杂的。除了监狱民警与罪犯之间构成了包含着惩罚、控制、管理、教育、改造等复杂的行为模式的人际关系之外,罪犯之间的人际关系也是极为复杂的。他们生活于封闭而狭窄的空间里,任何细小的人际关系矛盾都可能因此成倍扩大,同时,罪犯作为道德文化低下的群体,更容易形成种种复杂的人际关系矛盾。这些矛盾,随着罪犯服刑生涯的继续,对罪犯心理的不良影响也日益加大。因此,监狱民警除了要把握好自身与罪犯的关系,还要引导罪犯彼此之间和谐相处,建立积极向上的、有益于身心健康的人际关系。

培养罪犯对于挫折的心理承受能力。罪犯在服刑过程中,会遇到很多的困难,如,学习力不从心,劳动强度难以承受,因改造积极受到狱内罪犯非正式群体的刁难、报复和打击,因家庭遭遇天灾人祸或婚姻危机而焦虑悲观、动摇自己的决心等等。种种挫折和困难常常影响罪犯的心理状态。因此监狱民警就要对罪犯进行挫折教育,培养他们对精神刺激的承受力和抵抗力。

3. 服刑后期。

服刑后期大致为临近出监前半年左右的一段时间。此时罪犯面临即将刑满释放。由于罪犯处于监狱人(不自由)与自由公民的"临界点",因此,其心理活动十分复杂,既有监狱情景刺激因素仍然作用于罪犯而产生的服刑心理,又有面临回归社会这一新刺激所带来的矛盾复杂的回归心理。他们既有将重新获得自由的喜悦与兴奋,又有对回归社会后可能遇到的一些问题的忧虑与不安;既有经过监狱改造认罪悔罪、重新做人的向善心理,又存在着一些消极心理和认识上的偏差。因此,这时的健康教育具有总结性、补课性的特点,主要任务是:巩固改造成果,帮助罪犯作好出监前的各项准备。服刑后期的心理健康教育可以放在出监教育中进行,具体内容包括:

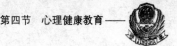

巩固罪犯心理健康教育的积极成果。处于服刑后期的罪犯，经过监狱机关的前一段时间的教育改造，面临即将结束的刑期，已经"破旧立新"的罪犯，会产生积极的回归心理，如，悔过自新心理，立功赎罪心理，发愤图强心理等。对于罪犯积极的回归社会心理，监狱民警应通过正强化机制和反馈机制，予以肯定、支持与鼓励。

消除罪犯的消极回归心理。罪犯在服刑后期，原本残存的不良心理与期盼心理的结合，容易发展为消极的回归心理。具体表现为：过于自信与自卑心理、强烈的需求心理、翻案报复心理、补偿心理等。对于这些消极心理，监狱民警应通过负强化机制，予以否定、矫正与批评，如引导罪犯调整好心态，减轻自卑心理，合理定位补偿心理，消除报复心理。另外，对于罪犯过于自信的心理也不容忽视，要引导罪犯正确评价自我，设想出狱后可能遇到的困难，提高挫折容忍能力与抵御犯罪诱因的能力。

向罪犯传授心理调适的方法。罪犯在监狱服刑中会产生、甚至形成监狱化人格。因此要教给罪犯心理调适的方法，以减少乃至消除监禁生活带给他们的负面影响，同时，使他们在脱离严格的监禁生活后，自觉地调整心态，巩固改造积极成果，避免重新犯罪。

三、心理健康教育的方法和途径

（一）进行系统化的课堂教育

目前，系统化的课堂教学，因其覆盖面比较广，方式直接，形式正规，成为罪犯心理健康教育的一种首选方式。为了达到良好的效果，首先，应整体规划，统筹安排。将罪犯心理健康教育纳入罪犯教育的整体序列之中，作为罪犯的必学课程，每学期安排一定的课时，制定统一的教学计划，让罪犯系统地学习心理卫生、心理健康知识。其次，要选用合适的教材。近年来，全国已经出版了一些罪犯心理健康教育教材，如，宋鸿余主编的《心理健康教育读物》，侯绍臻、王有模主编的《服刑人员心理健康教育读本》，孙业华主编的《罪犯心理健康教育理论与实践》等。目前，司法部监狱管理局已组织编写了全国统一的罪犯心理健康教育教材，这对于规范全国范围内的罪犯心理健康教育工作具有重要意义。再次，教学过程中，既要注重心理学基本理论的讲解，又要注重心理调解方法的传授。教师应由心理咨询或心理辅导员兼任。为了激励罪犯学习的积极性，教育过程还可以穿插进行知识竞赛、演讲等活动来充实并强化教学内容。

（二）利用传播媒介开展宣传教育活动

在日常改造中，可利用监狱报、墙报、黑板报、广播、监狱系统内部创办的杂志等媒介宣传心理卫生、心理健康知识，录制电台、电视台有关心理健康的节目，组织罪犯收听、收看。在此基础上，各个监狱还可创造条件，将高新技术和科学方法相结合，帮助罪犯科学利用电话、网络等现代化通讯设备与社会相联系，组织社会各界的力量尤其是罪犯的家属参与对罪犯的改造，增强监狱吸纳社会信息的能力，改善罪犯封闭状态，促进罪犯人格健康发展。

（三）举办有关心理健康的专题讲座

监狱应针对不同类型及不同服刑时期的罪犯，开展心理学知识的专题讲座，这样能大大增强罪犯心理健康教育的针对性和有效性。对暴力型罪犯，重点讲关于攻击性行为产生与控制方面的知识；对盗窃犯，重点讲盗窃心理、盗窃癖产生的原因及预防；对性欲型罪犯，重点讲性心理的发展及性心理障碍的知识；对初入监的罪犯，重点讲应激与适应、挫折心理与调适心理的知识；对服刑中期的罪犯，重点讲人格发展与犯罪的关系以及有关人际关系、自我意识等方面的知识；对服刑后期的罪犯，重点讲理想与现实、自我规划、如何适应社会生活等有关知识。这类讲座，在条件允许的情况下，可邀请社会上的有关专家来进行。专家因其知识性、权威性的影响，往往能够取得更好的效果。

（四）加强潜在课程建设

在罪犯心理健康教育的过程中，正规课程的教育不可缺少，潜在课程的熏陶也不容忽视。因为从教育学的角度看，课程设置应包括教育环境的所有因素。监狱文化建设就是罪犯人格改造的潜在课程。所谓监狱文化建设，乃是监狱以自我理性认识为基础，对自身物质文化、制度文化和精神文化的改造和构建。它能够推进罪犯人格的健康发展，成为人格改造的潜在课程。因此在依法惩罚罪犯的前提下，通过监狱文化建设，创造良好的罪犯教育改造精神环境和改造氛围，不失为培养罪犯健康心理的一项积极措施。

在人性化、理性化、人文化精神的指导下，目前，很多监狱都非常注重环境的绿化和美化工作，在大墙内种树、栽花，建起雕塑、喷泉、水池、假山等等，使监狱这一坚固而严厉的环境被赋予自然生命的内容和色彩，从而有利于罪犯身心健康和良好情绪、情感的培养。不同的监狱，可根据自身的特点，创

造自己的环境特色。

（五）罪犯自我教育

大量的理论研究证明，罪犯不是改造的消极客体，而是能动的主体。所以在罪犯心理健康教育方法上，监狱民警应注重罪犯的主体地位，努力探索以罪犯为学习活动主体的教育方法，如鼓励罪犯写日记，在写日记的过程中，罪犯作为主体的我对客体的我进行感受、体验和认识，进行自我理性构建。这一过程监狱民警所要做的，是指导罪犯如何将写日记的过程转化成为一种思考过程，而不是单纯记录日常琐事。对于罪犯的不健康心理，在外部力量介入的同时，应注重罪犯自我调节方法的传授。如现在已有人提出并尝试运用的精神超越法、性情陶冶法、自我调控法、自我激励法、转移目标法、角色互换法等，都可以向罪犯传授，并给以正确引导。

在开发罪犯自身潜力的同时，还要注重利用罪犯群体的力量，造就一种积极的心理互动的环境，比如，编排心理游戏、心理剧、心理操，组织心理矫治典型进行现身说法等。为罪犯创造一个相对宽松的心理互动环境，可以使他们相互之间施加有益的影响，彼此之间建立和谐的人际关系。

第五节 美 育

一、美和美育的概念

不论是在社会生活中、大自然中，还是在艺术宝藏中，美的现象总是千姿万态，多种多样，无处不在的。美是包含着社会发展的本质、规律和理想的有着具体可感形态的现实生活现象。从形态来看，美通常被分为社会美、自然美和艺术美三大类。

"美育"一词是德国启蒙时期的剧作家、美学家席勒在其《审美书简》中首先提出和使用的。"美育"一词的出现虽是近代的事，但美育思想却早已存在。古希腊哲学家柏拉图和亚里士多德认为，艺术教育具有强烈的力量，能够渗透人的心灵深处，使人的心灵净化，使性格变得高尚、优美。我国孔子在《论语》中也提出了"兴于诗，立于礼，成于乐"的美育思想，明确肯定了艺术具有修身、养性和陶冶情感的重要作用。荀子的"美善相乐"说，提出"诗"、

"乐"等艺术作品，具有"美政"、"美人""美俗"等 "治国一民"和"移风易俗"的重大社会意义。在我国近代许多教育家也都提倡美育，特别是经过教育家蔡元培先生的大力提倡，美育在近代中国教育中取得了相对独立的体系。新中国建立后，美育开始在社会真正展开，虽然一度被"左倾"思潮所否定，但在党的十一届三中全会后，尤其是自党中央倡导"五讲"、"四美"以来，美育受到了社会各界的前所未有的普遍重视，重新走上了健康发展的道路。

美育由于实施对象不同，可分为多种教育对象的美育，如，对工人的美育、军人的美育、学生的美育，对正在服刑的罪犯的美育等。

罪犯美育是指监狱主要通过狱内的思想、道德教育、文化活动以及劳动等形式，以矫正、培养其审美观念、审美情趣，提高其感受美、鉴赏美和创造美的能力，从而达到全面教育罪犯、改造罪犯的目的的社会教育活动。

二、美育的特点和意义

（一）美育的特点

1. 具有形象性。

形象性是美育最显著的特点。美育是以具体、鲜明、生动的可感的美的形象感染罪犯，引起罪犯的美感，从而达到教育的作用。如一首诗、一幅画、一部电影、一篇小说，都可以让罪犯通过作品表现的具体可感的美的形象感受美的魅力，从中受到感染和教育。特别是对青少年罪犯来说，他们大都有抽象思维能力较差，对形象化事物易于感知的特点，这恰好说明了对他们进行直观、形象的审美教育的必要性。从一定意义上说，形象化的教育比抽象的说教更能打动和征服他们。

2. 具有情感性。

要做好罪犯的转化工作，需要情感这个催化剂。心理学研究指出，情感是一个人的心理动力因素。没有内心的情感体验，很难激发人的内在动力，单纯靠外力的硬性强化，不能使人乐其事。而美育恰恰注重情感，它的显著特点就是通过美的事物激发罪犯的情感，调动罪犯的心理功能，使其在情感上产生共鸣，心理上产生感受，激发起对美的事物的热爱、追求和对自己所犯丑行的鄙视情感。

3. 具有趣味性和娱乐性。

"寓教于乐"是美育的一个显著特点。美育是靠美的事物的本身来吸引人，以无拘无束、轻松愉快的方式把美的对象显示给受教育者。作为罪犯，在欣赏体味当中，在轻松愉快的状态中，不知不觉就受到了高尚的思想情感的熏陶和教育。因此，只要懂得"寓善于美"、"寓教于乐"的规律并加以运用，就可以使罪犯在潜移默化中受到正确思想教育，获得有益的知识。

4. 具有向上性。

美的事物从形式到内容，一般都体现了蓬勃向上的活力，象征着光明和进步。美育就是使罪犯在感受美、创造美的过程中受到启迪，激发起对美的热爱和追求，并将其化为一种为改过自新、奋发向上的力量，促使罪犯走向新生。

（二）美育的意义

1. 有利于对罪犯的全面教育。

我国社会主义监狱对罪犯的改造是一个全新的教育改造，体现着德、智、体、美、劳诸方面的全面教育，体现着国家社会对真、善、美理想的执着追求。如前所述，我国对罪犯进行思想教育，体现着"善"的要求；进行文化技术教育，传授知识和技能，体现着"真"的要求；开展体育活动，进行身体锻炼，体现着"健"的要求；进行审美教育，体现"美"的要求。通过美育，提高罪犯的审美感知力、想象力、创造力，陶冶情操，净化心灵，升华感情，所有这些，都能够促使罪犯在德、智、体、美、劳诸方面得到全面教育、全面改造和全面发展。而全面发展正是马克思主义对人类社会全面进步的一种美好理想。

2. 有利于展示监狱的现代文明形象。

人类社会对罪犯的惩治走过了从报复刑到自由刑、再到教育刑的漫长历程。行刑趋势是从野蛮到不断文明、从人治到法制的行刑现代化发展过程，这也必然要求监狱行刑的逐步现代化，要求行刑方式的文明与进步。从这个意义上说，强调在依法对罪犯进行思想教育、文化技术教育、开展体育活动的基础上实施审美教育，也正是顺应了行刑现代化、文明化和人性化的趋势与要求。同时，引导罪犯领略自然美，使其审美观念、审美情趣、审美鉴赏能力得以提高，心智得以发展，心胸得以开阔，情操得以陶冶，心灵得以净化，从而认识到其犯罪行为之罪恶，其犯罪心理之丑恶，并予以自觉改造和矫正，这些都正是行刑现代化、文明化和人性化的应有之义。

三、美育的作用

（一）培养审美感受力

所谓审美感受力，就是人们对现实，特别是对艺术美的体验、接受能力。马克思曾说过："人的眼睛的感受和享乐不同于粗野的非人的眼睛，人的耳朵的感受和享乐不同于粗野的不发达的耳朵"。"只有音乐才能引起人的音乐感觉；对于非音乐的耳朵，最美的音乐也没有意义，对于它，音乐并不是一个对象。"由于罪犯文化程度偏低，加之缺乏艺术熏陶的社会生活环境，因而其审美感受力相当低下，使得罪犯的眼睛成为如马克思所说的"粗野的非人的眼睛"，耳朵成为"粗野的不发达的耳朵"和"非音乐的耳朵"，使得罪犯精神荒芜。在监狱对罪犯实施美育，其作用就在于提高他们的审美感受力，使罪犯能准确而全面地感受到存在于客观世界的美好的东西。

（二）树立正确的审美观

审美观，即人对客观世界的把握，亦即罪犯从审美角度对审美对象进行判断和评价的标准。树立了正确的审美观，才能养成健康的审美情趣，具有崇高的审美理想，从而自觉按照美的规律去鉴赏美、创造美。对罪犯来说，他们往往没有正确的审美观，情趣低下，美丑不分，善恶颠倒，荣辱易位，因而谈不上什么美的追求、美的鉴赏，美的创造更是无从谈及。所以，在对罪犯进行审美教育时，必须把审美观问题同世界观、人生观以及道德观、价值观等放在同等重要的位置。

（三）改变审美情趣

所谓审美情趣，是建立在一定的审美观念的基础之上，具有强烈的情感色彩，以个人好恶的直觉形式对客体对象的审美价值进行评判的能力。审美情趣有进步与落后、高尚和低级之分。罪犯的审美情趣大多是低级庸俗的，例如，他们对不择手段的弄钱感兴趣，对黄色录像、照片、淫秽小说感兴趣，对挥霍无度、醉生梦死感兴趣。在罪犯中不少人正是沉溺于低级庸俗的审美情趣中，一步步堕落下去的。开展美育可以改变罪犯低级庸俗的审美情趣，使其形成健康的审美情趣，并能够自觉厌弃腐朽、落后、黑暗、丑恶的东西，追求正义、进步、崇高、光明、美好的事物。

（四）培养创造美的能力

所谓创造美的能力，是指在实践活动中按照美的规律直接创造出美的事物

的能力。罪犯过去在社会上，不仅谈不上有什么美的创造力，而且他们是美好生活的破坏者，对美具有很大的破坏力，是丑恶的象征。在监狱，美育的重要作用就在于化消极因素为积极因素，培养罪犯创造美的能力。创造美的能力，一方面是指劳动生产、日常生活等各个领域中创造美的能力；另一方面是指对艺术美的创造能力。开展美育，可以使罪犯形成多方面创造美的能力，并在教育改造实践中创造美的同时，创造出一个新的自我。

四、美育的实施

（一）通过"三课"教育实施美育

思想教育、文化教育和职业技术教育本身就包含着美的因素，是美育的基础。思想教育的目的是使罪犯树立正确的世界观、人生观、道德观，旨在引导罪犯向善。美与善相联系，美的必然是善的，思想教育有助于罪犯正确的审美观的建立。在思想教育中，运用大量的英雄模范和先进人物的感人事迹对罪犯进行教育，本身就是实施社会美、人情美的教育。通过文化教育，丰富罪犯的文化知识，这是提高其审美能力的基础。而且文化知识中也包含着大量的艺术美、科学美的内容，应当努力加以挖掘。职业技术教育是从技术美、创造美的角度引导罪犯去创造美的社会生活。

（二）通过生产劳动实施美育

生产劳动是美的源泉。人类通过生产劳动，不但创造了物质文明、精神文明，也创造、发展和美化了人自身。通过生产劳动对罪犯实施美育，一是要从劳动过程入手，引导罪犯认识劳动的过程是艰辛的，需要流汗，但辛勤的汗水有利于净化心灵，洗刷其心灵的污垢；劳动的过程也是愉快的，因为它包含着创造。二是从劳动产品入手，劳动产品包含着对罪犯的劳动和创造的肯定，应引导罪犯感受劳动的伟大、光荣，热爱劳动，同鄙视劳动、不劳而获的恶习决裂。

（三）通过监区文化活动实施美育

1．读书活动。

书籍是人类物质文明和精神文明的有效载体，是人类进步的阶梯。阅读健康、有益的各种书籍，有助于拓宽罪犯的知识视野，树立正确的世界观、人生观、价值观和审美观。具体地说，阅读历史书籍，包括历史人物传记等，可使罪犯了解社会美、人情美；阅读科技类书籍，可使罪犯认识科学美、技术美；阅读文学作品，如小说、散文、诗歌等，有助于提高罪犯的审美鉴赏能力，并使其情感得到升华，心灵得以净化。引导罪犯阅读文学作品是对其进行审美教育的主要手段，阅读的内容应当是古今中外的古典文学名著以及现当代的优秀作品。读书活动应当有计划、有组织地进行，定期开展书评活动，并鼓励文化程度较高的罪犯发挥带头和引导作用。为使读书活动长期、有效地开展下去，各级监狱管理机关应有专项投资来购买书籍，各监狱也可以动员罪犯亲属向监狱捐书。

2. 诗歌朗诵活动。

诗歌朗诵是读书活动的延伸。开展诗歌朗诵活动有助于陶冶罪犯的情操。诗歌朗诵的内容应主要是当代的优秀之作。为解决诗歌的稿源问题，监狱管理机关应约请一些文化人为罪犯写诗，同时也应发动罪犯踊跃写诗，以使诗歌朗诵活动常诵常新。

3. 音乐欣赏活动。

音乐是一种声音的艺术。它以音响、节奏和旋律等手段塑造艺术形象，具有悦人耳、动人心、激人情的极大魅力。音乐欣赏是一种特殊的享受，是一种高层次的审美活动。开展音乐欣赏活动应由简单到复杂，循序渐进。组织管理应注意做好三方面的工作：一是应在监区或分监区经常播放优美的音乐曲目，以逐步熏陶其"音乐耳"；二是有条件的监狱应邀请专家来监狱做音乐知识和音乐欣赏讲座，参加者应首先是有一定音乐基础的罪犯，以便为监狱培养音乐骨干；三是在重大节日组织歌曲比赛活动，以使罪犯在唱歌中亲身体验音乐的魅力，陶冶自己的情操。

4. 影视剧评论活动。

影视剧以其曲折复杂的情节和剧中人物的命运强烈地吸引着罪犯，同小说相比，影视剧综合运用表演、文学、美术和音乐等多种艺术手段来反映现实生活，可称之为综合艺术。所以，观赏影视剧是一种较为复杂的审美过程。因此，各监狱应当在罪犯中设立影视评论小组，在教育改造部门的指导下，对一些有影响的剧目开展经常性的评论活动，以引导罪犯从"看看热闹解解闷"的初级审美情趣不断地向心灵教育的高层次发展。

5. 书画活动。

我国的书法艺术、绘画艺术具有悠久的历史，其独特的审美价值更为世界所称道。书法、绘画以线条、色彩、空间等视觉形象作用于罪犯的眼睛和大脑，对其艺术的欣赏应更多地去联想。要支持、鼓励那些书画爱好者在实践中不断提高水平。同时，把他们的作品拿来办书画展览，以逐步激发罪犯对书画美、绘画美的审美情趣，提高审美水平。

6. 演讲活动。

演讲活动是一种以口语表达为主，以姿势表达为辅的以理服人、以情感人的教育活动。它主要是说理，目的在于说服罪犯、教育罪犯。但其说理中又包含着情感，因而既有助于罪犯明辨是非、区别美丑，又有助于其升华感情、净化心灵。监狱罪犯演讲活动的主题应紧扣其思想改造，如责任、前途、家庭、社会等。同时，也可组织一些有悔改表现，改造突出的罪犯讲述其犯罪与改造历程，会收到很好的感染罪犯、教育罪犯的效果。

7. 环境建设活动。

环境美是现代生活美的重要内容。净化、绿化、美化监区环境，有助于培养罪犯对生活美的热爱，对行为美的追求，同时有助于罪犯的身心健康。而缺乏绿色的或脏乱差的环境，对罪犯的改造及行为美的养成无疑会起到一定的反作用。

■ 思考题

1. 试编制一份对罪犯进行法制和道德教育的教案。

2. 对罪犯进行文化教育有何意义？

3. 你认为应如何对罪犯进行职业技能训练？

4. 心理健康教育的方法有哪些？

■ 参考书目

1. 王秉中主编：《罪犯教育学》，群众出版社，2003 年版。

2. 杜雨主编：《监狱教育学》，法律出版社，1996 年版。

3. 刘世恩主编：《中国罪犯改造理论与实践研究》，吉林人民出版社，2002 年版。

4. 何鹏、杨世光主编：《中外罪犯改造制度比较研究》，社会科学文献出版社，1993 年版。

5．何为民主编：《罪犯改造心理学》，中国人民公安大学出版社，1997年版。

6．［美］克莱门斯·巴特斯勒著，孙晓雳等译：《矫正导论》，中国人民公安大学出版社，1991年版。

7．孙晓雳编译：《美国矫正体中的罪犯分类》，中国人民公安大学出版社，1992年版。

8．杨殿升主编：《监狱法学》，北京大学出版社，1997年版。

9．张凤仙、刘世恩、高艳著：《中国监狱史》，群众出版社，2004年版。

10．潘华仿主编：《外国监狱史》，社会科学文献出版社，1994年版。

11．叶澜著：《教育概论》，人民教育出版社，1999年版。

12．国务院新闻办公室：《中国改造罪犯的状况》白皮书，法律出版社，1992年版。

13．中华人民共和国司法部编：《亚太地区罪犯矫正与管理》，法律出版社，1992年版。

14．中华人民共和国司法部第79号令：《监狱教育改造工作规定》。

第七章
罪犯教育方法

内容提要

　　本章在系统阐述罪犯教育基本方法的基础上，重点阐述集体教育的形式和方法、个别教育形式和方法、社会教育形式和方法、辅助教育形式和方法、对罪犯进行心理测验与心理咨询的方法及具体应用。

重点问题

● 集体教育的形式和方法

● 个别教育的形式和方法

● 社会教育的概念、作用，社会教育的形式和方法

● 辅助教育的形式方法

● 罪犯心理测验量表的使用

● 罪犯心理咨询的主要形式及罪犯心理咨询技术

　　方法是完成任务、达到目的的手段。罪犯教育方法是监狱为实现罪犯教育目的而采取的各种教育活动的策略和手段。《监狱法》第 61 条明确规定罪犯教育应"采取集体教育与个别教育相结合，狱内教育与社会教育相结合的方法"。所以,在罪犯教育工作中,应坚持以马克思主义的思想方法为指导,以《监狱法》为依据,从监狱工作实际出发,采用行之有效的教育方法,实现罪犯教育目标。

第一节　集体教育

一、集体教育的概念、特点

（一）集体教育概念

集体教育是相对于个体教育而言的。集体教育是指对罪犯群体集中进行的，以解决普遍性问题为目的的思想引导、知识传授和行为养成教育活动。集体教育的受教育面较广，容易形成一定的声势和氛围，是一种普遍的、常用的罪犯教育形式。集体教育概念包含三层含义：一是明确教育目的，以解决罪犯普遍性问题为目的；二是明确教育对象是罪犯群体；三是指出教育途径——思想引导、知识传授和行为养成。集体教育不仅对于服刑罪犯共性问题的解决行之有效，而且还可以通过集体教育形式培养罪犯良好的集体观念和行为习惯，发挥罪犯群体的教育影响作用。

（二）集体教育的特点

1. 规范性。

集体教育规范性特点主要体现在：一是教育过程规范，集体教育活动目的明确，教育时间、地点、环境等方面要求严格，具有周密的计划，实施过程比较严谨；二是教育内容规范，针对服刑罪犯共性问题，向罪犯传递科学性、思想性、可靠性强的信息，有针对性地解决罪犯中存在的普遍性、共同性的问题；三是教育场所纪律要求严格规范，在集体教育过程中，罪犯必须依法遵守监规纪律，保持良好的教育秩序。

2. 权威性。

集体教育是依法进行教育的一种法定方法，权威性显而易见。除此，其权威性还体现在：一是组织形式具有权威性。集体教育面向罪犯群体，教育规格高，教育范围广，要求严格。特别是以监狱为单位的集体教育形式，声势大，气氛严肃。二是施教者身份具有权威性。或是监狱、监区领导或是聘请社会知名人士、政法部门权威人士，其影响力大，容易引起罪犯注意。三是教育内容具有权威性。施教内容政策性强，与罪犯切身利益密切相关，对罪犯具有相当的吸引力。

3. 高效性。

集体教育高效性特点主要体现在信息传播过程中。一是传播速度快；二是受教育面广；三是教育影响力大，效果突出。

二、集体教育的形式和方法

（一）集体教育的形式

1. 课堂式教育。

课堂式教育是指在教室以班级授课的方式，按照制定的教学计划对罪犯进行教育。对罪犯进行思想政治教育、文化知识教育和职业技术教育多采用这种形式。

2. 会议式教育。

会议式教育是指由专人就一定专题对罪犯群体进行宣讲或展开研讨的集体教育形式。这种教育形式比较灵活，教育内容相对独立，针对性强。适用于各种动员、总结、宣讲政策、表彰等。

3. 队列式教育。

队列式教育是指通过列队训练、体操表演、队前训话、讲评等方式对罪犯进行教育。这种教育形式生动活泼、时间短、见效快，强制性、规范性突出。

4. 体验式教育。

体验式教育是指让罪犯直接接触特定的情境进行教育的方式。例如走向社会参观、观看展览、观摩教育片、走访受害人等等。体验式教育方式比较生动、直观，容易激发罪犯的情感，促其自我醒悟。

（二）集体教育的方法

1. 讲授法。

讲授法是教育者用语言向罪犯口头传授知识的方法，是通过系统地阐述政治、法制和道德观点，讲解科学文化知识和生产生活技能等，提高罪犯认识水平、知识技能水平和思想觉悟的一种方法。讲授法是在集体教育中应用最广泛的一种方法，它是课堂式教育形式的具体体现。上课、报告、讲座都是由主讲人通过单向交流的方式向罪犯传递信息，这种方法既适用于正规化的思想教育、文化教育和技术教育，也适用于专题性的社会帮教活动、法制认罪教育和形势政策教育。讲授法是一种对罪犯进行面对面的教育所采用的方法，涉及面广，影响范围大。因此，运用讲授法教育罪犯应注意以下几点：一是讲授内容要科学、准确，紧紧围绕监狱"核心"工作，观点鲜明，注重知识性、趣味性、思想性，传递的信息必须翔实可靠；二是选好主讲人，根据讲授的内容和组织形式，确定主讲人；主讲人要认真备课，围绕活动主题，注意把握讲授知识的重点、难点，要了解罪犯的实际改造表现，有的放矢，切忌大道理似的空洞宣教；同时，在讲授内容的深度上要符合罪犯实际，考虑到罪犯的年龄特征和认知水平，应注意到罪犯的可接受程度，照顾到不同层次的罪犯，由浅入深，达到重点突出、立论正确、结论肯定；在讲授过程中，还应注意到语言艺术，恰当运用体态语，增强语言的感染性，力求语言明白、准确、生动，所用语句符合罪犯接受水平；三是做好教育现场的教学管理，教育罪犯端正态度，严守课堂纪律，明确学习要求，并做好考核。

2. 讨论法。

讨论法是在监狱民警的组织下，按照一定的要求，组织罪犯就某些问题发表见解，互相启发，共同提高思想认识的方法。讨论法多是在课堂讲授、报告、专题讲座之后，及时组织罪犯开展深入讨论。讨论法的运用，可以澄清罪犯模糊的是非观念，有助于帮助他们分清是非、善恶，促使他们矫正错误观点和思维方式，进而端正改造态度。讨论法是一种多向交流的方法，它与讲授法的区别在于：讲授法是单向交流，罪犯处于被动接受的地位，讨论法可以让罪犯就某一问题发表自己的见解，可以相互启发，有助于发挥罪犯的主观能动性，还可在讨论过程中培养罪犯的钻研精神和对问题的独立思考能力、语言表达能力，并通过相互交流，建立自信心。采用讨论法教育罪犯应注意的问题：一是讨论前的精心准备。监狱民警要根据教育目的拟定讨论的题目，确定讨论内容，并要事先召开罪犯小组长会议，作具体布置，提出明确要求和交代要注意的事项。二是在讨论时，监狱民警要注意调动罪犯参与讨论的积极性，要深入讨论小组，适度参与并引导，发挥教育者的主导作用。引导罪犯讨论共同关注的问题时，注意谈话的中心和方向。当罪犯对某些现象难以把握或对某个问题的认识分歧过大而影响讨论顺利进行时，要及时、适当地予以引导，要给罪犯提供适当的解释。在解释时，注意表达要简要、通俗易懂，联系罪犯实际深入浅出，避免空洞说教。三是监狱民警在讨论结束后要做讨论总结，肯定正确的认识，否定错误的说法。

3. 榜样示范法。

榜样示范是以英模、榜样影响罪犯的思想意识、情感和行为的一种集体教育的方法。用榜样示范可以避免罪犯对抽象教育产生厌烦、不理解情绪。榜样的示范效应可以增强罪犯教育的说服力和感染力。运用榜样示范法教育罪犯，应注意以下几个问题：一是榜样的选择要贴近罪犯实际，要选择那些对罪犯影响较大，威信较高，容易引起罪犯共鸣的。二是要注意加强指导，适时引导罪犯与榜样对比，及时对罪犯良好行为进行表彰、奖励，增强榜样的影响力。

三、运用集体教育方法应注意的问题

第一，集体教育活动前的准备要充分，包括：选好主讲人，主讲人的权威、知识、表达对罪犯的影响力等方面均应考虑到；确定好教育内容，教育内容要与罪犯实际需要相适应，要符合绝大多数罪犯的需要，认真组织教育材料，增加知识性、趣味性和实效性。

第二，要营造良好的集体教育氛围。做好宣传工作，造好声势，保持教育场所的严肃性，充分发挥隐性教育功能。

第三，集体教育形式多种多样，要注意组织后续教育活动，把集体教育与其他教育形式结合起来，诸如互动讨论，写学习心得、感想等，促使罪犯能更深入的理解教育内容。

第四，重视集体教育过程的控制，保证集体教育秩序，充分发挥集体教育效能。

第二节　个别教育

一、个别教育的概念、特点

（一）个别教育概念

个别教育是相对集体教育而言的。个别教育是指罪犯教育工作者针对罪犯个体的特殊问题而采取的一种单独的面对面的思想影响、情感沟通和知识传授的教育活动。

个别教育是我国监狱民警做好罪犯思想转化工作的优良传统和成功经验。多年的监狱工作实践证明，个别教育在转化罪犯思想、矫正罪犯恶习，改造罪犯成为守法公民工作中发挥了极其重要的作用。在新的历史时期，个别教育得到进一步丰富、发展和完善，并以法律的形式加以确定。

（二）个别教育的特点

1. 教育内容符合罪犯实际，针对性较强。

罪犯个体无论在人格特征、犯罪经历、刑期、改造表现等方面存在差异，即使同一罪犯在不同的改造阶段也会存在差异，只有掌握不同罪犯或同一罪犯在不同改造阶段的情况，才能真正做到因人施教、对症下药、量体裁衣。对罪犯进行集体教育只能解决罪犯共性问题，大面积的问题，对于不同罪犯存在的个性问题只能通过个别教育方法来解决。不同问题的解决必须用不同的教育内容和教育方法。在教育过程中，个别教育是"看锁配钥匙"、一对一、面对面的针对性较强的教育活动。

2. 教育方法因人而异，灵活性强。

罪犯在服刑改造期间，在生活、劳动、学习过程中随时随地会暴露其错误的思想，会表现不良的行为。监狱民警可以根据罪犯不同的实际情况，在第一时间、地点，运用个别教育的形式方法，及时给予教育引导，及时有效地解决问题。例如：个别谈话、感化启发、警戒法等。同时，监狱民警可以根据问题的轻重缓急等实际情况，区别对待，灵活掌握，避免一刀切，走形式。

3. 教育过程心理交融，沟通性、情感性强。

个别教育是面对面、一对一的直接交流，它缩短了教育双方的心理距离，双方可以在面对面的交流中谈出个人的看法，道出自己的心声，感情能在零距离条件下迅速交流。监狱民警以教育改造罪犯灵魂工程师的"大爱"情怀对罪犯进行教育，在沟通交流中能及时了解、掌握罪犯的心理变化，及时对他们产生心理影响。由于是一对一的直接接触，有利于打消罪犯的担忧、恐惧心理，有利于罪犯问题的解决，有利于罪犯对监狱民警产生信赖感，进而增强改造信心。

4. 教育效果显著，稳固性强。

个别教育更多的是双向交流。双方可以进行激烈的思想交锋，既有无情的批判、批评、指责，也有思想上的疏通，行为上的引导，更有心理上的慰藉、生活上的关怀。个别教育的针对性、灵活性、渗透性、心理相容性强等特点，决定个别教育对罪犯心理影响比较深刻、比较彻底。个别教育虽然耗时、费力，但一旦奏效，更经得起时间的检验，效果相对比较稳定。

二、个别教育的作用

(一) 有利于罪犯个别性问题的解决，有效改造落后罪犯、顽危罪犯

辩证唯物主义认为，任何事物都是共性与个性、一般与个别、普遍性与特

殊性的统一，都包含着矛盾的特殊性，马克思主义最本质的东西，马克思主义活的灵魂，就在于具体分析具体的情况。具体的情况就是指矛盾的特殊性。集体教育主要解决罪犯群体中的共性问题，不可能针对每个罪犯的具体情况进行深入细致的思想教育工作。在罪犯教育工作中，每个罪犯的违法犯罪性质、文化程度、人格特征、年龄等方面存在很大差异，即存在矛盾的特殊性。所以必须具体问题具体分析，因人施教，对症下药。个别教育是针对个体罪犯实施的教育，都有效地弥补了集体教育的不足，它无论是在教育时间上，还是在教育内容方面，是集体教育的补充和深化。通过个别教育，能够及时了解罪犯深层次的思想动态，发现问题，有利于把握罪犯思想脉络，抓住思想症结。个别教育还可以通过某一罪犯了解其他罪犯的思想状况，掌握监内狱情动态，及时有效采取相应措施。个别教育对落后犯、顽危罪犯的教育改造效果更为突出。个别教育能够了解他们心理上的死结，并能够最大程度帮助他们解开心理上的死结。监狱民警在个别教育中可以及时发现他们身上的"闪光点"，迅速找到转化他们的关键处。对他们的良性行为给予及时的鼓励肯定，使其"闪光点"不断发扬光大；对他们的错误行为、违法违纪行为给予坚决否定，使其对错误产生深刻反省。总之，通过个别教育可以帮助罪犯逐步克服消极因素，可以激发罪犯的改造信心和勇气，调动其改造积极性，达到思想转化的目的。"如果把集体教育比作粗加工，分类教育是深加工，那么，个别教育则是精加工，是精雕细刻。"[1]

（二）有利于深入了解掌握罪犯的全面情况，掌握罪犯教育主动权

要使罪犯教育取得成效，监狱民警就必须牢牢掌握教育的主动权。个别教育是监狱民警掌握教育主动权的一把钥匙。罪犯教育工作是一项复杂并艰巨的工作，特别是在社会飞速发展的新的历史时期，犯罪形势日趋严峻，涉毒、涉黑、涉枪等重大、恶性暴力犯罪逐渐增多。同时随着反腐败斗争的深入，职务犯罪人员增多，高智能、高学历、高职务的罪犯群体正在形成。押犯构成的复杂化大大增加了罪犯教育工作的难度。服刑改造的罪犯整体上表现出身份意识淡化，抗改意识增强，反改行为多发的特点。由于罪犯本身的特点和其对教育影响的选择，过去许多行之有效的手段对罪犯失去应有的效力。面对如此复杂的现象，监狱民警就必须不断地深入实际，了解罪犯的思想动态及各种新情况，通过个

---

[1] 高莹著：《矫正教育学》，教育科学出版社，2007年版，第196页。

别教育，抓住罪犯思想症结，通过激烈的思想交锋，开启罪犯心扉，促其思想转变。同时，根据掌握的情况及罪犯思想的发展趋势还可以作出预测，做好防范工作，防患于未然，牢牢掌握教育的主动权。

（三）有利于完善罪犯教育手段，深化集体教育和分类教育

集体教育和分类教育主要解决罪犯群体所存在的共性问题，集体教育的突出特点是高效性，可以在单位时间内向多人同时传递信息，对众多罪犯产生影响，但也存在着一定的教育缺陷，由于集体教育必须面对罪犯群体，因此在教育内容的选择、难度、进度等方面必须考虑到大多数罪犯的接受水平，这便无法照顾到罪犯的个别差异，不能针对每个罪犯的情况进行深入细致的思想工作。个别教育方法的运用，正好弥补集体教育的上述不足，它不仅在教育时间上进行补充，而且在教育内容和做法上也使集体教育进一步深化。只抓集体教育，往往会使工作流于一般化，不利于击中罪犯个体思想要害，还会使集体教育效果大打折扣。为了避免这一问题发生，在教育实践中，必须将集体教育与个别教育有机结合起来，既要照顾到多数罪犯的共性问题，同时也应注意到个别罪犯的个性问题。从这个意义上说，个别教育是集体教育的补充和深化。

（四）有利于罪犯与监狱民警之间的思想沟通，缓解或消除双方对立情绪

管与被管、教与被教本身是一对矛盾，罪犯入监后，往往会产生疑惧心理和对立情绪。特定的角色，原有的犯罪心理，与监狱的规范要求，与监狱民警的教育内容格格不入。在处遇、奖惩等问题上常常和监狱民警发生矛盾，产生消极甚至是对立的情绪。这种对立情绪如果不能及时得到消除，很容易泛化到罪犯的行为当中，不仅会严重影响罪犯的改造积极性，有时甚至会导致罪犯破罐破摔或铤而走险。运用个别教育的方法，监狱民警直接与罪犯接触，进行深入的思想沟通，动之以情，晓之以理，以情感人，以理服人，让罪犯了解实情缘由，明白其中的道理，理解监狱民警的良苦用心，使其感受到监狱民警的关心爱护，消除其对立情绪，促其积极改造。

（五）有利于提高监狱民警素质，提高改造质量

个别教育是监狱民警与罪犯短兵相接最直接的面对面的教育，在一定意义上说是面对面的心理战、能力战、知识战。开展个别教育不仅要求监狱民警具有丰富理论知识，还要有较丰富的社会经验及分析、论辩、演讲等能力。

同时要具备清正廉明、秉公执法、为人坦诚、忠实守信的人格魅力。随着个别教育工作的深入发展，个别教育工作取得了显著成果，监狱对个别教育工作予以高度重视，个别教育能手不断涌现。监狱改造罪犯工作的客观现实，要求广大罪犯教育工作者必须不断地加强学习，提高自身的政治素质和业务能力，适应教育改造罪犯工作的需要。这就从客观上起到了提高监狱民警素质的作用。

三、个别教育中罪犯心理

（一）防御心理

罪犯的防御心理在服刑中的突出表现是对监狱民警存有戒心，谈话拘谨，不暴露自己的真实想法，不愿正面回答监狱民警提出的问题。

（二）试探摸底心理

个别教育前，罪犯不知监狱民警找其谈话的内容，特别是有余罪和有违反监狱纪律行为的罪犯，一听到监狱民警要找其谈话，心里更是忐忑不安。在个别谈话教育时，往往是心神不定，惶恐不安。

（三）轻视抵触心理

有些罪犯无悔改之意，把个别谈话理解为过筛子，抱着看破红尘、混刑熬日心理；也有的罪犯受到批评后，心怀不满，片面认为个别谈话是监狱民警看其不顺眼，因而产生对立情绪。

（四）懊丧心理

改造表现好，在罪犯中有一定威信的罪犯，偶尔违纪，自责心较为强烈，心情比较沉重，后悔莫及。因而监狱民警找他个别谈话教育时懊恼悔恨，垂头丧气。

四、个别教育与集体教育的关系

教育改造罪犯既离不开集体教育，又不可忽视个别教育，二者相辅相成，共同作用于罪犯，《监狱法》第 61 条明确规定了罪犯教育"采取集体教育与个别教育相结合"的教育方法。

首先，二者联系极为密切。集体教育主要是解决罪犯群体的共性问题，个别教育则是针对个别问题的解决。集体教育可为个别教育的开展创造条件；个别教育可为集体教育开展打下良好的思想基础。特别是在集体教育后，开展个别教育可以使集体教育效果得到深化；个别教育又可为开展集体教育提供素材。

其次，集体教育与个别教育的对象、内容、作用等存在差异，二者不可互相取代。只有把二者有机地结合起来，充分发挥各自的教育作用，互相补充，互相促进，形成教育合力，才能收到良好的教育效果。

五、个别教育的方法

实践中个别教育的主要方法即谈话法。

（一）谈话法含义

谈话法是指监狱民警从罪犯的实际出发，有目的地找罪犯进行个别教育，面对面的与罪犯交流思想观点和情况，以求解决其思想和实际问题的方法。

（二）谈话法的种类

1. 按照监狱民警在谈话中所处的地位，将谈话法分为约谈式谈话和接谈式谈话。

（1）约谈式谈话。约谈式谈话是指监狱民警主动与罪犯约谈的谈话法。这种谈话的方式是个别教育中主要的方式。约谈式谈话的特点是监狱民警作为谈话的主动方，是有计划、有目的的针对罪犯的实际找罪犯谈话，监狱民警居于主导地位。约谈式谈话目的性、针对性较强，属于进攻式谈话。罪犯作为被约谈话的个体，处于被动地位。

对罪犯使用约谈式谈话法进行教育，应注意以下几点：一是把握约谈时机。在改造实践中，干警找罪犯谈话是一项经常性的工作，适用于任何一个罪犯的思想转化工作。2003年6月3日，部长办公会议审议通过的《监狱教育改造工作规定》第17条规定，罪犯有下列情形之一的，监狱民警应当及时对其进行个别谈话教育：（一）新入监或者服刑监狱、监区变更时；（二）处遇变更或者劳动岗位调换时；（三）受到奖励或者惩处时；（四）罪犯之间产生矛盾或者发生冲突时；（五）离监探亲前后或者家庭出现变故时；（六）无人会见或者家人长时间不与其联络时；（七）行为反常、情绪异常时；（八）主动要求谈话时；（九）暂予监外执行、假释或者刑满释放出监前；（十）其他需要进行个别谈话教育的。二是谈话前要做好充分准备。明确谈话目的，理清谈话思路，围绕找谁谈——为什么谈——谈什么——谈话达到什么目的制订谈话方案。并根据谈话内容做出预案，应对谈话中可能出现的情况。三是在谈话中注意运用谈话技巧，努力营造谈话氛围。由于罪犯在约谈式谈话中处于被动地位，疑虑、防范心理较突出，监狱民警在谈话中必须尊重罪犯人格，加强情感沟通，拉近双方距离，使罪犯能敞开心扉，表露自己的真实心理状态。在谈话中允许罪犯阐述自己的意见和看法，保留自己的观点，坚持以理服人，不武断，不搞形式主义。四是要注意及时总结、反思、衡量谈话效果，同时制订下一步教育方案。

（2）接谈式谈话。接谈式谈话是指罪犯主动要求谈话，监狱民警接谈的谈话法。接谈式谈话的特点是监狱民警处于被动的接受谈话的地位，且谈话对象不确定，谈话目的不明确，谈话内容相对比较复杂，接谈干警准备不充分。接谈式谈话属于转守为攻型的谈话。

做好接谈式谈话应注意以下几点：一是及时接待，真诚对待，不可推诿，端正谈话态度，尽可能的变被动为主动；二是认真倾听，迅速摸清罪犯谈话意图，合理运用倾听艺术，及时反馈，引导罪犯说清谈话意图，分析罪犯谈话内容，尽快对罪犯所谈问题作出判断；三是区别情况，妥善处理，或是继续谈下去，或是约定时间再谈，切忌拒绝谈话、轻易下结论或草率结束谈话。

2. 按谈话的内容划分，可分为批评式谈话、激励式谈话、疏导式谈话和制服式谈话。

（1）批评式谈话。批评式谈话是个别教育中经常使用的一种谈话方式。批评式谈话是针对那些有明显违纪行为和有错误言论的罪犯，直接提出批评的谈话法。批评谈话的目的是否定和纠正罪犯的错误言行，表明监狱民警的立场、观点和态度，维护正常的改造秩序。进行批评式谈话要注意以下几点：一是实事求是地分析罪犯犯错误的原因，不要以点带面，简单粗暴，全面否定。要通过摆事实，讲道理的方式循循善诱地进行批评；二是要尊重罪犯人格，保护其自尊心，注意批评的场合、时间及语言；三是注重策略，根据批评对象个性特征采用暗示批评或直接批评的方式；四是在批评过程中尽量避免一言堂地说教，要允许罪犯申辩，给他们澄清事实的机会。

（2）激励式谈话。激励式谈话是对罪犯的行为或某一"闪光点"给予肯定或表扬，使他们得到鼓励，在希望中转化的谈话法。激励理论认为："激发动机的因素有两类：一类是保健因素，如改善环境条件、维持人际关系等，它起着防止个体产生不满意情绪的作用；另一类是激励因素，如认可、赞赏、给予较高的期望等,它使个体产生满意感,并作出最好的表现。"激励理论告诉人们,要充分发挥罪犯教育的作用,培养罪犯的自尊心、责任感,提高罪犯的认识水平,转变罪犯的自我意识,就要充分发挥激励因素的作用,对罪犯细微的良性变化要及时给以肯定、鼓励及引导,尤其是那些顽劣犯、改造表现不好的罪犯,自卑心理尤为突出,最怕被人看死、看扁。在个别教育中,不能一棍子打死,要善于发现罪犯身上的"闪光点",要时刻让罪犯看到希望,让他们在明确自身改造问题的同时,也能看到自身的优点,也能学好,让罪犯在希望中改造。在谈话中,对罪犯的改造情况要给予肯定,对罪犯的改造表现要给予评价,让罪犯知道自己改造进步的情况,从而使他的改造态度和方法得到强化,激起进一步改造好的愿望。同时,通过谈话,在激发其上进心的同时,又可以使罪犯看到自己的缺点、错误,产生克服缺点、错误的意愿,形成改造行为的良性循环。

(3)疏导式谈话。疏导式谈话是监狱民警针对罪犯的思想问题和不良行为进行说理、疏通和引导的谈话法。

罪犯在服刑过程中,经常会出现这样或那样的心理症结,也可经常产生偏差行为。在罪犯教育工作中,解决罪犯的心理矛盾、心理问题及心理冲突的最好方法是进行疏通引导。"塞则不通,疏能畅通"。监狱民警要经常分析罪犯的思想状况,仔细观察罪犯的行为表现,一旦发生异常,要主动及时地找罪犯个别谈话,进行疏导,在疏通中引导,在引导中疏通,把思想工作做在前头,把问题消灭在萌芽状态,避免不良行为的发生。运用疏导式谈话法,一是要求监狱民警要善于发现罪犯的思想问题,做到主动、及时。二是要求监狱民警要联系罪犯实际,比如个性特征、具体的问题进行疏导,不能操之过急。三是要求监狱民警要耐心、态度真诚,逐步引导。四是允许罪犯反复,反复时要循序善诱启发引导。

(4)制服式谈话。制服式谈话是对违规违纪或重新犯罪的罪犯拒不认错、认罪,在掌握确凿证据前提下给予严辞揭露,使其不得不低头认错、认罪的谈话法。这种谈话的特点是突出揭露,语言犀利,不留情面,步步紧逼。这种谈话的作用是能够有效地削弱或打消罪犯的抗改气焰,挫其锐气,瓦解其侥幸心理。运用制服式谈话方法,一是要注意掌握确凿证据。二是要认真分析罪犯产生错误的行为或重新犯罪的行为的主观动机、客观原因。三是要抓住罪犯心理,击中要害。四是谈话中的语言及政策把握要准确,运用要灵活。

除以上介绍的几种谈话法外,还有启发式、感化式、警戒式等多种谈话方法，在罪犯教育实践中，只有根据具体情况，有效运用各种谈话方式，才能使个别教育更加具有针对性、适应性，才能取得较好的教育效果。

六、运用个别教育法应注意把握的几个环节

（一）要掌握情况，设计方案，把握个别教育的最佳时机

对罪犯进行个别教育，必须全面掌握教育对象的各方面情况，对罪犯的思想状况、年龄、性别、文化水平、个性特征等进行全面分析，设计出个别教育的实施方案。谈话时机应选择在最有效、最容易产生关键性作用的时间与机会。一般来说，个别教育最佳时机包括：一是在改造中有成绩受到表扬、奖励时。二是在改造中遇到困难、挫折或考核分低，需帮助、关心时。三是家庭中的生活事件影响罪犯情绪时。四是调换改造环境，思想、情绪产生波动时。五是改造中出现违规、违纪，需要及时查明、解决时。六是受到不公正待遇，需要公平处理、伸张正义时。除此之外，应根据具体情况因人、因时、因地制宜，及时准确地抓住最佳时机，取得事半功倍的效果。

（二）要循序渐进，切忌急于求成

对罪犯的个别教育是一种有计划、有准备、有目的、有针对性的教育，它具有潜在性、复杂性、长期性等显著特点。教育者要及时了解掌握罪犯情况，经常深入罪犯三大现场，随时注意观察罪犯在学习、劳动、生活中的表现，对罪犯存在的问题要认真分析和处理。对罪犯进行个别教育的时候，要有耐心、信心，不能指望经过一两次的个别教育，就能让罪犯发生质的变化，要做到一步一个脚印，切忌急于求成。

（三）要多一些宽容和理解，多一些赞美和鼓励

在对罪犯进行个别教育时，要在法律允许的范围内，多一些理解和宽容。理解和宽容不仅可以消除监狱民警与罪犯之间的一些隔阂，减少一些不必要的误会，还可以化解双方的矛盾，让罪犯感到温馨，感到世界原来如此美好，树立复新做人的自信；在对罪犯进行个别谈话教育时，注意多使用一些赞美和鼓励的言语，赞美和鼓励会对罪犯起到鼓舞和激励的作用，能够激发罪犯的潜能和积极性，使之内心产生美好和喜悦的情感，同时可以减少罪犯的恐惧感。

（四）要注重个别教育内容与语言相统一

谈话内容要注重实际，既要言之有理、有据、切中要害，又要符合罪犯的

接受能力和个性特征。语言表达既要生动、易懂，又要是非分明、褒贬有度，尊重罪犯人格，不说大话、假话、脏话。

第三节　社会教育

社会教育是教育改造罪犯的一个重要手段和方法。《监狱法》第61条明确规定，教育改造罪犯要实行"狱内教育与社会教育相结合的办法"。这一规定，使社会教育有了明确的法律依据。

一、社会教育的概念、作用

（一）社会教育的概念

社会教育的概念有广义和狭义两种。广义的社会教育是指一切社会生活影响于个人身心发展的教育。狭义的社会教育是指"学校以外的一切文化教育设施对青少年、儿童和成人进行的各种教育活动"。[①]

对罪犯的社会教育是一种特殊的社会教育，它是指监狱利用社会各方面的力量，共同参与、影响、转化罪犯思想的一种教育活动。

（二）社会教育的特点

1. 教育主体的多样性。

狱内教育是利用监狱内的师资、设施对罪犯实施的各种教育，具体的教育主体是单一的监狱民警；社会教育是依靠社会力量对罪犯进行教育，教育主体不是单一的，而是多方面的。除监狱机关外，政法机关、人大、政协及工、青、妇、团等群众团体，社会知名人士、罪犯家属、改过自新的刑满释放人员等。他们都是社会教育的参与者，具有广泛的代表性，强大的社会帮教群体与监狱机关共同努力，才能取得更好的罪犯教育效果。

2. 教育活动的开放性。

传统的罪犯教育具有封闭性特点，教育主体单一，教育场所只是局限于监狱。社会教育改变了传统的教育形式，无论是邀请有关领导、社会知名人士、罪犯亲属到监狱对罪犯进行面对面的启发教育，还是组织罪犯到社会上参观、

第七章

166

①王秉中主编《罪犯教育学》，群众出版社，2003年版，第245页。

学习、汇报演出等，都是监狱走向开放的具体体现，是社会了解监狱、关注监狱工作的一个重要形式。

3. 社会教育形式、内容的灵活性。

"走出去"、"请进来"、签订帮教协议等多种形式，开展丰富多彩的教育活动，极大地丰富了狱内教育形式和内容，有利于调动罪犯改造积极性。灵活多样的罪犯教育形式，必将对罪犯教育工作起到促进作用。

（三）社会教育的作用

1. 发挥罪犯教育的综合优势，增强罪犯改造信心。

监狱作为刑罚执行机关，其法定职能就是惩罚改造罪犯。但是，改造罪犯仅仅依靠监狱自身的力量是不够的，必须是多途径、多渠道对罪犯施以综合影响，把狱内强制性教育与社会上多形式、多内容的教育有机地结合起来，借助政法各部门、社会团体、罪犯亲属各方面的力量，群策群力、优势互补。借助社会力量对罪犯进行教育不仅极大地丰富完善了罪犯教育体系，发挥综合优势，还可以不断增强罪犯的改造信心。"走出去"、"请进来"的社会教育形式能够使罪犯体悟到国家和社会的温暖，让他们仿佛回到家庭和社会的怀抱，直接感受到亲人的态度、社会的态度。真诚的关怀、殷切的希望，能极大地调动罪犯的改造积极性，并使其在希望中加速改造。

2. 增强社会各方面的责任感，促进监狱工作的整体发展。

《监狱法》第 68 条规定："国家机关、社会团体、部队、企事业单位和社会各界人士以及罪犯的亲属，应当协助监狱做好罪犯的教育。"这是监狱能够获得社会各方面支持的法律依据。社会教育工作的开展，有助于社会各方面明确对罪犯教育的责任、义务，有助于他们对监狱工作宗旨的理解，有助于对监狱民警光荣使命和艰苦的工作条件的进一步了解，从而促使社会各方面对监狱工作给予大力支持，有利于形成全社会支持、参与，全体公民关心、帮助罪犯转变的齐抓共管的监狱工作新格局，从而推动监狱工作全面发展。

3. 符合罪犯思想转变规律，加快罪犯再社会化进程。

罪犯因受到刑罚处罚被强制离开原来的工作、生活环境，到监狱服刑，他们最渴望的是家人的理解、社会的接纳。当罪犯对自己的罪行有了一定的认识，产生了悔改的意愿和重新做人的行为时，最担心的就是家人和社会的抛弃。社会教育能够使罪犯及时感受到时代信息，开阔罪犯视野，感受到社会对他们的关怀和信任，亲人的理解和期望，从而激发罪犯改造的积极性，使罪犯再社会化进程得到有效的推进。

二、社会教育的形式和方法

社会教育的主要形式包括："请进来"、"走出去"、签订帮教协议、社区矫治。

（一）"请进来"

"请进来"是监狱根据改造罪犯的需要，有目的的邀请狱外社会力量对罪犯进行帮助和教育。[①]这是目前我国监狱在利用社会力量改造罪犯工作中运用最广泛的一种形式。具体形式包括：

1. 规劝引导。

主要是利用罪犯的亲属，或是同事、朋友以及邀请社会上的有关人士，对罪犯进行劝告，鼓励其重新做人。主要包括：

（1）亲属规劝。罪犯亲属、朋友参与帮教，进行规劝是转化罪犯思想的有效方法。罪犯与亲属具有血缘关系、经济关系和情感关系，因而情感相容，互相信赖，认同感较强，亲属规劝，罪犯逆反心理相对差一点，比较愿意听，接受的比较快。在罪犯教育实践中，常常遇到这样的情况，罪犯思想上出了毛病，监狱民警多次教育未能见效，而通过家属规劝，毛病就治好了。亲属规劝的主要方式是接见和通信。要发挥好亲属规劝的作用就要从接见入手，利用罪犯亲属接见的机会，主动与罪犯亲属联系，取得他们的信任和支持，并做好充分准备，将罪犯改造表现情况如实向罪犯亲属介绍，使他们明确规劝内容和要求。对那些亲情关系淡漠的罪犯及亲属，主动与他们联系，用真情感化他们，促使他们改善关系，关心帮助罪犯改造。除此之外，要鼓励罪犯及亲属多通信、多沟通，经常开展"一封家书"活动，将罪犯亲属的规劝信件有选择地进行宣传，让其他罪犯受到教育。

（2）社会人士规劝。邀请包括各级党政机关的领导、社会先进人物、被害人、一些在社会上取得成绩的刑满释放人员来监狱进行帮教活动。社会人士来监作报告，事先要向他们说明罪犯的有关情况，根据罪犯教育计划，提出报告内容和要求，例如，政策法律的内容宣传、解读，爱国主义专题报告，先进事迹报告，心理咨询、辅导等，报告时，要向罪犯简要介绍报告人的身份，使罪

[①] 王秉中主编：《罪犯教育学》，群众出版社，2003年版，第256页。

犯更好地接受规劝教育。

（3）单位团体规劝。邀请社会上的企事业团体来监狱探望罪犯，对罪犯进行思想教育。监狱要热情接待，向他们介绍监狱改造罪犯的实际情况，组织他们与罪犯交流、座谈，给予规劝教育。

2．榜样示范。

以典型人物的先进事迹去影响罪犯的思想和行为的教育方法是最有感染力和说服力的社会教育方法。邀请先进模范英雄人物对罪犯进行榜样示范，不仅使罪犯知道和理解典型人物的具体言行，而且能够以正压邪，纠正罪犯反面的、落后的错误认识。选择榜样可以是党中央和人民政府号召全国人民学习的英雄人物，也可以是回归社会后，做出突出贡献受到政府奖励的刑满释放人员。后者由于同罪犯有着共同的经历，他们用自身的经历体会来鼓励、影响罪犯，具有很强的说服力和教育作用，在罪犯中的影响、震动大，效果好。

（二）"走出去"

"走出去"就是有计划地组织罪犯走出监狱到社会接受教育。"走出去"是充分利用社会资源开展罪犯教育工作的一种有效方法，它在一定程度上弥补了狱内教育的不足。具体包括以下几种方式：

1．组织参观。

组织部分罪犯参观经济建设成就展，参观工厂、农村，参观博物馆、展览馆、纪念馆等地，接受社会主义和爱国主义教育，培养罪犯的集体主义意识和社会公德意识。

2．现身演讲。

组织部分改造表现突出的罪犯到社会上向党政机关、企事业单位、学校汇报改造表现，进行现身说法，进行悔罪演讲。现身演讲不仅对社会起到警示教育作用，同时对罪犯自身思想改造也是一次深刻洗礼。

3．汇报演出。

组织罪犯艺术团到社会上进行演出，在对社会公众进行法制教育的同时，罪犯也感受到了社会的发展变化，从而受到了形势教育。

4．离监探亲激励。

按照《监狱法》的规定，准许符合条件的罪犯回家探亲。利用罪犯探亲的机会，请罪犯家庭所在地的有关部门领导、亲属对罪犯进行教育，加速罪犯改造步伐，促其早日获得新生。

5. 亲情电话沟通。

通过亲情电话，罪犯可以间接了解社会信息，了解亲人生活状况，对自己的态度，利用亲情电话可以缓解罪犯郁闷心理，也会提升他们重返社会的自信心。

（三）签订帮教协议，建立帮教组织

签订帮教协议是社会教育的一个基本方法，是促使帮教活动经常化、制度化的一项重要措施。签订帮教协议是监狱与有关党政机关、基层组织或个人，为了正常开展社会帮教工作，明确各自的责任而订立的书面契约。签订帮教协议可以加强罪犯自我约束能力，增强签约方的督促、帮教罪犯的责任。帮教协议可以是监狱方主动签订，也可以是罪犯亲属、社区志愿者、单位等相关人员来监狱签订。帮教协议的主要内容包括帮教方承诺、监狱承诺及罪犯的保证内容等。如监狱要向帮教方提供罪犯的表现情况、提供帮教场所、时间及相应条件等；帮教方要定期通信、接见，稳定罪犯改造情绪，促使其积极改造；罪犯要保证认真接受帮教，定期汇报等。

（四）社区矫正

1. 社区矫正含义。

社区矫正是指将符合社区矫正条件的罪犯置于社区内，由专门的国家机关，在相关社会团体和民间组织以及社会志愿者的协助下，在判决、裁定或决定的期限内，矫正其犯罪心理和行为恶习，并促使其顺利回归社会的非监禁刑罚执行活动。

根据我国现行法律对于非监禁和行刑制度的有关规定，社区矫正的适用范围主要包括下列五种情况：（1）被宣判管制的罪犯。（2）被宣告缓刑的罪犯。3. 被暂予监外执行的罪犯，具体包括：有严重疾病需要保外就医的；怀孕或正在哺乳自己婴儿的妇女；生活不能自理，适用于暂予监外执行不致危害社会的。（4）被裁定假释的罪犯。（5）被剥夺政治权利，并在社会上服刑的罪犯。

2. 社区矫正与监狱矫正的异同。

（1）相同点：一是性质相同。社区矫正与监狱矫正都是以国家强制力为保障的刑罚执行活动，是根据权力机关作出的发生法律效力的判决、裁定或决定，依照法定程序，将确定的刑罚付诸实施的刑事司法活动。二是目的相同。社区矫正与监狱矫正都是以将罪犯改造成为守法公民、预防和减少犯罪、维护社会稳定为最终目的。三是功能、手段相同。社区矫正与监狱矫正都是具有执行刑罚、改造罪犯的功能，主要矫正手段都是管理、教育、劳动等。

（2）不同点：一是矫正环境不同。监狱矫正在监狱环境下进行，它以剥夺罪犯人身自由为前提；社区矫正是将矫正对象放到社会上进行矫正，它以限制矫正对象人身自由或剥夺政治权利为前提。二是矫正主体不同。监狱矫正主体是监狱民警，而社区矫正的主体是社区矫正组织。三是矫正方式不同。监狱矫正主要是通过狱政管理、三课教育、社会教育、心理矫治、生产劳动等方式进行；社区矫正依托并充分利用社会资源对矫正对象实施矫正。

从以上分析可以看出，社区矫正不论是社会力量介入的深度、广度和形式多样性上，都是监狱矫正无法实现的，充分体现出教育场所开放性、教育主体多元性的特点。

3. 社区矫正的目的。

社区矫正的根本目的是预防犯罪，维护社会稳定，实现国家的长治久安；直接目的是通过社区矫正组织进行的社会化教育，使罪犯适应并顺利回归社会；间接目的是通过社区矫正，增强社区公民的法律意识和社会责任感。

4. 社区矫正的意义。

一是开展社区矫正可以充分利用社会资源，加快罪犯融入社会进程。社区矫治可以充分利用社会资源。一方面，通过依法扩大非监禁刑的适用，将那些不需要、不适宜监禁或者继续监禁的罪犯放在社区中执行刑罚，可以减少押犯数量，以利于监狱集中力量对那些只有通过监禁才能改造的罪犯的教育改造；另一方面，在进一步加强和完善非监禁刑罪犯监管措施的基础上，大力开展有针对性的、社会化的社区矫正活动，使社区服刑人员在相对宽松的环境下进行改造，加快融入社会进程，避免重新犯罪。二是开展社区矫正有利于提高罪犯改造质量。刑罚的最终目的就是将罪犯改造成为守法公民。实施社区矫正，为罪犯创造了极为宽松的改造环境，解除了高墙电网的束缚，罪犯可以不脱离自己的家庭，继续基本正常的社会交往生活，并能最大可能地承担家庭和社会的责任。社区矫正在此基础上进行的心理引导和行为规范，可以促使他们不断再社会化，形成健康人格，避免监狱教育可能出现的以消极服从、自信心与进取心丧失为特征的"监狱人格"的出现。社区矫正有利于调动罪犯改造的主动性、积极性，有利于提高罪犯教育质量，降低重新犯罪率。三是开展社区矫正是降低行刑成本的有效途径。把罪犯放在社区矫正，可以减少监狱押犯人数和国家对监狱运行的投入，降低行刑成本，缓解监狱改造的压力，使监狱能集中财力、人力、物力，矫正恶习深、社会危害性大的罪犯。实施社区矫正，还可以合理配置行刑资源，充分利用社会资源和社会力量，提高罪犯教育改造质量。

三、开展社会教育应注意的问题

（一）扩大社会帮教层面，积极探索社会帮教形式

罪犯是失去人身自由的人，从某种意义上说，是社会弱势群体，他们所面临的问题很多。因此，需要帮教的人也很多，有的是关于婚姻的，有的是关于财产的，有的是关于法律案件的，有的是关于自身心理健康的，还有关于刑释就业的，等等。这就需要社会形成一个家庭亲情帮教，社会名人帮教，社会志愿者结对帮教，部门企业安置帮教，专业人员法律、心理帮教等多种形式并存的全方位多层次辐射、齐抓共管的社会帮教体系，最大限度扩大帮教层面。同时，要创新帮教活动内容，提升帮教质量，追求帮教实效，防止帮教活动流于形式。把"请进来"与"走出去"两者结合起来，探索社会帮教活动新形式。

（二）建立一支以社会志愿者为主的专业化、高素质的社会帮教队伍

积极推进社会志愿者帮教活动，加强社会帮教活动组织管理，需要建立一支以社会志愿者为主的专业化、高素质的社会帮教队伍，有组织地定期与不定期开展形式多样的社会帮教活动。对监狱服刑罪犯进行帮教的人员，必须具有一定的帮教能力，不仅能用正确的思想引导罪犯，还能运用相关的法律知识帮助罪犯认识问题，并具有一定的文化修养和文明的言谈举止。社会应倡导、鼓励高等院校的大学生从事社会志愿者帮教活动。

（三）建立完善的社会帮教长效考核机制，确保帮教工作的成效

一是激活帮教工作内在机制，提升帮教工作的活力。制定并完善社会帮教工作制度，构建社会帮教工作长效机制的法律机制；强化社会帮教工作目标责任制，构建社会帮教工作长效机制的考核机制；二是保持帮教活动的正常化，建立常规化的帮教活动体制。如建立社会帮教日，开展"监狱开放日"活动等。

（四）监狱与社会劳动部门要充分合作，积极开展职业技术培训，做好刑释人员安置帮教工作

罪犯在刑满释放后遇到的最大的问题就是就业问题，能否解决刑释人员就业，不仅关系到刑释人员的生存，也是刑释人员是否会重新走向犯罪的关键所在。刑满释放后如何就业，一直是监内服刑人员普遍关注的热点。监狱与社会劳动部门可以合作，开办监内就业服务热线，举办现场就业指导、咨询、招聘会，并在条件成熟的监狱成立临时监狱人才市场，实现刑满就业直线服务，以切实为刑释人员解决出路问题。

运用社会力量参与对罪犯的教育改造，既是监狱交融社会的平台，又是社会了解监狱的窗口；既是提高罪犯教育改造质量的一种形式，又是教育改造罪犯的有效手段。要着眼社会帮教长效机制的建立，使帮教形式、帮教内容更加贴近教育改造罪犯的实际，真正实现监狱与社会的"资源共享"。

第四节　辅助教育

一、辅助教育的概念、特点

辅助教育是相对主导教育而言的一种教育形式，具有推进和充实主导教育的作用。辅助教育是监狱对罪犯实施政治思想教育、文化技术教育和美育的一条重要途径。辅助教育指监狱根据罪犯教育的目的和要求，组织罪犯开展的有利于罪犯教育目的实现的，融知识性、趣味性、思想性为一体的直观、生动的教育活动。辅助教育是通过开展罪犯感兴趣的活动来营造积极改造的氛围，目的是使罪犯自觉地接受教育。辅助教育内容主要体现在文化建设方面。辅助教育作为改造罪犯的辅助手段，具有趣味性、直观性、生动性的特点。

二、辅助教育的作用

（一）辅助性教育对罪犯接受改造具有促进作用

监狱主导教育具有规范性、严肃性和强制性特征，罪犯在接受监狱主导教育中往往是处于被动地位。一些改造态度不端正、缺乏正确改造动机

的罪犯，往往对监狱开展的主导教育活动产生抵触情绪，参与教育改造活动的积极性不高。开展辅助教育，可以充分利用它的特点和优势，吸引罪犯主动参加丰富多彩的活动，寓教于乐。特别是一些罪犯有着各种各样的业余爱好，对于他们的业余爱好，如何因势利导，扬其所长，促使其积极向上，是教育改造工作中必须重视的一个重要问题。如开展文学艺术欣赏和体育比赛活动，不仅能展示其才华，满足其心理需求，还可以有效地占领业余阵地，把罪犯旺盛的精力、过剩的能量释放在有益身心健康的活动上，使罪犯在活动中得到教育，使罪犯的精神世界变得丰富多彩，生活情趣变得高尚文明。

（二）辅助教育可以缓解、消除罪犯的紧张、焦虑情绪，丰富罪犯的精神生活

罪犯受到刑罚处罚在监狱内服刑，面临的主要问题就是监狱适应问题。丧失人身自由、社会地位发生根本改变已经是他们人生的一次重创，况且监狱生活不但人身自由受到限制，活动范围、学习、生活、劳动等许多活动内容也都带有强制性。面对严酷的现实，罪犯心理失衡，出现紧张、焦虑状态是自然而然的。开展辅助教育，通过组织文体活动、电化教育和各种竞赛活动，寓教于乐，有助于缓解罪犯紧张、焦虑心理。可以在活动中激发罪犯的上进心、荣誉感，培养他们良好的兴趣、爱好，在团队竞赛活动中培养他们与人交往、合作的意识，使罪犯在获得丰富情感体验的基础上，扩大视野，增进知识和技能，提高自身修养，丰富精神生活。

（三）辅助教育可以挖掘罪犯潜能，发挥罪犯自我教育作用

自我教育是指罪犯自己对自己所进行的教育，是一种自觉的自我完善的过程。罪犯自我教育效果的取得离不开罪犯的主动参与。辅助教育活动的显著特点是有计划、有目的地组织开展罪犯喜闻乐见的、趣味性强的活动。这些活动往往都是罪犯感兴趣 、主动参与的，这是罪犯自我教育的基础。在活动中，充分发挥罪犯的聪明才智，并使其从中体验到自己的力量和智慧，锻炼自己意志。罪犯渴望的被欣赏、被赞扬、被尊重心理在活动中能得到极大满足，从而激发出他们内心积极向善的因素，在潜移默化的不知不觉中受到教育启迪。罪犯心情舒畅，自我约束力、求知欲都会相应得到提高，组织纪律性得到加强。

三、辅助教育的形式

辅助教育的形式多种多样，在罪犯教育实践中经常采用的有以下几种：

（一）电化教育

电化教育就是利用广播、电视、录像、电影、计算机、可视电话、网络等工具，对罪犯传授知识，进行教育的活动。电化教育模式在罪犯教育中应用比较普遍，教育效果比较突出。在电化教育过程中，形象、生动、有趣的教育形式能吸引罪犯注意力，调动他们的学习积极性，与罪犯可接受性相适应。特别是当今网络时代、信息时代，有效运用电化教育形式，可以开阔罪犯视野，扩大知识面，提高学习效率。

随着监狱工作科学化、法制化、社会化建设的不断深入，愈来愈多的科技手段被应用于罪犯教育活动中。充分利用广播、电视、计算机等现代化教学工具发展远程教育，可以使监狱克服由于地处偏远而与社会信息交流不畅的困难。发挥监狱局域网、电视演播室的特殊教育作用，有条件的监狱运用数据技术开通罪犯局域网，建立服刑人员生活指导网，构建查询、咨询、法律援助、社会帮教、心理咨询、回归就业等交流平台，帮助罪犯解决实际需要。充分发挥电化教育的作用，使罪犯置身于数字化的学习环境熏陶之中，从而培养罪犯的自我规范、自我发展和自我调控的能力。

（二）文体活动

开展健康、有益的文体活动，是辅助教育的一种重要形式。组织罪犯开展文体活动不受设施条件限制，简便易行。文体活动的主要形式包括节日文艺活动、电影、音乐评论、文艺汇演、歌咏比赛、智力竞赛、各种游艺游戏活动以及各种球赛、棋赛、拔河比赛、运动会等。

组织文体活动应制订完整的活动计划，既不能影响正常的改造活动，又不能因改造任务重没时间而放弃。要注意把健康的思想内容渗透到罪犯喜闻乐见、兴趣浓厚的活动中去，使罪犯在活动中受到潜移默化的影响。比如：通过篮球、拔河等群体项目的比赛，培养罪犯集体荣誉感、大局意识和团队合作精神。在活动中还要善于发现专长者，及时给予鼓励、引导，并以适当方式培养和提高，其目的在于培养他们健康的生活情趣。

（三）文化园地

文化园地是罪犯教育工作的重要宣传阵地，是陶冶罪犯情操，活跃业余生活的一种有效形式。监狱的文化园地包括：黑板报、墙报、监狱报、图书馆、阅览室。加强文化园地建设，可以使罪犯互相交流思想、沟通信息、丰富业余生活，对罪犯改造能起到鼓励和促进作用。

四、开展辅助教育应注意的问题

一是辅助教育应纳入罪犯教育工作范围内，有目的、有计划、有组织的开展。在年度罪犯教育计划中，要强调辅助教育计划的制订，包括活动内容、范围、组织人员、活动程序等。二是辅助教育活动要集思想性、知识性、趣味性、娱乐性为一体，在活动范围上照顾到罪犯个体和群体，吸引更多罪犯参加活动。三是在辅助教育中要注意发挥监狱民警的主导作用，审时度势，发挥不同罪犯的优势、特点，调动他们的积极性、主动性。四是辅助教育活动要因地制宜、量力而行，有效利用现有的环境条件，开展丰富多彩的教育活动。

第五节　心理测验与心理咨询

一、心理测验

（一）心理测验的含义

心理测验是根据客观的、标准化的程序来测验个体的某种行为，以便判定个体差异的一种方法。[①] 心理测验主要有两种类型：一是智力测验，二是人格测验。智力测验即一般能力测验。人格测验是指个性中除能力以外的所有测验，既包括对个性的综合性测验，也包括对某个心理变量如情绪、气质、性格的测验。监狱对罪犯进行的心理测验主要是进行人格测验。

心理测验的功能主要体现两个方面：一是预测功能。通过考察人的潜在能力和特征，从而预测其未来发展的前景。二是诊断功能。通过判定个体各方面心理因素的差异，查明某个人的心理特征，以便进行因材施教、使用选拔，也可以发现其个性缺陷等。心理测验要实现预测、诊断功能，必须做到标准化，

① 章恩友著：《罪犯心理矫治基本原理》，群众出版社，2004年版，第162页。

即按照一定的方法和程序编制。对人进行心理测验必须符合以下条件：一是测验过程的程序化和测验结果的数量化，数量代表心理特征；二是测验需要得到受测者的密切配合。

（二）罪犯心理测验的含义及量表

1. 罪犯心理测验的含义。

罪犯心理测验是根据客观的、标准化的程序来测验罪犯个体的某种行为，以便判定罪犯个体差异的一种方法。罪犯心理测验是心理测验在监狱工作中的运用，是对罪犯进行心理评估的重要方法之一，是检测罪犯心理状态，发现心理问题，进行心理诊断的有效方式。心理诊断在一定意义上就是运用心理测验表对被诊断者进行心理测查，对测查结果进行分析研究，从而对被诊断者的心理状况与特征作出判定。

2. 罪犯心理测验常用量表。

用于罪犯心理诊断的量表种类比较多，既有通用量表，也有专门量表，这里介绍几种监狱较为常用的几个量表：

（1）卡特尔16项个性因素量表（16PF）。

由美国心理学家卡特尔根据他的人格特质理论编制的测量量表，共有187个测试项目，分三级回答（肯定、否定、折中回答）。这16项个性因素是：乐群性（A）聪慧性（B）稳定性（C）恃强性（E）兴奋性（F）有恒性（G）敢为性（H）敏感性（I）怀疑性（L）幻想性（M）世故性（N）忧虑性（O）实验性（Q1）独立性（Q2）自制性（Q3）紧张性（Q4）。16种个性因素的分数相对独立，每一种因素与其他各因素的相关度低。这一量表能够较好的反映人格的复杂层面及其组合，信息量比较大，有利于发现罪犯的心理缺陷，了解罪犯心理健康方面的问题，该量表通常用作罪犯入监时的个性诊断工具。

（2）气质类型问卷。

气质类型问卷用于测定罪犯的神经类型和气质类型。了解罪犯气质类型，是实施个别教育工作的主要依据。气质类型问卷共有60个问题，要求被试者作5级回答（符合、比较符合、吃不准、比较不符、完全不符）。凡某种气质类型的得分高于其他3种气质类型的得分且在4分以上，便可以确定倾向为该种典型的气质类型。分别是胆汁质、多血质、黏液质和抑郁质四种典型气质类型。不同气质类型表现出不同的特点，了解掌握罪犯不同气质类型特点，是对其进行个别教育时选择教育方法的重要依据。

（3）明尼芬达多项人格测验（MMPI）。

由美国心理学家哈撒韦和精神科医生麦舍利编制的，包含疑病、抑郁、歇斯底里等10种临床症状量表，是一种用途广泛的人格量表。可用于判别、区分精神病患者和正常者。监狱多用来预测罪犯刑满释放后的行为倾向，做再犯罪可能性预测。

（4）症状自评量表（SCL－90）。

包含9种心理症状，涉及思维、情感、行为、人际关系、生活习惯等方面的偏离和异常。用来检测一定时间内罪犯心理卫生与健康的综合症状。可以作为罪犯心理健康状况测查，也可作为进一步检查的基础。

（5）《中国罪犯心理测试量表》中的个性分测验（COPA－PI）。

该量表包含13个维度，包括144项，这个量表是我国自行研发的专门为监狱中罪犯进行心理测验编制的量表。目前，监狱对罪犯施测多用此量表。

（三）实施罪犯心理测验应注意的问题

1. 科学正确认识心理测验。

要客观、全面的认识心理测验，不能过高的估量心理测验的效能，也不能忽视心理测验对研究罪犯心理的重要作用。要看到心理测验的优点，又要注意到它的局限性，在实践中应把心理测验与其他方法有机地结合起来，对罪犯心理作出全面的分析、研究。

2. 合理、有效的使用心理测验。

为了更好地发挥心理测验的效能，在使用心理测验时，一是保证测验者是经过专门训练的专业人员。在监狱主要应由经过专门培训的具有一定心理学专业知识的监狱民警担任。这样，才能保证测验量表的选择、测验的组织实施、测验结果的解释准确无误。二是做好施测前的准备工作，包括施测人员自身的准备和测试对象、环境的准备两方面。测验人员要选择针对性的量表，熟悉指导语，准备好测验材料，充分估计到在施测过程中可能出现的问题，在施测前特别要注意做好施测对象的思想工作，由于服刑罪犯具有的"监狱人格"特征，即怀疑、逃避、应对、顺从等心理，这促使罪犯在测试中注意力不集中或不正确看待心理测验。因此，在组织罪犯施测中就要特别注意做罪犯的思想工作，讲明测试的意义，保持良好的施测关系，并尽量营造有利于罪犯真正进入心理测验的环境，同时还要注意到罪犯个体差异，采用不同的施测手段。三是施测者严格遵守保密原则，对测验结果显示出的某种迹象，要注意保护隐私，对有危险倾向的罪犯要及时采取相应干预手段。

3．科学解释心理测验结果。

对测验结果要结合罪犯实际，科学合理地予以解释，不可模式化的千篇一律的刻板解释，要具体问题具体分析，只有在测验的基础上多方收集有关资料，才能对罪犯心理测验结果进行科学合理的解释。

二、罪犯心理咨询

（一）罪犯心理咨询概念

罪犯心理咨询是心理咨询在监狱工作中的应用。它是指监狱组织专业心理咨询人员通过会谈等咨询技术和方法，帮助求询罪犯解决心理问题，促进心理健康发展，实现罪犯重新社会化的活动。罪犯心理咨询是要运用心理学的理论和方法，不是简单的说服教育。罪犯心理咨询作为一种特殊的教育方法、手段，在罪犯教育中既有一般教育的共性，又有其特殊性。它是一种系统性的教育活动，它不局限于服刑罪犯的具体问题，它对罪犯的教育作用是长远的、发展性的。

（二）罪犯心理咨询的原则

1．咨询双方平等相处原则。

这是罪犯心理咨询的一个首要原则。罪犯心理咨询是通过建立良好的人际关系来达到咨询目的。在咨询过程中，与求询罪犯建立起信任关系是心理咨询的首要环节。监狱民警与罪犯的改造与被改造的特殊地位，决定罪犯难以摆脱自己作为罪犯的角色。监狱咨询员的多重角色也很难使其以纯咨询者的角色进入咨询。一方面，可能会出现求询罪犯对咨询人员的不信任；另一方面是监狱咨询员对求询罪犯的漠视，这样很容易形成咨询障碍。因此，在罪犯咨询过程中，咨询者要营造轻松的咨询环境，对求询罪犯以诚相待，尊重罪犯人格，不鄙视、轻视求询罪犯，淡化监狱民警角色，强化咨询者角色，与求询罪犯平等交流。这样，求询罪犯才能敞开心扉，吐露心声。

2．以启发和劝导为主的原则。

罪犯心理咨询的本质是助人自助，是帮助罪犯的过程，也是一个教育罪犯的过程。面对求询者，监狱心理咨询员不能说教，只能启发、劝导，这就要求咨询人员为求询罪犯着想，运用自己的心理学专业知识、技能，帮助罪犯认识自己的问题。要使有心理问题的罪犯在咨询活动中感到温暖和力量，摆脱消沉的情绪；要帮助求询罪犯树立自信心，振作起来。咨询人员要善于发现来访罪犯心理、行为上的积极因素，及时给予肯定和引导。在启发教育的时候，要注意正面教育，特别是针对求询罪犯涉及的减刑、假释、人际关系、婚姻等方面问题，要耐心听取他们的倾诉，及时运用内容反应、情感反应和面质等技术，帮助罪犯调整思路，不简单附和、迁就。要与求询罪犯共同分析问题，引导他们调整看问题的视角，学会正确看待自己和他人，建立新的认知结构，提高抗挫折能力及环境适应能力。咨询人员切忌包揽罪犯问题解决的方法，而应启发引导求询者依靠自己的力量克服困难、解决问题。

3. 有条件保密原则。

尊重求询罪犯的个人隐私权，既是咨询人员职业道德的要求和法律规定的责任与义务，也是求得求询罪犯信任，确保咨询顺畅开展的前提和保证。保密原则要求咨询人员在咨询过程中对获得的有关求询罪犯个人的隐私或缺陷，不得随意公开或传布。没有保密，则意味着心理咨询失去存在的基础，罪犯之所以能够向咨询人员倾吐心声，就是相信咨询人员不仅能够为他们提供心理帮助，而且能够为其保密。事实上，一些求询罪犯在求询过程中，由于过分担心自己的秘密被泄露出去，在陈述过程中，一方面试探咨询员的诚信，一方面吞吞吐吐、遮遮掩掩。由此可见，保密在求询罪犯的心理占有重要的地位。

在罪犯心理咨询过程中，保密原则要求咨询人员与求询罪犯的谈话内容不能作为"犯情"向监狱民警汇报，对他们宣泄的言论、观点也不能作为考核依据。鉴于求询罪犯特殊身份，也不能一味地强调保密原则而对咨询获得的所有信息都予以保密。咨询人员在获悉求询罪犯有严重危险行为信息时，对监狱安全稳定可能造成重大影响时，应及时与有关部门沟通，反馈信息，以确保监管工作的安全。

4. 咨询与教育、辅导、治疗相结合原则。

在对求询罪犯进行心理咨询的过程中，结合心理教育与辅导，可以起到更好的咨询效果。心理教育与心理辅导面向全体罪犯，贯穿于罪犯教育始终，都具有预防和发展的功能。支持心理咨询活动（特别是咨询的后续活动）的开展，有利于罪犯教育工作的整体推进。

5. 确保安全原则。

在监狱开展心理咨询工作，要充分考虑到监狱工作的特殊性和各种可能出现的风险。罪犯群体的特殊性，要求在开展心理咨询工作时，从咨询场所、条件、人员等方面都应做好必要的安全防范，在确保咨询人员安全的前提下，积极稳妥地开展罪犯心理咨询工作。

（三）罪犯心理咨询的主要形式

罪犯心理咨询的形式多种多样。根据咨询采用的方式，可分为面谈咨询、电话咨询和通信咨询；根据咨询人数，可分为个体咨询和团体咨询。

1. 面谈咨询。

面谈咨询是罪犯心理咨询中最重要、最常见的形式。面谈咨询是指在监狱专门设置的咨询机构中，咨询员与求询罪犯以谈话方式为主进行的咨询。面谈咨询的特点是双方可以直接面对面的交流、互动，通过面谈咨询，求询罪犯可以详尽倾诉自己的苦闷、烦恼、焦虑、不安。咨询员可以与来访者面对面的磋商、讨论、分析和询问。在面谈过程中可以对求询罪犯直接观察，了解其心理状态。直接面谈的方式为双方最大限度接触提供了可能性，容易使咨询双方建立良好的咨询氛围，安全的咨询环境可以使求询罪犯无保留地表达自己的喜怒哀乐，倾吐自己的秘密，为咨询人员深入地了解求询罪犯创造了条件。

运用面谈咨询应注意做到以下几个方面：一是咨询人员要具备丰富的专业知识和咨询技术，能娴熟的运用心理咨询技术进行咨询；二是咨询环境既要有利于双方交谈而又不受外界干扰；三是咨询现场除咨询双方外，无关人员尽量回避；四是在面谈咨询中，咨询人员对求询罪犯应予以最大限度的支持和接受，平等待人，营造良好的咨询氛围；五是在咨询过程中要灵活运用各种咨询技巧，冷静对待求询罪犯的发难，尽量避免他们在比较敏感的问题上发难。比如：监狱内的管理问题、社会个别现象问题、对刑法态度问题等。一旦出现此种情况，要依据有关政策策略地予以引导，要及时转移话题，避免影响咨询主题。

2. 电话咨询。

电话咨询是通过电话对求询罪犯进行安慰、劝告和引导的咨询形式，是一种较为方便而又迅速及时的心理咨询方式。电话咨询具有随时、迅速、匿名的特点，在监狱罪犯心理咨询中占据非常重要的地位，被罪犯认可的程度较高。

在开展电话咨询中应注意以下几方面问题：一是监区内设置专用的心理咨询电话，电话放置要有隐私性、便捷性、不被干扰性；二是电话咨询员要具备较高的专业素质和责任感；三是适度控制电话咨询时间，不宜过长；四是注意发挥电话咨询的作用，避免演变成简单的投诉、发泄。

3．书信咨询。

书信咨询是指咨询人员通过书信往来为求询罪犯解惑释疑所进行的咨询。书信咨询主要是让求询罪犯通过在监狱内设置的咨询箱进行求询，满足咨询需求。书信咨询不受空间限制，咨询双方可以随时随地通过书信求询或咨询。有些罪犯不愿当面求询，或对求询问题羞于启齿，或一些咨询问题通过书信的方式更能表达清晰，运用书信咨询就非常便利。

在运用书信咨询方法时应注意到：一是建立完整的咨询制度，如咨询信件的收发制度、与咨询人员的沟通制度、信息反馈制度等。二是有效运用书信咨询、面谈咨询和电话咨询，将三者有机结合才能更好地发挥咨询作用。三是书信咨询中发现突发的心理危机、严重的异常心理要及时安排面谈咨询，以免错失咨询、治疗良机。

4．个别咨询。

个别咨询就是咨询人员与罪犯一对一的咨询活动。个别咨询可以是面谈咨询，也可以是电话咨询和书信咨询。个别咨询的特点是针对性强，有利于保密，便于深入交流，效果比较好。在个别咨询中应注意咨询环境，避免出现危险情形。

5．团体咨询。

团体咨询是指咨询人员对由若干名求询罪犯组成的罪犯群体进行的咨询活动。团体咨询既适用于某一类型罪犯，如暴力犯、盗窃犯等，又适用于对具有某些共同心理问题的罪犯进行指导。团体咨询的特点是人多，气氛浓，面广，影响大。由于团体咨询是一种多向性的交流，来访罪犯的问题比较接近，都具有解决问题的迫切性，这会促使他们积极的讨论问题，对一些具有人际交往障碍的罪犯帮助比较大。

团体咨询的程序是：首先，由咨询者根据求询罪犯提出的问题以及罪犯的实际差异，划分小组。其次，由咨询者通过讲解、交流、探明团体内成员的心理问题，再使罪犯通过录像、参观等形式，对自身的问题有一个总体上的认识。再次，开展团体活动，通过讨论问题及角色扮演等形式，共同寻求解决问题的方法，作出决定并付诸实施。

团体咨询对共性的、表层的问题解决比较有效，深层次的心理问题则需要通过个别咨询来解决。因此，在监狱工作实践中，要注意团体咨询与个别咨询的有机结合，以高效、快捷地解决罪犯的心理问题，更好地发挥罪犯心理咨询的作用。

（四）罪犯心理咨询的过程

罪犯心理咨询的过程是咨询者协助求询罪犯共同确定问题、解决问题的过程。罪犯心理咨询包括五个阶段：信息收集阶段，明确问题阶段，咨询目标确立阶段，帮助和改变阶段，结束巩固阶段。

1. 信息收集阶段。

信息收集阶段是心理咨询开始的第一阶段。这一阶段的主要任务有两个：一是广泛深入的收集与求询罪犯问题有关的资料。二是与求询罪犯建立初步的信任关系。

求询罪犯相关资料包括：（1）求询罪犯的身份及基本性格特征，如年龄、捕前职业、文化程度、家庭及婚姻状况等，了解求询罪犯基本情况有助于分析罪犯心理问题产生的背景。除此之外，还应了解求询罪犯的成长过程、兴趣爱好、健康状况、改造生活状况等。（2）求询罪犯的问题所在，如究竟被什么问题困扰，问题的严重程度如何，问题持续的时间，产生的原因是什么，本人对此有无明确的意识等。在这一阶段，除听取罪犯本人介绍外，可以利用心理测验来确定心理问题的程度。

建立初步的信任关系。建立良好的咨询关系是进入心理咨询过程的第一步，是咨询成功的基础。要建立良好的咨询关系，必须做到以下几点：一是尊重求询罪犯。罪犯进入咨询室，咨询员应该热情而自然的对他表示欢迎，愿意为他提供帮助。然后，向求询罪犯简要的介绍心理咨询的性质和原则，特别要讲明保密原则，同时简要介绍自己。在交谈过程中，始终保持平等、信任、真诚的态度。对求询罪犯所述问题不嘲笑、不动怒，要尽快消除初次见面的陌生感，给求询罪犯留下良好的第一印象。二是接纳求询罪犯。对求询罪犯要无条件的接纳，耐心倾听，给予真诚的关注、温暖、热情，做到全神贯注。留心罪犯的一言一行，做一个耐心的听众，不以厌烦、教训的口吻打断罪犯的诉说。恰当运用提问技术，内容反应技术，鼓励引导罪犯倾诉。三是温暖、热情、真诚贯穿谈话过程始终。

2．明确问题阶段。

这一阶段主要是根据收集到的相关资料，分析判断求询罪犯心理问题的类型和程度。

首先，要弄清求询罪犯的问题属于何种类型。求询罪犯的心理问题可能是精神病的症状，这属于精神病学范畴，发现后应及时转介；有的求询罪犯的心理问题可能属于神经症状，如焦虑症、恐惧症、强迫症、抑郁症等，也可能是一般适应性问题，如监狱适应困难、人际关系紧张等，明确问题阶段是对求询罪犯的心理问题进行辨别的基础。

其次，要评估求询罪犯心理问题的严重程度。对求询罪犯心理问题严重程度评估具有重要的意义，它可以帮助咨询人员作出下一步决断。如：确定哪些问题可以通过面谈咨询逐步解决，哪些问题需要借助其他力量进行直接干预等。

再次，要弄清求询罪犯心理问题产生的原因。求询罪犯心理问题产生的原因有多种，可能与个人发展、人格特征、世界观等内部因素有关，也可能与监狱改造环境、家庭、生活事件等外部环境因素有关。咨询人员要充分了解求询罪犯心理问题发生发展的来龙去脉及影响因素，了解求询罪犯狱内外生活环境、状况等背景材料，了解求询罪犯看待问题的认知模式，以及应对困难与挫折的方式方法，通过仔细分析以寻找产生问题的主要原因。

3．咨询目标确立阶段。

罪犯心理咨询目标包括终极目标、中间目标和直接目标。所谓终极目标是指心理咨询最终达到的目标。中间目标是指求询罪犯目前需要解决的问题。直接目标则是指当事人面临的具体问题的消除。通常所说心理咨询员与求询罪犯共同确立的目标，主要是指直接目标，它是每次心理咨询的具体目标。咨询目标的确定需要求询罪犯与咨询者共同参与、共同配合。既要考虑求询罪犯的问题和需要，又要遵循心理咨询的基本理论；既要有直接目标，也要有中间目标和终极目标。在制定咨询目标时应注意以下几点：（1）咨询的目标应是具体的，可操作的，制定的咨询目标越具体，就越容易操作，也就越容易见到效果。（2）咨询目标是现实可行的。制定咨询目标不能脱离罪犯实际，目标不宜过高。（3）咨询目标最好是双方都能接受。如果咨询目标存在分歧，双方应展开讨论求得共识，不能统一，则应以求询罪犯的目标为主，随着咨询的深入逐步达到统一。

（4）咨询目标有轻重缓急。（5）咨询目标应是积极的,有利于求询罪犯改造的。（6）咨询目标应经常进行评价和适当调整。

4. 帮助和改变阶段。

此阶段的主要任务是咨询员应用心理学的方法和技术来帮助求询罪犯消除心理问题。帮助和改变阶段是心理咨询的关键时期,它对心理咨询的效果起着极为重要的作用。在这一阶段,咨询员要注意指导、帮助与包办、代替相区别的原则,无论使用哪种流派的咨询理论、技术,都应以促使求询罪犯领悟改变为最终目的。

5. 结束巩固阶段。

此阶段的主要任务是对咨询情况做一个小结。帮助求询罪犯回顾咨询要点,检查目标的实现情况,进一步巩固咨询所取得的成绩。同时还应做好追踪考查,通过追踪考查一方面可以知道咨询是否成功、有效,另一方面也可以总结咨询经验,改进方式,提高咨询员的咨询水平。

（五）罪犯心理咨询技术

1. 建立良好咨询关系的技术。

咨询关系是贯穿心理咨询始终的重要内容,良好的咨询关系不仅能提供给求询罪犯一种安全感、温馨感,同时也能促进求询罪犯对咨询员的信任,减少其防御心理,使其认真地自我探索,进而提高自尊心和自信心。在建立良好咨询关系的过程中,咨询员的态度和技术起着主导作用。

（1）同感。

所谓同感,是指在咨询过程中,咨询员不但要有能力正确地了解求询人的感受,同时还要将这种了解传达给对方,从而促使当事人对自己的感受和经验有更深的认识。同感包含两方面内容:一是充分理解;二是准确表达。要达到充分的同感,咨询员要将自己移入到求询罪犯的处境、地位中尝试他的感受,经历他所面对的压力,体会他所做的决定和行为的原因。要善于观察求询罪犯各种表情来增进同感的准确性。例如:可以通过求询罪犯的语言内容、语调的变化及眼神、姿势、表情等非语言动作等方面进行观察。同时,咨询员要具备良好的语言表达能力,将自己对求询罪犯的充分理解反馈给他们。

（2）尊重。

尊重是指咨询员对来访者接纳的态度。求询罪犯普遍存在着自卑与顾虑心理，他们渴望得到尊重、接纳与信任。咨询员对他们的尊重，会给他们创造一个安全、温暖的谈话环境，这样的环境能促使他们最大限度地表达自己。要做到热情地接纳求询罪犯，首先咨询员要提高自身对接纳重要性的认识，并能时刻反思自己是否具有宽容和接纳求询罪犯的人生态度，特别是求询罪犯的一些令人不能容忍的心理和行为。其次，咨询员要将看待求询罪犯的着眼点放在"人"上，而不是"他是罪犯"上。要以职业身份尊重、接纳求询罪犯，包括他的积极方面与消极方面。再次，要注意透过关注、聆听的行为和非批评、指责性的语言来表示对他的尊重。要与求询者保持人格上的平等，以礼相待。避免形成"政府"与"罪犯"的对话关系。

（3）真诚。

真诚是指在咨询过程中，咨询员开诚布公地与求询罪犯交谈，直截了当地表达自己的想法。真诚对于咨询关系是非常重要的，咨询员的真诚不仅可以给求询罪犯提供一个安全自由的氛围，而且为求询罪犯做出了榜样。看着咨询员的真诚开放，求询罪犯也会慢慢地放下自己的面具，诚实地开放自己，坦然表露自己的喜怒哀乐。真诚是咨询成功的关键因素之一。真诚不是强求的，它是咨询过程中的一种自然表现。咨询员的真诚要恰如其分，要有助于求询罪犯的成长，不能把真诚简单理解为说实话，那些有害于罪犯的言语，哪怕是真诚的也不能说出来，真诚要因人而异。

2. 谈话技术。

心理咨询中的谈话比一般谈话要复杂得多，咨询员的会谈技术，对咨询过程起着主导作用。

（1）倾听技术。

心理咨询中的倾听是"投入的倾听"，不仅仅是听听而已。它要求咨询员在听的时候，要全身心地投入，包括机体、感情和智力的整体投入。倾听时，不仅要听懂求询罪犯表达的意思，还要听出弦外音、潜台词或隐含的意思。同时，在倾听过程中要适时的借助言语，引导、启发求询罪犯自我表达，从而获得对求询罪犯问题的全面了解。

（2）提问技术。

提问有两种形式，一种是开放性提问，咨询员运用"什么"、"怎么"、"为什么"、"能否"等词来发问。另一种是咨询员用"是不是"、"对不对"、"有没有"等词来发问。

开放性提问是实践中最有用的提问技术，它可以引导求询罪犯更多的讲出有关的情况、想法、情绪等。例如："能不能告诉我，什么事令你这样烦恼？"这种以"能不能"开始的提问，可以促使求询罪犯自己作出独特的回答。"什么样的情境令你最紧张？"这种用"什么"在内的疑问句提问，可以促使求询罪犯找出某些与问题有关的特定的事实资料。

开放式提问的主要特点是给求询罪犯回答问题以较大的自由度。通过求询罪犯对问题的回答，咨询员能够获得当事人的比较全面、系统的资料，对咨询员分析求询罪犯的心理问题有很大帮助。咨询员使用开放式询问，必须与求询罪犯建立良好的咨询关系，这是开放式询问顺利进行的基础。要注意让求询罪犯充分地表达他们的感受和想法，问话注意语气、语调的运用，避免过于咄咄逼人。对求询罪犯回答问题时可能出现的离题现象，也不要责怪或不耐烦，多运用共情式、疑问式等语气温和的发问方式，让求询罪犯感受到咨询员想真心实意了解事实真相并帮助他解决问题的态度。

封闭式提问的特点是可以缩小讨论范围，澄清事实和帮助求询罪犯集中注意某主要问题。例如"你现在心情很沉重，是吗？""我理解得对吗？"使用封闭式询问要适当，只是在会谈后期使用封闭式询问，且次数不宜多。因为封闭式询问不能给求询罪犯较大的自由度，在一定程度上限制求询罪犯的思路和自我表达，不利于咨询员对求询罪犯资料的收集和问题的深入了解，也不利于咨询关系的表达。

3. 影响技术。

咨询过程除了需要良好的咨询关系和较好的倾听、提问技术外，还需要咨询员更为积极主动地通过自己的专业理论知识和技术、个人的生活经验及对求询罪犯特有的理解来影响罪犯，促进罪犯在认知、行为上的改变，使其获得心理的健康。

（1）内容表达技术。

内容表达技术是指咨询员针对求询罪犯的叙述，表达自己的意见，直接对罪犯施加影响的技术。内容表达常用于反馈、提供忠告与信息等。利用内容表达技术可以使求询罪犯更多的了解自己的状况，接受更多的相关信息，并能得到相关问题的处理建议等。合理有效的内容表达可以对求询罪犯产生积极的心理影响。

（2）情感表达技术。

情感表达技术是咨询员对求询罪犯表明自己的情绪、情感，用情感影响求询人员的影响技术。情感表达既能反映出对求询罪犯的理解，又能反映自己的感受，有助于求询罪犯自我表达，有利于咨询的顺利进行。运用情感表达，切忌咨询员个人情感宣泄。

（3）自我开放技术。

自我开放技术是指咨询员在必要的情况下适当将自己的感觉、经验和个人行为与求询罪犯分享的影响技术。自我开放有助于咨询员与求询罪犯建立相互信任和开诚布公的良好关系，促使求询罪犯更有效地开放自己，注意到自己忽略的一些细节。运用开放技术有利于求询罪犯更深入地思考和自我改变。

（4）解释。

解释是指咨询员在充分理解求询罪犯的基础上，以自己的观点来说明求询罪犯所述事件的意义，让求询罪犯从新的角度去了解自己的问题的做法。解释是一种重要的影响技术。解释通过向罪犯提供另一参考体系，帮助他们改变原有的认知，进而改变其不良的情绪和行为。在运用解释这一影响技术时，要对求询罪犯问题的重点有全面的把握。解释的时间不宜过早；解释要深入浅出，符合求询罪犯的可接受程度；解释要简明扼要，尽量少用一些专业术语。在解释过程中，尽量用试探性的保留态度，给求询罪犯留有思考、接受或拒绝的余地。总之，解释是影响技术中最为复杂的也是最有效的技术之一。咨询员要合理、灵活、富有创造性地应用解释技术，在求询罪犯能够接受的范围内，达到帮助求询罪犯客观、全面、准确认识自己的目的。

（5）指导技术。

指导技术是指咨询员告诉求询罪犯应采取什么行动，包括直接让求询罪犯做某些事或说某些话的影响技术。指导是最有影响的技巧，下面主要介绍语言的改变、角色性行为训练两种技巧。

指导言语的改变。认知理论认为人的情绪和行为与其认知模式密切相关，如果求询罪犯有不合理的思维模式，例如：绝对化、极端化，则会导致其不良情绪和行为。指导言语改变技巧的实质就是运用认知原理，通过改变求询罪犯的言语，来达到改变其不良情绪和行为的目的。如：咨询员对求询罪犯说："请把你说的'我应该减刑'改为'我希望减刑'，把'我干不了'改为'我可能干不了'"等。在求询罪犯中最多见的绝对化语句是"我应该怎样"或"一定要怎样",咨询员应该指导求询罪犯将"应该"改为"希望";把"一定"改为"争取"。指导语句改变,使求询罪犯的压力有所缓解,前者是绝对化,没有退路,没有调和的余地,也是完全主观的,没有考虑客观情境因素。

指导角色性行为训练。 指导角色性行为训练的心理学原理是社会模仿学习理论。角色性行为训练就是通过角色替代、角色互换等方式,帮助求询罪犯学习各种与人交往或应付情景的技能。角色性行为训练能减轻求询罪犯的心理压力。例如,让求询罪犯扮演正在接见的一名罪犯,咨询员每隔一段时间就安排另一角色,如妻子要离婚,父母来断绝关系,监狱民警指责其不好好改造等等。通过不断改变刺激,可以了解求询罪犯应对各种干扰刺激的能力,同时也提高其应对干扰的能力。运用角色性行为训练应注意角色演出内容要紧紧围绕求询罪犯的心理问题,要求求询罪犯尽量投入角色中,对情境设计要实际具体,特别要重视角色扮演后的讨论与分析。

(六)开展心理咨询工作应注意的问题

第一,加强宣传,提高监狱民警及罪犯对心理咨询工作重要性的认识。一方面,要使监狱民警充分认识心理咨询在改造罪犯与维护狱内安全稳定所起到的重要作用;另一方面,要教育引导服刑罪犯充分认识心理咨询工作对促进自身身心健康,取得良好改造成果具有重要作用。

第二,合理运用各种咨询技术,提高咨询效率。咨询员要熟练掌握并运用各种咨询理论、技术,要在咨询实践中,针对不同求询罪犯合理采用不同的咨询技术,提高咨询效率,实现咨询目的。

第三,正确对待咨询阻力,有效克服咨询阻力。咨询工作不是一帆风顺的,在咨询过程中常常会遇到来自不同方面的阻力。咨询员要有充分的心理准备,要有自信心应对各种阻力,灵活对待阻力,通过双方共同协商尽量减少或克服咨询阻力。要充分认识自己的优势,真诚的面对自己、面对求询罪犯。

■ **思考题**

1. 试论掌握罪犯教育方法的必要性。

2. 集体教育方法的教育技巧。

3．谈话法使用的基本要求。

4．简述"集体教育与个别教育相结合，狱内教育与社会教育相结合"的含义。

5．实践中你还知道有哪些教育方法？

6．心理测量与心理咨询应用于罪犯教育的必要性及如何使用。

参考书目

1．王秉中主编：《罪犯教育学》，群众出版社，2003 年版。

2．王祖清等主编：《罪犯教育学》，金城出版社，2003 年版。

3．阮浩主编：《罪犯矫正心理学》，中国民主法制出版社，1998 年版。

4．吴宗宪主编：《中国服刑人员心理矫治》，法律出版社，2004 年版。

5．黄兴瑞主编：《罪犯心理学》，金城出版社，2003 年版。

第八章
对不同犯罪性质服刑人员的教育

内容提要

　　不同犯罪性质服刑人员的教育是通过分析研究不同犯罪性质的服刑人员在教育改造中的特点，来进行有针对性的教育，以增强教育改造工作的实效性，提高改造质量。不同犯罪性质服刑人员的教育是服刑人员分类教育中的一项重要内容，具有不容忽视的理论和现实意义。本章详细分析了财产型、暴力型、淫欲型、反社会型服刑人员的主要特征，重点阐述了各自的教育改造对策。

重点问题

● 经济型服刑人员的教育

● 盗窃型服刑人员的教育

● 暴力型服刑人员的教育

● 淫欲型服刑人员的教育

● 法轮功服刑人员的教育

第一节 对财产型服刑人员的教育

财产型服刑人员（又称利欲型或物欲型服刑人员），是指以强烈的物质欲望作为内驱力，以各种手段非法占有公、私财产，对社会秩序造成严重危害，依法构成犯罪，受到刑罚处罚，正在监狱关押改造的罪犯。我国在《刑法》分则第三章、第五章、第八章中规定，财产型服刑人员主要是指犯有破坏社会主义市场经济秩序罪、侵犯财产罪、贪污贿赂罪的犯罪分子等。

一、经济型服刑人员的教育

（一）经济型服刑人员的概念

经济犯罪是指为谋取经济利益而实施的犯罪。这种犯罪是经济领域里的自然人或者法人以欺骗或隐蔽的手法,或者利用职务上包括政治上的优势与便利,谋取不法经济利益，从而违反经济管理法规、破坏社会主义市场经济秩序，违反行政管理法规和政府管制、破坏社会管理秩序，妨害国家机关正常工作秩序的各种犯罪行为。我国《刑法》中规定，经济犯罪主要有：职务侵占、挪用公款犯罪，贪污、贿赂犯罪，金融诈骗犯罪，税收犯罪，证券、票证方面的犯罪，不正当竞争犯罪,违反行政管理和政府管制的犯罪,如,走私、毒品犯罪,制假、贩假、逃汇、骗汇犯罪等。经济型服刑人员（以下简称经济犯）是指违反国家有关法律，谋取非法利益，严重破坏社会主义市场经济秩序和经济关系，依法受到刑罚处罚，在监狱关押改造的罪犯。

（二）经济犯的主要特点

1. 拜金主义思想严重。

经济犯违法犯罪的主要动力就是对金钱的追求。由于价值观的扭曲，他们用金钱观念代替人生价值观和社会价值观，把追求物质享受作为生活的全部内容和唯一目标，信奉"人为财死，鸟为食亡"，"人无外财不富，马无夜草不肥"等腐朽人生哲学。入狱后，有的把金钱和物质看得极重，不惜违反监规监纪；有的热衷于权钱交易，用金钱铺路，搞"自由服刑"，企图逃避劳动，获得轻松方便。

2. 罪责感差。

经济犯存在着有罪不认心理，对自己犯罪原因的评价是歪曲的、不客观的，

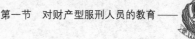

找各种理由为自己的犯罪辩解；对自己被判刑感到委屈、吃亏，觉得是轻罪重判，内心矛盾重重。有的把自己的罪行与社会上揭露出来的大人物、大案子比，感到心理不平衡，对法律的公正性产生怀疑，内心焦躁不安。对社会有怨恨情绪，对监狱机关的教育改造有强烈的逆反心理。此外，由于他们所造成的危害是损害国家或集体的经济利益，一般不直接涉及到具体某一个人，从而形不成因他人利害关系受损而引起的良心上的自我谴责，造成了他们心理上的坦然，在改造中缺少罪责压力。

3. 自尊、虚荣心理强烈。

经济犯基于在原有工作、生活环境中养成的行为习惯，自尊、虚荣心理都较为强烈。留恋过去的生活，常回忆过去，或在他犯面前炫耀过去的辉煌，喜欢其他犯人用原先的职务称呼自己，满足心理虚荣的需要；既畏惧刑罚惩罚，又极力表现出强烈的自尊，在一切可能显示自己的机会里，表现出清高自傲或是自视知识能力高人一等或是以阅历经验非凡自居。

4. 不暴露思想，处事圆滑。

经济犯大多处于社会的较优越的环境中，见多识广，阅历丰富，结识三教九流，体味多种人生，形成了一套处事圆滑，八面玲珑，注意方方面面的影响，有着善于夹着尾巴做人的处事方法。具体在改造中主要是有以下几种表现；一是在监狱民警面前不公开表露对某一问题的真实看法；二是在其他犯人面前不论是非；三是在犯人中注意不造成对立面，对看不惯的人和事极少言表。经济犯的性格一般属于中性，很少表现为内向或十分外向。他们一般能够从社会经验的角度或以自己的行政经历，来揣度监狱民警的心思，观察监狱民警的行为，总结监狱民警的性格特点和工作作风，以便在日常的改造中能够见风使舵，从容行事，有所适从，以赢得监狱民警的好感和肯定。

5. 喜结交同类，行为自律性较强。

由于经济犯有着大同小异甚至十分类似的犯罪经历，心理上有相容之处。他们在一般情况下很难与其他类型罪犯相处，很少与他们在一起进行思想、观念和感情交流，而喜欢结交同类，并相互之间无话不谈，在狱内形成一个小小的人际关系网络。经济犯的心理承受能力较其他类型的罪犯要强，比较善于控制自己的情绪，不易激动和宣泄，能够在新的环境之中求得心理平衡，在日常改造中集中表现为：在监狱民警面前谨小慎微，在同犯面前往往权衡利弊，一般不会发生像其他类型罪犯常发生的打架斗殴等违纪事件。

6. 关心政治，部分罪犯对改造前程寄希望于社会关系的影响。

经济犯基于特殊经历或出于改造的需要，对国家发生的政治事件比较敏感，尤其是国家政治经济方面的调整，对他们更具有吸引力。对国家经济政策的变化走向以及与个人切身利益的关系，经常进行分析，并为将来的出路开始着手准备。部分经济犯的人际关系网络对监狱的正常改造秩序形成了某种程度的冲击，给想走改造捷径的人以可乘之机，从而给那些对社会关系抱有极高期望的人以极大的幻想，对他们自身的改造产生了不少的消极影响。

7. 脱逃心理不明显。

经济犯一般多系初犯、偶犯，恶习较浅，道德品质具有一定的可塑性，一般对自我有比较客观的评价，对事能够考虑因果关系，尤其是置身于监管环境中，在一般的情况下能够保持冷静、理智、驾驭自己，不采取铤而走险的冒险行为。经济犯利用自身技能优势，比较容易取得改造成绩，在减刑、假释方面具有优越条件，这些都是促成经济犯脱逃心理淡化的心理原因。

（三）对经济犯的教育改造对策

1. 加强法制教育，使其认罪悔罪。

对经济犯进行法制教育的主要内容是刑法、公司法、金融法、税法、劳动法等。另外要结合经济犯的特征，确定有针对性的罪犯教育内容，施之以有效的教育方法，理直气壮地"剥掉"他们的自私、贪婪、虚伪、奢侈的丑恶本质。让他们通过法制教育，认清给社会、集体带来的严重危害和巨大损失，认识受到惩罚的必然性，深刻检查自己的罪行，抛弃不切实际的幻想，增强罪责感和改造意识。

2. 加强人生观、道德观的教育，注意思想转化。

引导他们从世界观、人生观、价值观上寻找深层次的犯罪原因，从走上犯罪道路到受到刑罚惩罚的整个历程中进一步反省拜金主义、享乐主义、个人主义思想意识对其个人和社会的危害，分清荣辱是非，彻底摒弃贪婪的个人私欲观和扭曲的价值观，唤醒道德良知，激发积极向上心理，实现思想转化。

3. 结合各自特点，加强个别教育。

经济犯罪的构成各不相同，其行为和心理活动也各有差异，因此要结合经济犯各自特点，做细致、耐心的转化工作。在个别教育中，着力解决他们对教育改造产生的逆反心理，是个别教育取得成功的基础。经济犯判刑入狱后，社会地位发生了显著的变化，产生了强烈的心理落差，既难以接受现实，对一切感到反感，又对改造前途感到悲观失望。要消除这一障碍，就要在情感上疏通，消除对立情绪，要积极主动接近他们，在生活上给予关怀和温暖，找到沟通情感的切入点，让他们体会到监狱民警的温情；管理上，要把握好尺度，处理问题要有理有据，让他们心悦诚服地接受管理。对经济犯的个别教育必须结合每个犯人的个性特征、社会阅历、犯罪性质进行心理转化工作。个别罪犯教育应允许他们讲自己的看法或观点，也允许他们思想出现反复，但要认真分析问题或症结存在的原因，对错误的观点给予驳斥，摆事实讲道理，耐心地进行说服教育。总之，在个别教育中要言辞恳切，既体现信任、尊重、关怀，又要体现出以法服人，以理服人，只有这样才能收到满意的教育效果。

4. 监内教育与社会帮教相结合。

社会帮教是矫正经济犯不可忽视的辅助手段。定期向犯人家属发公开信，向他们讲清政策，晓以利害，请家属积极配合监狱进行帮教规劝工作；积极争取社会各方面的力量对罪犯开展各种形式的帮教活动，如，可以邀请有关部门领导讲解他们关心的时事政治，分析国家的大政方针；配合反腐败斗争和法制教育，组织经济犯走向社会"现身说法"，这样不仅对社会起到直观的法制教育作用，而且也能起到加深自我教育的作用。

二、盗窃型服刑人员的教育

（一）盗窃型服刑人员概念

盗窃型服刑人员（以下称为盗窃犯）是以非法占有为目的，秘密窃取数额较大的公、私财物，依法受到刑罚处罚，在监狱关押改造的罪犯。我国在监狱服刑的盗窃犯，占全部在押犯总数的半数左右，是我国监狱在押犯中人数最多的罪犯群体，且仍有上升势头。盗窃犯重新犯罪率较高，是监狱监管改造工作的难点之一。盗窃犯以刑期长短和恶习深浅为标准，分为初犯、偶犯、累犯三个层次。

（二）盗窃犯的主要特点

1. 利欲熏心，自私自利，贪图享受。

盗窃犯贪财恋物，贪得无厌，具有超乎寻常的物质欲望。盗窃犯奉金钱为圭臬，只要能弄到钱财，一切都不在乎。盗窃犯"拜金主义"思想根深蒂固，视人与人之间的交往完全是赤裸裸的金钱关系，一些高尚的道德情操、修养品味，在这类人身上几乎是一片空白，在人际关系和改造中，表现为自私自利，以极端的利己主义为核心。由于在物欲上具有贪婪性，他们不考虑个人的现实条件和经济条件，追求吃喝玩乐，追求高消费，相互攀比，贪图享受。这种扭曲了的价值观念是从小养成业已成性了的"顽疾"，是改造的一个难点。

2. 罪责感淡漠，改造意识淡化。

绝大多数盗窃犯没有犯罪羞耻感和悔罪感，不承认或不愿承认所犯罪行的社会危害性。一些社会阴暗面的存在，给一部分盗窃犯为自己的罪行开脱提供了借口与"论据"，他们把自己犯罪的原因推向客观，强调社会环境的不利影响，极力否定其丑恶行为的主观性，不认为自己被判刑改造是罪有应得。他们认为当今社会上贪污受贿或钻法律空子而逍遥法外的"大鱼"大有人在，被抓的只是一些"小鱼"，悔恨的不是犯罪，而是自己的"失手'。由于缺乏悔罪意识，其作为罪犯的角色意识、改造意识日益淡化，对监狱的严格管束和改造非常反感，表现为消极抵抗，大错不犯，小错不断，违规违纪现象十分突出。

3. 好逸恶劳，混刑怠工。

好逸恶劳、好吃懒做、不劳而获是盗窃犯的通病。他们中以前绝大多数是游手好闲、有业不就、吃喝玩乐的"二流子"、"懒汉"。入狱后，很多人仍然留恋过去花天酒地、纸醉金迷的生活，怕苦怕累，厌恶、畏惧劳动，只是慑于刑罚的威严而被迫、消极地参加劳动，所以在劳动中惯用消极怠工、软磨硬泡的伎俩，能滑就滑、能躲就躲，小病装大病，无病呻吟，出工不出力，甚至用装疯卖傻、自伤自残来逃避劳动，有的干脆逃脱，抗拒劳动。所以教育改造不劳而获的"寄生"心理，树立其劳动观念，是对盗窃犯教育改造的一个难题。

4. 意志薄弱，恶习难改。

由于长期的盗窃生活，他们关注的对象具有明显的倾向性，对财物十分敏感，形成比较牢固的心理定势和行为动作，在监内仍表现出偷窃成癖的习性，视偷为一种精神满足。他们无时无刻不在设法攫取不义之财，一看见别人的钱财就手痒难耐，必欲占为己有而后快，挥霍殆尽而心安。长期不劳而获的生活经历，使相当一部分盗窃犯缺乏吃苦耐劳的意志，自控能力和自我约束能力差，经受不了严格的监规监纪的约束，常常表现出改造行为的盲目性和改造过程的反复性。

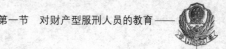

5. 纠合力较强，易结团伙。

由于相对集中的关押，客观上给盗窃犯纠合创造了条件，再加上有相似的经历，使得他们攀老乡、拉帮结派，极易形成团伙。有关的调查表明，以地域为纽带的小团伙中，盗窃犯较为稳定。在这个小团伙中所谓的"头"就是多次进宫的盗窃犯，他们具有一定的反改造经验，"号召"力、煽动性较强，经常使用"软"、"硬"两种手段拉拢和打击报复同监改造的罪犯，对正常的改造秩序影响较大。

（三）盗窃犯的教育改造对策

1. 进行信仰道德教育，引导罪犯正确消费。

错误的世界观，扭曲的人生观，畸形的价值观，是盗窃犯走向犯罪道路的根本原因。只有彻底地转变这些错误的道德信仰，树立正确的思想，才能使他们走上积极改造、脱胎换骨的新生之路。一方面，要从批判拜金主义、享乐主义和极端利己主义入手，让罪犯真正明白人为什么活着，应该怎样活着，怎样做人以及做什么样的人，一破一立，把正确理论的灌输和对腐朽颓废观念的揭露与批判结合起来，帮助他们明确是与非，辨别善与恶，分清荣与辱等。另一方面，针对盗窃犯畸形的消费心态，进行消费观的教育与引导，指明畸形消费的危害，开展科学消费的专题讨论，揭露和批评那些在服刑中向家里大肆要钱、要物、要吃喝的不良行为，使他们懂得消费与享受必须以自己的辛勤付出为前提，而不能寄生于他人或社会，将自己的幸福建立在别人的痛苦之上。

2. 加强认罪悔罪教育，深挖犯罪根源和危害。

针对不少盗窃犯认罪浅层化、悔罪表面化的特点，要组织引导盗窃罪犯深刻反省问题，深挖犯罪根源和危害，认罪悔罪。一是要针对罪犯中普遍存在的"犯罪外因论"，深入揭批其犯罪恶性。坚持因人制宜的原则，组织专题解剖和分析，从灵魂深处挖掘其犯罪思想，使其彻底认罪。二是要组织罪犯进行经常性的"谈犯罪危害"活动。既可以用"群体累加法"，以大队或中队为单位，总计罪犯对社会人、财、物造成的危害，增强罪犯的罪责感，也可以用"角色转换法"，让罪犯进行"假若我是受害者"的反思，以加深罪犯的罪恶感，还可用"连锁叠加法"，用身边或其他典型案例，说明犯罪危害造成的连锁反应。让罪犯既看到自己所犯罪行的数得清的物质性危害，又看到数不清的精神性危害，加深认罪悔罪。三是要结合法律知识教育，使罪犯理解法律的正义性和不可侵犯性及犯罪应受惩罚的必然性和合理性，改变他们"认关系不认法律"、"认倒霉不认罪恶"、"混改造不讲悔过"的错误心态，使罪犯正确地对待刑罚，自觉接受改造。

3. 强化劳动改造，矫治好逸恶劳思想。

多数盗窃犯都是由于懒、馋、贪才变成了阶下囚，其中"懒"是发生质变的根本。而治懒只有充分运用劳动改造这一手段才能达到目的。

首先，要全面实施对罪犯的强制性劳动。将盗窃犯安排在劳动环境比较艰苦、劳动强度比较高、任务比较重、时间比较紧的劳动岗位。让他们在这些岗位，从紧张的劳动中品尝生活的艰辛，体味到物质财富来之不易。建立严格的劳动考核制度，给他们定工效、定任务、定质量，实行严格的安全操作规程。对达不到要求，完不成任务的，都与"百分制考核"挂钩，在当月考核中兑现，使一切伪病、自伤、偷奸耍滑逃避劳动的行为受到严厉的处理和打击，从而最大程度地调动盗窃犯的改造积极性。

其次，在组织罪犯进行生产劳动过程中，要有意识地对他们进行组织性、纪律性教育和创造性劳动的教育。要把"劳"与"教"紧密地结合起来，做到"劳"中有"教"，寓"教"于"劳"。要引导罪犯在体味劳动的艰辛的同时亲身体验劳动创造世界的喜悦和光荣。要借助劳动中集体组织的协作配合特点，让罪犯在劳动中重新认识人与人之间的关系，获得团队协作配合的新意识，从而洗刷他们损人利己的肮脏灵魂，在劳动实践中感受到自我价值，重塑灵魂。久而久之，他们的意志、情感都有了变化，导致思想意识、行为方式的根本转变，形成良好的劳动习惯，进而树立热爱劳动的思想。

最后，矫治好逸恶劳思想，使罪犯树立正确的劳动价值观，要求监狱民警具备良好的职业素质。秉公办事，依法办事，对罪犯每一点成绩都要给予肯定。有考核、有记录，使罪犯充分认识到劳动光荣，劳动是出路，劳动是希望。在潜移默化中使罪犯建立用劳动汗水洗涤思想污垢、清除各种寄生腐朽思想的观念，树立热爱劳动，诚实劳动的观念，努力培养自食其力的本领，做有用于社会的人。

4. 矫正罪犯恶习，抓好行为养成教育。

盗窃犯大都自由放荡，贪图钱物。要改变这些恶习，必须进行扎扎实实的行为养成教育，要从"生活规范化，言行规范化，劳动强度化，各项活动制度化"等方面进行管理教育。要严厉打击狱内偷盗,打击传播犯罪手段、方法和技巧的行为,防止罪犯之间相互交叉感染。具备条件的监狱,可根据罪犯的恶习深浅、刑期的长短等情况,实行分押分管分类,避免或减少交叉感染。对那些恶习较深的惯窃犯,要严密防范,严格控制一些关键的工种和岗位,不轻易让他们单独占据。通过规范化管理教育,从根本上改变他们的认知结构、思想情感和行为方式,培养罪犯自律、自重、自我约束的能力,为罪犯自觉接受教育改造创造良好的条件。

5. 重视监区文化建设,创造有利环境。

良好的监区文化对盗窃犯的行为约束、心理平衡、情趣转移、气氛感染等有着矫治、导向、净化的作用。监区的布局应简朴、庄重,既不失监狱特征,又有明洁、蓬勃的气氛。首先,可以组织盗窃犯进行书法美术、通讯报道的学习,丰富业余时间的文化生活;其次,可以绿化、美化监区环境,组织盗窃犯自己动手种花养草,改变不良习性;再次,要充分利用广播、黑板报、宣传栏、学习园地、图书室和墙报等宣传工具,认真搞好以盗窃犯的自我矫治为中心的警语宣传工作,创造一个适宜盗窃犯改造的有利环境。

三、毒品型服刑人员的教育

(一)毒品型服刑人员的概念

毒品犯罪是一种国际性犯罪,可归纳为非法生产毒品的犯罪、非法贩卖毒品的犯罪和非法持有、使用毒品的犯罪三类。毒品型服刑人员(以下简称毒品犯)是指违反禁毒法规,从事与毒品有关的危害公民身心健康和破坏社会秩序的活动,依法被判处刑罚,在监狱关押改造的罪犯。改革开放以来,我国毒品犯罪迅速蔓延,团伙化、智力化、国际化趋势日益突出。改造毒品犯是监管教育改造工作面临的一项新课题。

(二)毒品犯的主要特点

1. 虚伪改造,罪责缺乏,悔改意识不强。

绝大多数毒品犯是以个人为核心的,行为上表现为自私自利,为了寻求感官刺激,满足个人的私欲,一意孤行,不考虑自己的违法犯罪行为对社会、家庭、他人所造成的严重后果。在改造过程中,他们善用两面手法,表面上服从管教,在劳动中也较为积极,但只是为了多挣分快减刑,并未真心悔过,非但认不清犯罪危害，甚至为自己涂脂抹粉，认为毒品犯罪是现代社会的时髦罪、高层次犯罪，比性犯罪"文明"，比杀人、放火"善良"，比叛国、投敌"忠诚"。变态的道德意识、颠倒的价值观念、逆反的生活态度是这类罪犯罪恶感、罪责感、赎罪感淡薄的重要原因。

2．好逸恶劳，挥霍享乐，畸形物欲强烈。

追求高额暴利和超级精神享受，是毒品犯走上犯罪道路的重要原因。毒品交易的"一本万利"使他们以身试法，纸醉金迷、穷奢极欲、挥霍无度的生活使他们养成了好吃懒做、好逸恶劳、放荡不羁的恶习。入狱后，其不劳而获、挥霍成性的畸形享乐观也处处得以表现。在劳动上，有的贪图安逸，怕苦怕累，借口吸过毒、体质差，要求监狱民警照顾，减少定额，千方百计逃避劳动，即使参加劳动，也是消极应付，能混则混，能躲则躲；对能够得到奖励的事抢着干，而对没有好处的事尽力躲避；有的在减刑假释前表现积极，而一旦减刑、假释无望则故态复萌，不思进取。在生活上，讲享受，摆阔气，千方百计要求家人、朋友多寄邮包汇款，多带会见物品，以满足畸形的需求。

3．心理扭曲，难以自控，容易引发事端。

毒品犯中以贩养吸的罪犯较多，吸毒容易戒毒难，监狱的改造生活可以断绝毒品犯的毒品来源，但是短期内无法断绝吸过毒的毒品犯在生理上、心理上强烈需求和渴望毒品刺激的心理。情绪激动浮躁，波动频繁，心绪烦乱，坐卧不宁，行为反常，迫于监管的压力，又产生十分严重的拘禁心理，抑郁沮丧，对监狱民警教育无动于衷，监狱的管理教育一时难以奏效。他们与其他的罪犯关系紧张，敌对情绪重，敏感多疑，易受激怒，耐受力差。在改造中往往会利用一切可乘之机，不择手段去获取所谓的"自由"，加上毒品犯对严格管理和改造生活适应性差，对抗心理较强，有时甚至会铤而走险，对监狱的安全稳定构成了严重威胁。

4．言行诡秘，善于伪装，行为难以掌握。

随着国家加大对毒品犯的打击力度，毒品犯深深感受到法律和政策的威力。加之在犯罪过程中形成的敏感、多疑、诡秘的心理，他们在被投入教育改造后，言行谨慎，自我保护意识强，行动隐蔽性大。在认罪方面，虽内心不服，但表面上又假装认罪服判，表示要老老实实接受改造。在前途方面，既善于伪装，也善于应变，且大多纠合班组骨干参与，为自己织起"保护网"。

加之平时寡言少语，与一般罪犯接触少，真实思想动机藏而不露，违规活动隐藏较深。

5. 急功近利，拉拢腐蚀，投机改造突出。

急功近利是毒品犯共有的心理特征。在改造过程中，为了达到"劳动要轻，减刑要快"的目的，他们表现出强烈的投机改造心理。一方面拉拢罪犯中的骨干，希望他们在劳动中照顾，在违规时给予方便，另一方面竭力腐蚀监狱民警。他们坚信"有钱就能摆平一切"，指使亲朋通过各种渠道向监狱民警发起很强的攻势，想方设法寻找突破口。有的与监狱民警攀老乡、认同窗，搞感情投资；有的利用社会关系搭桥，向监狱民警送礼送物；还有的甚至直接向监狱民警行贿，企图搞钱权交易。

（三）毒品犯的教育改造对策

1. 严格管理，突出防范。

鉴于毒品犯在改造中的特点，入监初期，应将有无吸毒史、是否同案犯分开关押。要认真落实监管工作有关制度，尤其是入监、会见、接触"三关"的防范。"入监关"指毒品犯入监时的人身检查，绝不能马虎大意；"会见关"即与亲友会见时必须严格控制，严防异物入监；"接触关"即毒品犯在监内外的接触交往活动，要时刻置于监狱民警的监控之下。要彻底切断毒源，防止吸毒；及时准确地把握其动向，及时发现不安定因素和潜在的危险隐患；防止引发各类事故，掌握工作的主动权。

2. 加强认罪服法教育，增加毒品犯罪责感。

第一次毒品犯罪，有些罪犯可能是法盲犯罪，但随着时间的推移和社会加大对毒品犯罪的打击力度，他们中的大多数人是属于知法犯法，是抱着侥幸心理，铤而走险犯罪。这就十分有必要对他们加强认罪服法教育，使他们通过有关法律、禁毒法规和典型案例的教育，了解因吸毒而造成的各种悲剧，认识到吸毒等于透支生命，种毒、贩毒等于谋财害命，从思想深处认识毒品的危害性，从内心深处产生对毒品的憎恶感，增强罪责意识，深挖犯罪根源，走上认罪悔罪道路。

3. 进行系列专项教育，培养罪犯自觉抵制毒品意识。

一是加强中国近代史与爱国主义教育，使他们了解在中国近代史上由于鸦片使中国遭受的屈辱，中国人被辱称为"东亚病夫"的历史。通过教育激发他们的爱国热情，增强他们远离毒品的自觉性。

二是加强人生观、劳动观教育。毒品犯犯罪的主要原因是享乐主义和拜金主义的人生观驱使，他们把沉醉于缥缈幻觉及挣钱发财当作人生的唯一目标，并沉陷其中，为此，进行人生观教育是非常必要的。与此同时，针对毒品犯罪中相当一部分人是因为懒惰散漫、好逸恶劳而走上犯罪道路的特点，必须对他们进行劳动观教育，使他们能认识劳动的意义，督促他们积极参加劳动，重塑灵魂。

三是进行社会公德与形势教育。即以《公民道德建设实施纲要》为教育内容进行社会公德教育，使他们明确认识到毒品是国际社会的公害，是逆社会公德的丑恶现象，充分认识我国政府和人民反毒斗争的决心。

四是利用多种形式，如音像设施、图片等揭露毒品的危害。那些生不如死、人格扭曲、形态怪异、形如枯槁的吸毒人员对毒品的控诉，对吸毒的罪犯必定有警醒作用。在矫治的过程中，不断利用这些画面、图片加以刺激，让他们去感悟，在良知复苏的过程中，增加他们对往日涉毒的厌恶，从而使他们内心深处激发起远离毒品的愿望和情感。

4．进行心理矫治，力求心理脱毒。

心理矫治对毒品犯有其独特功效。监狱民警应根据毒品犯的各自不同特点，依靠心理矫治来帮助毒品犯缓解和克服心理障碍。一是要对所有毒品犯进行心理调查，通过查档、面谈、观察、测试等手段，掌握其心理现状，预测未来行为倾向，解决其心理问题。二是对有轻度心理问题的毒品犯要积极开展心理咨询活动，使他们通过咨询，逐步消除心理问题，更好地适应改造环境，保持身心健康。三是对一些心理障碍较为严重，已发生"病变"的毒品犯，要由经过专门训练的人员对其进行心理治疗，改变和消除其病理状态，使病情得到好转和康复，建立起良好的心理品质，促进思想改造。

5．借助亲情教育，感化其改恶从善。

监狱要争取毒品犯的家属、亲友对改造工作的支持，充分发挥亲情教育的作用。要借助社会力量，大力开展社会帮教活动。要主动与单位、派出所、社会取得联系，与他们联合开展帮教工作，感化、改造罪犯，不断巩固教育改造效果，达到治本与治标相结合的目的，使毒品犯早日走向新生。

第二节　对暴力型服刑人员的教育

一、暴力型服刑人员的概念

暴力型服刑人员（以下简称暴力型罪犯），一般是指以暴力手段实施犯罪行为，依法被判处刑罚，正在监狱关押改造的罪犯。根据我国《刑法》的规定，并结合有关学者的研究成果，以罪犯不同的动机为标准，可将暴力型罪犯分为利欲类、发泄型、报复型和称霸型四种。暴力犯罪是犯罪现象的主要表现形式之一。近年来，我国暴力犯罪的数量不断增多，给社会稳定和人民群众生命财产安全造成了极大的威胁。随着社会上暴力型犯罪的增多，监内押犯中暴力型罪犯所占的比例也日趋加大。暴力型罪犯所具有的攻击性，正日益成为影响监管安全的主要隐患。对暴力型罪犯教育改造的好坏，直接影响着监管改造工作能否顺利进行，也关系着社会的稳定和国家的长治久安。因此，抓住暴力型罪犯在教育改造中的特点，增强罪犯教育改造工作的针对性和实效性，提高罪犯教育改造质量，具有迫在眉睫的、重要的现实意义。

二、暴力型罪犯的主要特点

（一）认知水平低下，对事物的理解偏激

暴力型罪犯文化、科学、法律知识贫乏，导致其认知水平低下，辨别是非的能力差，对事物的全部和实质不能正确地把握和认识。对待和看待事物，往往是只看一点、不计其余。大多数暴力型罪犯在其错误、偏激思想的支配下，对消极的社会现象持认同和肯定的态度，不能正确地认识自己的罪行，认为社会对自己不公，具有极大的愤懑心理，思想消极。

（二）情感层次低下，冷酷自私

暴力型罪犯，大多情感层次低下，缺乏高尚的仁爱心理，情感冷漠，冷酷自私。在他们看来，人与人之间根本就没有什么真情。人与人之间的交往，只不过是互相利用而已。这些人往往是以自己阴暗的心理去推测他人，戴着有色的眼镜去观察认识社会，得出的结论就是"人人都是自私的"，"人不为己，天诛地灭"，缺乏对社会、集体、他人的责任感、义务感和同情心。

（三）心理需求层次低下，个人需求欲望畸形

在暴力型罪犯中，有相当一部分属于物欲型罪犯。这些人的心理被恶性膨

胀的物欲所扭曲而严重畸形，心中只有物质享乐，当个人的欲望通过正常手段无法满足时，就会铤而走险，不计后果，这些不仅是其实施图财害命、杀人越货、泄愤报复、寻衅滋事、聚众斗殴等犯罪行为的原因，而且也是影响他们接受教育改造的重要因素。暴力型罪犯在改造期间，有的以拳脚相加或以武力相威胁，逼迫其他罪犯向他们"进贡"，敛取财物，以满足个人的贪利需要；有的通过恃强凌弱、争强逞能，以树立在罪犯中的"领袖"地位，满足权欲。

（四）侥幸心理严重，法律意识淡漠

有相当一部分暴力型罪犯，法律意识淡漠，侥幸心理严重。这些罪犯在实施犯罪行为时，缺乏或根本没有法律或道德的压力。他们在侥幸心理的驱动下，往往认为自己的手段高明，司法机关不会发现；也有的自认为受害人不敢去告发，法律追究不到自己；甚至也有的错误认为自己有靠山、有路子，可以躲过法律的制裁。

（五）改造意识淡薄，功利思想突出

暴力型罪犯，改造意识淡薄，在改造中往往是只求过得去，大错不犯、小错不断的倾向明显。在改造过程中，功利意识突出，只想享受权利，不愿履行义务。有的罪犯甚至和监狱民警讨价还价，如果没有好处和实惠，则消极改造。这些罪犯，完全忘记了自己的罪犯身份和作为罪犯应履行的义务。他们对监狱组织的各种思想、文化和职业技术教育普遍不感兴趣，有的甚至宁愿被关禁闭或宁愿加班加点多劳动，也不愿意参加有关的思想、文化和职业技能的教育。

（六）情绪易激怒，易冲动，危险性大

在暴力型罪犯中，青壮年居多；气质类型，属胆汁质居多。他们脾气暴躁，情绪易激怒，易冲动，自我控制力差，遇事很少周密考虑，且不计后果，突发性强，危险性大。微不足道的事情就可能成为导火索，引起情绪的急剧变化，短时间内出现激动状态，丧失理智。狱内的打架斗殴、行凶、伤害，多数是由这些暴力型罪犯所为，他们是监管工作中必须严加防范的重点对象。

（七）情绪易外露，不稳定

暴力型罪犯情绪较少隐藏，相互感情融洽时，就在一起说笑打闹，称兄道弟；一不投机，便反目成仇，发生对峙、对骂，以至对打。他们的情绪变化无常，易冲动，也易冷静；易爆发，也易平息；易激怒，也易消沉。无论哪一种情绪表现都不会持续太长时间，容易变化。

（八）纠合性强，报复心理严重

暴力型罪犯虽具有自私、冷酷的一面，但又有逞强好胜、讲究行帮义气的一面，好结团伙。他们中一些所谓性格相同、志趣相通者，往往因共同的利益纠合在一起，形成消极的反改造团伙。当其利益受损，或在改造中受到"委屈"，或与其他罪犯产生矛盾时，往往就要用自己的方式去解决，进行疯狂的报复。有些时候，甚至不惜受到严惩和加刑，也要讨回"公道"，表现出极其固执、粗野、凶残的特性和报复心理。这种不良团伙的形成，对监管改造工作具有极大的破坏力。

（九）行为盲动，攻击性倾向严重

暴力型罪犯，性格多为粗暴、野蛮，情感超越理智，信奉"拳头就是真理"，"枪杆子里出英雄"的信条，崇尚暴力。稍遇不合自己心愿和利益的事情，不思曲直，张口就骂，举手就打，且胆大妄为，攻击性强。甚至有些时候，故意滋事，大打出手，以此发泄对社会或他人的不满，达到其逞强称霸的目的。

（十）人际关系紧张

暴力型罪犯在狱内与其他罪犯相处时，话不投机便大打出手，对来探视的亲友稍不遂意就破口大骂，甚至扬言断绝往来，对监狱民警的批评教育，心情不佳时，也顶撞对抗。这些都造成他们的人际关系紧张。

三、暴力型罪犯的教育改造对策

（一）严格执行监管法规，加强管束

暴力型罪犯情感易冲动，行为盲目，不计后果，危险性大于其他类型的罪犯，必须对其严格管束。在严格执行各项监管制度的基础上，严格落实"双出双人"、"四固定"、"包夹"等防范措施，充分发挥监管的威慑和防范作用。严格按《监狱服刑人员行为规范》规范其行为，还应根据暴力型罪犯的特点，对其提出更为明确具体和有针对性的行为要求。并要组织罪犯互相监督、相互检查，确保行为要求的落实，使其有一种改造的紧迫感，逐渐养成自觉遵守监规监纪的习惯。对在狱内打架斗殴、寻衅闹事、肆意抵抗等带有暴力倾向的行为，要严格惩处，使其感受到法制的尊严和国家机器的强大。

（二）教育感化，以理服人

针对暴力型罪犯的情感特点，要特别注意采取恰当的管束方法，充分发挥管理的感化作用。在处理问题时，应尽量避免与罪犯发生正面冲突，以免激化矛盾。要摆事实，讲道理，以理服人。在实际工作中，要把坚持原则与解决罪犯的实际问题结合起来。对罪犯的合理要求，能够解决的要及时解决；暂时解决不了的，要耐心地说明情况。对无理的要求，要坚持原则，给予必要的批评教育。在管束中，要把启发疏导、表扬鼓励与批评劝诫和情感交流结合起来，使罪犯真正感受到监狱和监狱民警对他们的关心和爱护。要对他们采取"人格上尊重，生活上关心，改造上鼓励，处理问题冷静"的办法，做好教育、感化、挽救工作。

（三）强化法制教育

暴力型罪犯一般能承认自己的犯罪事实，认为法院定罪是正确的，但同时又感到法院的量刑过重，心理上有强烈的投射性，常把犯罪原因推向客观。因此，在教育暴力型罪犯认罪服法时，应采取揭露的手段，严肃指出暴力犯罪的危害性和残忍性。可采取案例分析的方法，消除他们在认罪和量刑上的错误观念。比如，让他们通过"以案学法"的辩论会，"典型案例"的剖析讲座，加深对自己罪行的认识，使其幡然醒悟，端正认罪服法的态度，促使其道德感、愧疚感、负罪感的复归。

（四）因人施教，搞好个别教育

个别教育是对暴力型罪犯教育行之有效的手段之一，他可以解决集体教育难以解决的问题。对暴力型罪犯进行个别教育，坚持因人施教的原则，要着重磨练其耐性，培养其冷静沉着的自制力，引导其好胜心理。具体做法：一是在劳动中磨练，让暴力型罪犯在诸如缝纫、刺绣、绘画、编织等需要极大耐心和细致的工作中磨练性格；二是教育暴力型罪犯要学会制怒，运用反馈法让他们看到一怒之下的种种恶果，学会在刺激面前强迫制怒，并善于从怒火中冷静下来，在控制自我的基础上，能诚恳大度地规劝对方，推崇平和、谦让、稳重，反对粗暴、蛮横、凶残；三是根据暴力型罪犯具有好表现自己、逞强好胜的心理，积极组织他们学雷锋，做好事，开展劳动和思想改造评比竞赛活动，引导他们比劳动态度，比生产效率，比遵守监规，比做好人好事，比文明礼貌，充分调动一切可以调动的积极因素，引导其思想和行为到正确的方向上来。

（五）强化暴力型罪犯职业技术教育，提高其谋生能力

暴力型罪犯的刑期一般都较长，他们在服刑期间会感到刑期难熬，前途无望，经常会出现破罐子破摔、混刑度日的抗拒教育心理，个别极度悲观失望，

自寻短见。监狱应根据监狱生产和罪犯刑释后的就业需要，创造条件，在狱内开办技术课教学，加强生产技术教育，让他们在监狱这所特殊学校里，学会适应社会需求的一技之长，这不仅可以提高改造质量，还可以使他们树立重新做人的决心和信心，安心服刑改造。

（六）注重心理矫治，培养健康心理

对暴力型罪犯的心理矫治，必须依据心理学和教育改造学的原理，加强意志品质、情绪状态、理智思维三方面的心理矫治，培养健康心理。一是要通过对暴力型罪犯的观察、分析、访谈、心理素质测量等，建立"罪犯教育改造心理档案"，将每一阶段的实际教育改造情况计入档案，以便今后更好地制定矫治措施。二是有针对性地进行心理教育，通过开设的专门心理门诊，对暴力型罪犯尤其突出问题予以解释；也可以宣泄疏导，使其宣泄心中的"不快"，以平稳心理，并运用鼓励、暗示、感化、冷却处理等方法，逐步让他们信服、信赖咨询。只有这样，才能使罪犯敞开思想，暴露灵魂深处的东西，达到矫治的目的。

（七）创建良好的改造氛围，提高罪犯的自控力

加强文化熏陶和环境约束，提高罪犯的自控力。针对暴力型罪犯自身修养差、自控能力低、易受外界环境影响的特点，应大力开展读书、演讲、文艺、体育等活动，加强对罪犯世界观、人生观和价值观的教育，提高罪犯的文化修养。同时，创造相对美好和谐的学习、生活环境，转移罪犯的消极情绪，使罪犯融入美好和谐的改造环境之中，淡化犯罪意识，提高自控能力。

建立健康、和谐的人际环境，增强罪犯的自控力。暴力型罪犯缺乏自控力，易受外界刺激而失控。因此，建立健康、和谐的人际环境，一方面可杜绝各种不良的诱因，另一方面又能发挥罪犯群体互相制约，互相监督的作用，有利于增强罪犯的自控力。

207

第三节　对淫欲型服刑人员的教育

一、淫欲型服刑人员的概念

淫欲型服刑人员（以下简称淫欲型罪犯），是指在性方面侵犯公民人身权利，破坏两性关系，妨害社会秩序，依法受到刑罚处罚，在监狱关押改造的罪

犯。淫欲型犯罪包括强奸罪，强制猥亵、侮辱妇女罪，猥亵儿童罪，引诱、容留、强迫妇女卖淫罪，聚众淫乱罪等。淫欲型犯罪主要侵犯的是女性神圣不可侵犯的性权利，是对人格尊严和人性的粗暴践踏，具有严重的社会危害性，不仅扰乱了社会秩序，而且这种犯罪作为社会上极其丑恶的社会现象，具有严重的腐蚀性，是滋生犯罪的温床。因此，研究淫欲型罪犯在教育改造中的特点，探索对该类罪犯的教育矫治对策，提高教育改造质量，降低重新犯罪率，具有不容忽视的理论和现实意义。

二、淫欲型罪犯的主要特点

（一）性观念扭曲，性道德腐朽

淫欲型罪犯在思想上具有腐朽的性意识，扭曲的性心理，他们对性行为的是非、美丑、善恶缺乏正确的认识。他们信奉"花开在春天，风流在少年"，"宁在花下死，做鬼也风流"，"人生在世，及时行乐"等腐朽的人生哲学。由于性观念扭曲，头脑中存有性享乐至上的淫欲观，他们把玩弄异性作为人生的第一需要，对自己的犯罪行为不以为耻，反以为荣，没有羞耻心，甚至在监狱内还要向监狱民警或其他罪犯卖弄腐朽性观念，夸耀自己的淫欲行为和糜烂生活。

（二）认罪悔罪意识差

受扭曲错误的世界观、人生观、道德观所支配，受刑罚处罚和当前处遇所影响，他们千方百计把犯罪原因推向外界、推向环境、推向受害异性。推卸责任或缩小责任的心理，是淫欲型罪犯在服刑中明显而又牢固的心理特征，悔改之心难以产生。

（三）犯罪体验深，性需求强烈

大多数淫欲型罪犯有着较长时间的淫乱史，性体验深刻，故在相当长的时期内，在其意识中，性表象不时出现，性冲动频繁发生，性需求强烈。他们迷恋淫乱的性生活，通过讲淫乱情节来表现他们的犯罪意念，甚至通过同性恋等代偿性的性行为来发泄他们的兽欲。

（四）情绪不稳定，意志薄弱

多数淫欲型罪犯由于长期在外过着放荡不羁的生活，入监后在生理和心理上的畸形需要不可能得到满足，因而经常表现出心神不定，烦躁不安，对学习、劳动抱有无所谓态度，无心改造。这些人能达到劳动改造的要求，但内在的畸形心理往往无多大变化,在矫治过程中可能会产生不同程度的改恶从善的愿望,但行为意志往往十分薄弱,自觉控制自己的情绪,约束自己行为能力较差,抵挡不住各种诱惑和内心的犯罪冲动,一旦受到性刺激因素的挑逗和影响,往往会发生本能的冲动,从而故态复萌,重新犯罪。

（五）自卑感强,心理负担沉重

受传统伦理观念的影响,淫欲型罪犯在和其他类型的罪犯相处时,总觉得自己低人一等,而且其他类型的罪犯也往往看不起他们,甚至对他们不屑一顾,不愿与之为伍。这也更加剧了淫欲型罪犯的自卑感,自己对自己失去了改好的信心。淫欲型罪犯一般明白自己犯的是丧尽天良之罪,为世人所不齿,有愧于父老乡亲,更负于妻子儿女,因而害怕被人歧视,但又无法摆脱被人歧视,他们既想早日回归社会,又对回归社会充满焦虑和惶恐,因而心理负担十分严重。

三、淫欲型罪犯的教育改造对策

（一）制定特殊行为规范,强化养成教育

为了有效矫治淫欲型罪犯的恶习,抑制淫欲型犯罪的不良行为和心理习惯,对淫欲型罪犯必须制定有针对性的特殊行为规范。对淫欲型罪犯在服刑中易出现的问题,如交流犯罪伎俩;传阅、书写淫秽书报、手抄本;吹奏、哼唱黄色歌曲;搞同性恋等要严格监管,并进行重罚,而对有良好表现的则给予重奖,以示鼓励和强化。另外,对易出现问题的场所和角落进行重点布控,加强管理。对一些主观恶性较深、人身危险性较大,改造不稳定的罪犯,要加大教育转化力度,并采取批判、集训等方式分化瓦解。要用监狱服刑人员行为规范和监规纪律对淫欲型罪犯进行规范性约束和训练,让他们通过严格的养成教育,摒弃恶习,养成良好的行为习惯,锤炼品质,锻炼意志,陶冶情操,做到令行禁止,增强自我控制能力和自我调节能力。

（二）加强性教育,普及性知识

性无知,性生理、性心理的愚昧是导致性犯罪的重要因素。对淫欲型罪犯开展性心理、性生理、性伦理知识教育十分必要。性知识教育应从以下几方面入手:一是学习性生理知识,增强罪犯自我调节的能力;二是掌握生理知识,加强对性疾病的预防;三是培养良好健康的性心理素质,提高罪犯性信息刺激

当代中国司法警官院校『十一五』规划教材

承受力；四是认识性行为的双重性，克服罪犯在两性问题上的片面性和盲动性。需要说明的是，在进行性教育的过程中，应有严肃的素材和端正的态度，以科学的方法进行指导。也可以采取聘请性学专家举办性知识讲座等形式，帮助罪犯充分认识性生理、性心理及性意识的发生、发展、变化过程，用科学的性知识去抵制腐朽的性意识和性诱惑。

（三）加强性道德教育，增强罪犯的免疫力

对淫欲型罪犯的教育要加强正面灌输，促使其原有的错误观念发生改变，这就需要欲立先破的过程。

一是应帮助罪犯认清腐朽淫乐观的实质。性自由是资产阶级享乐主义、纵欲自由等利己主义人生观和腐朽的道德观在两性问题上的反应，其实质是个人性欲的充分满足和绝对自由，是极端的自私和赤裸裸的兽行。

二是应使罪犯了解掌握社会主义性道德的内容，遵守男女平等、相互尊重、一夫一妻准则。同时要使罪犯全面正确地把握我国性道德对性行为的五个标准，即合法、自愿、无伤、相爱、隐藏，引导罪犯用社会主义性道德的基本内容和性行为标准分析评价自己存在的性道德缺陷，促使他们萌发对性犯罪的羞耻感和悔改心理。

三是加强社会主义性道德修养，引导罪犯锻炼自己的性道德意志，进行自我教育、自我改造、自我锻炼、自我陶冶。教育罪犯学会以坚强的意志控制自己的性冲动，用正确的思想支配自己的行为，并自觉地遵守有关的性规范准则，避免性犯罪的发生。

（四）开展有益身心的活动，培养健康的情趣爱好

淫欲型罪犯生活中的注意力往往围绕性问题转，性兴趣基本上是其思想的中心，改造这些罪犯就要想方设法将其生活兴趣转移到其他方面，积极疏导他们剩余的精力和过度的欲望，不给他们过多的闲暇时间和单独活动时间。开展各种有益身心的文体活动，如演讲、绘画、唱歌、体育竞赛等，培养罪犯新的文明健康的动力定型，使他们积极投身于各种改造活动和健康有益的活动中，学会转移自己的注意力，抑制自己的性欲望，逐渐提高其自我心理调适能力。将正确的价值观和道德观寓于形象生活的各项活动中，陶冶情操、充实生活、净化心灵，潜移默化地改变其不良的情趣和爱好。

（五）运用科学方法，对性罪犯进行病理分析和心理矫治

性罪犯之所以走上犯罪道路，除了思想道德等主要因素外，也不能排除其所特有的人格障碍和生理原因。对少数性变态、性欲亢进的淫欲型罪犯，可考虑分开距离，让他们难以接触到引发性冲动的因素。积极开展心理咨询和心理矫治活动，分析病因，可采取一定的医疗措施，如"厌恶疗法"、"药物疗法"，配合心理治疗，重点矫治，形成一个综合的全方位的集监管、教育、治疗、矫治于一体的科学教育改造模式。

第四节　反社会型服刑人员的教育

一、邪教犯罪服刑人员的教育

（一）邪教犯罪服刑人员的概念

邪教犯罪活动是在世界范围内存在的一种反社会、反人类、反理智的极端社会行为，对社会、对人们的危害极大。邪教犯罪服刑人员（以下简称邪教犯）是指冒用宗教、气功或者其他名义，神化首要分子，利用制造、散布邪说等手段蛊惑、蒙骗他人，发展、控制成员，实施危害社会行为，依法受到刑罚处罚，在监狱关押改造的罪犯。

（二）邪教犯的主要特点

1．思想顽固，性格偏激。

邪教犯思想顽固，中毒较深。入监初期，邪教犯对抗情绪严重，顽固地坚持自己的犯罪思想体系和立场，毫不隐瞒自己的观点，心理抵触，不服管教，视监狱民警及一切帮助教育他们的人为"常人"，对监狱民警苦口婆心的教育置若罔闻，偏激固执。

2．病态自尊，无罪恶感。

邪教组织内部大搞教主崇拜和精神控制，入教往往禁止个人的独立思考和"离经叛道"。由于邪教犯的正常思维已被歪理邪教所摧毁，入狱后，惟邪教的教义是从，病态自尊。"法轮功"邪教犯自以为自己是介于"佛"与人之间的"超常人"，不认为自己触犯了刑律，丝毫没有犯罪感。

3. 容易纠合，煽动性强。

在"法轮功"邪教组织的宣传煽动下，"法轮功"邪教犯接受了许多犯罪思想，心理极易产生共鸣，在监狱虽然受到严格约束，但仍时刻寻求机会，通过串联等形式，形成团伙势力，集体闹事。

4. 心存矛盾，思亲想家。

"法轮功"邪教犯为了所谓的"修炼"，去掉名、利、情，表面上对反对和劝阻其练功的亲人冷漠，六亲不认，但背地里却又思亲想家，甚至暗自流泪。他们既表现出不愿与监狱民警说话，不肯放弃"上层次"、"圆满"的机会，又从内心深处怕受监狱民警冷落，主动顺从，对自己的行为约束较多。

5. 敏感多疑，反复性大。

邪教信徒对家庭、社会、政治生活丧失信心，渴求新的精神寄托。思想转变需要一个复杂的过程，由于"法轮功"邪教犯对"法轮功"邪教本质没有认识清楚，思想转变不彻底，对政府、监狱民警的宣传教育半信半疑，一遇风吹草动就会在思想上产生波动，出现反复，导致转化难度加大。

6. 冒险敢为，不计后果。

邪教犯罪绝大多数情绪稳定性差，自控能力弱。入监前为邪教组织鸣冤叫屈，奔走呼号，有的曾多次被公安机关拘留；入监后，他们对监狱民警、监规满不在乎，表现为敢做、敢冒险，或在监内强行练功，背诵经文，或以绝食抗拒教育改造，或以自杀威胁政府。

（三）邪教犯的教育改造对策

1. 分散关押，严格管理。

一是严格管理，分散关押。将邪教犯分别关押在不同的监区、监房，杜绝他们之间有任何接触。二是严格"三不一守"制度。即对邪教犯一入监就宣布坚决不准练功、不准传功、不准默写经文，遵守监纪，让他们在思想上感受到监狱的威严。而对那些坚持练功的罪犯，则依法采取强制手段予以制止。三是严密包控。对每名邪教犯都指定监狱民警专门负责管理教育，并指派3-4名表现较好的其他犯罪类型的罪犯对其进行24小时的全方位的公开监控和包夹。四是严格落实各项监管制度。对邪教犯严格分管分押制度，采取"大集中、小分散"原则，加强对邪教犯的重点管理，严格会见、通信制度，杜绝内外不良信息的传递和扩散。

2．法律开路，以正其行。

针对"法轮功"邪教犯入监初期不接受教育，法律观念淡薄的特点，监狱民警应组织邪教罪犯学习《中华人民共和国宪法》、《中华人民共和国刑法》和《中华人民共和国集会、游行、示威法》，学习《全国人大常委会关于取缔邪教组织防范和惩治邪教活动的决定》和《中华人民共和国民政部关于取缔"法轮大法"研究会的决定》，学习《中华人民共和国公安部关于禁止修炼"法轮大法"的公告》，学习《中华人民共和国治安管理处罚法》等。要使"法轮功"邪教犯通过法律、法规的学习，初步认识"法轮功"的邪教本质；初步认识"法轮功"邪教组织对国家、社会、家庭、个人的危害；初步认识邪教与宗教、"法轮功"与气功、迷信与科学、扰乱社会秩序与正常依法上访的区别。要使他们潜移默化地在思想上发生转化，逐步实现由坚决不接受到开始能够接受教育的转变。

3．以法破"法"，以理服人。

"法轮功"邪教组织观点荒谬，漏洞百出，不能自圆其说。对"法轮功"邪教理论进行批判应选准突破口，以法破"法"，开展思想交锋。可以围绕"法轮功"邪教本身所具有的四个特征展开。"法轮功"一是"骗"，以祛病健身为诱饵，骗得群众信任，骗取百姓钱财。二是"邪"，说的是歪理邪说，干的是歪门邪道。三是"毒"，不仅是练功者"毒"瘾一步步加深，毒害其心灵和肉体，而且还导致许多练功者自杀自残，或者以暴力伤害他人，破坏家庭。四是"反"，谁说他，他反谁，反科学、反社会、反人类、反政府。循循善诱的教育，以理服人的揭露，可以抓住邪教罪犯的思想脉搏，教育更具有针对性，从根本上解开他们的思想症结，促进他们的思想转化。

4．典型引路，以点带面。

由于"法轮功"邪教犯所特有的自我封闭心理，他们对正常人的说服劝导总表现出质疑和反感，常规的正面教育引导很难发挥效应。相比之下，树立转化典型、以点带面、促进多数人转化的教育模式常常具有独特的功效。实践证明，邪教犯的转化典型，在协助监狱民警做转化的工作中，容易在他们之间产生认同感，增强说服力，产生以点带面的转化效果。这就要求监狱民警对典型要有意识的培养、保护和指导，并善于恰当地让其发挥作用。在典型的培养上，既要先易后难，也要有意识地培养一些文化水准较高、论辩能力较强、在邪教犯中有一定威信的罪犯。利用他们的切身体会，彻底揭穿"法轮功"邪教本质和虚假面目，从根本上动摇、瓦解邪教犯对"法轮功"信仰的基础，起到"拨亮一盏灯，照亮一大片"的效应。

5. 因人施教，综合施治。

由于邪教教义的影响，"法轮功"邪教犯的思维和行为方式都在不同程度上脱离了正常人的轨道，要想从根本上转化其思想，改造其灵魂，必须仔细分析每个罪犯的练功原因、中毒深度、家庭背景及自身因素，找准切入点，打掉支撑点。要正确运用集体教育、个别教育、亲情感化、社会帮教、心理矫治、政策引导、人格感化、文化熏陶、对比醒悟、及时鼓励等行之有效的教育方法和攻心策略，对症下药，视病开方。当然，在转化过程中，有的是一、两种教育方法起了主要作用，有的则是多种方法综合产生的作用，这就要因人而异，因时而异，因势利导，综合施教。

6. 迂回渗透，潜移默化。

针对有的邪教犯中毒较深，已逐渐脱离人情、人性的特征，应采取情感渗透的长效教育方法。对那些情感比较冷漠、一时钻牛角尖的罪犯适当冷落一段时间，给他们沉思反省的机会。可安排其参加劳动，用辛勤劳动，唤醒感情，唤醒人生，在改造环境中逐渐陶冶情操，净化心灵，改变其原有的意识形态。同时要从关心其生活、家庭着手，组织他们看报看电视，帮助其解决家庭困难，关心其子女生活，积极配合有关部门妥善解决其就业、学籍等问题，唤起他们的良知。要增加亲情投入，发动家属、亲友和单位人员等进行帮教，突破邪教犯的心理防线，拉近距离，消除对立，最终促进他们的转化。

7. 突破程式，摸索创新。

对于少数"法轮功"的顽固分子，只靠浅层的程式化教育很难对其突破，他们对以法破法、亲情感化、典型引路等办法具有相当的抵抗能力，一见谈话，首先将自己封闭起来，监狱民警怎么说，怎么做都无动于衷。因此必须认真分析每个人的特点，坚持一人一策，研究和运用新的方法，实现攻坚突破的目的。群策群力，通盘考虑，制订攻坚方案，开始具体转化工作后，要在不断的交锋中，随时分析情况，随时调整思路，在动态之中寻找转化的突破口。讲究谈话的艺术和角度，结合各方面知识，运用生动活泼的语言、灵活多样的形式，使其听，使其信，使其服，从心理内部攻破顽固堡垒。

8. 坚持不懈，巩固提高。

与"法轮功"邪教组织的斗争，具有长期性、艰巨性、复杂性，所以必须树立长期作战的思想，秉持坚持不懈的工作精神，寻找切入点，找准突破口，强攻转化，一步接一步，一环扣一环，直到彻底转化。初步转化后，抓好巩固提高工作，增强其转化后分辨是非、抵抗诱惑的能力，防止思想断档。"法轮功"歪理邪说再次回潮，使得其思想更加顽固，加大转化工作难度。

二、危害国家安全犯罪服刑人员的教育

（一）危害国家安全犯罪服刑人员的概念

危害国家安全犯罪是一种性质最严重、社会危害性最大的犯罪，有危害国家主权、颠覆政权的犯罪，叛变、叛逃犯罪，间谍、资敌罪三大类。危害国家安全犯罪服刑人员（以下简称危害国家安全犯），是指故意实施了危害中华人民共和国国家安全的行为，触犯刑律，依法受到刑罚处罚，在监狱关押改造的罪犯。

（二）危害国家安全犯的主要特点

1. 反党反社会主义思想强烈，"民族自尊心"强烈。

危害国家安全犯是民族分裂主义势力的组成部分，是国内外分裂势力的应声虫和马前卒。民族分裂主义的活动本质就是反对和颠覆中国共产党领导的社会主义制度和人民民主专政政权，妄图达到分裂祖国，实现"独立"的犯罪目的。入狱后，危害国家安全犯继续顽固的坚持分裂立场，具有强烈的反社会意识和对抗性，这种抵触和敌对心理是他们原有的反动犯罪心理的继续和强化，反党反社会主义妄图达到罪恶目的的野心依然强烈。危害国家安全犯中的少数民族罪犯，"民族自尊心"强烈，他们不能容忍对本民族的"歧视"、"讽刺"和"过激"的言行刺激。他们强烈的要求"尊重"民族信仰、文化行为、生活习惯，并常常以党和政府如何对待其他性质罪犯的待遇来衡量对自身权利是否真正落实，以此作为衡量民族关系是否平等，人格是否受到尊重的标准。

2. 拒不认罪，虚伪改造。

危害国家安全犯有的敢于暴露思想，平时与监狱民警谈话时，他们不掩饰自己的犯罪观点，并公开反对四项基本原则，进行"合法斗争"以争取改善生活待遇和放宽管理措施，但狡黠谨慎，很难抓住违纪把柄；有的口称自己认罪

服法，实际上这种"认罪"态度是慑于人民政府强有力的打击及法律的威严，内心不甘心失败，对监狱的各项管理制度多不满意。由于内心并未真正认罪悔罪，对劳动改造有的消极应付，敷衍了事；有的伪装积极以争取早日出狱，继续进行危害国家安全的犯罪活动。

3. 思想的顽固性轻重不一。

有的危害国家安全犯，犯罪原始动机是为了钱，为追求资产阶级的生活方式。尤其是年轻罪犯，并不了解中国历史、中国国情，也谈不上有系统的思想、理论体系，犯罪观并不十分顽固。有的危害国家安全犯特别是危害国家主权、颠覆政权类的罪犯，思想顽固，其犯罪有深厚的思想根源和理论武器，如"泛伊斯兰主义"，"泛突厥主义"，是反动的民族观和宗教观的集中体现。

4. 关心形势，自尊心强。

他们非常关心政治形势，渴望获得大墙外的信息，认真、反复收听广播，收看电视新闻，按己所需进行分析判断，并将自己的命运与形势紧紧连接在一起。由于他们有一定的文化素养，生活上无劣迹，看不起盗窃犯、抢劫犯、强奸犯等其他罪犯，强烈要求监狱民警尊重其人格，注意方法，当体验到监狱民警的关心和善意后非常感激，往往会因此出现转机。

（三）危害国家安全犯的教育改造对策

1. 隔离监控，分而治之。

发挥监狱强大的威慑力，依据危害国家安全犯不同的类别、身份、思想的顽固性和危险性，把境外的与境内的分别编组，限制活动范围，严禁串监串组。对极个别犯罪思想顽固的罪犯实行单独关押，专人看管，严禁与其他罪犯接触。在时空上要严格限制，减少相互勾结、相互感染的机会，迫使他们不敢轻举妄动。

2. 消除敌对情绪，激发改造动机。

危害国家安全犯入监后普遍心理负担较重，伤感、绝望、孤独等情绪体验极为深刻，与监狱民警情感上抵触对立。因此，遵循心理相容的原则，要通过与罪犯的频繁接触，正确贯彻执行党的监狱工作方针、政策，妥善处理罪犯中发生的各种问题，尊重宗教信仰和生活习惯，切实解决某些个人生活和家庭的困难，让危害国家安全犯通过亲身体验党的政策的宽大和监狱民警的善意、尊重，从而对监狱民警产生信任感，继而产生改造动机。

3．加强思想教育，转变犯罪立场。

危害国家安全犯都有政治目的，其核心是反对社会主义制度和中国共产党的领导。由于有些人还年轻，他们并不了解中国的国情，也没体验到社会主义制度的优越性，受西方思想的影响或接受了资产阶级自由化的主张，走上了犯罪道路，因此对危害国家安全犯必须进行国情教育、四项基本原则教育、爱国主义教育、认罪服法教育。各项教育内容融为一体相互渗透，使之逐步内化为罪犯的新的思想基础和心理因素，转变犯罪立场，改造罪犯世界观。

4．因势利导，开展社会帮教。

关心形势是危害国家安全犯固有的特性，应把形势教育作为主课贯穿于教育改造始终。不封闭信息，每天让他们看报，听新闻，收看录像、电视，就他们关心的时事、热点问题进行点评。组织外出参观，让他们看到中国的繁荣和富强，引导他们正确认识形势，消除和减少不切实际的幻想。借助社会力量，亲情的影响，特别是有识之士的规劝，共同做好对危害国家安全犯的思想转化工作。

5．强化个别教育，促进思想根本转变。

危害国家安全犯相对其他罪犯来说思想比较顽固，普遍进行的理论教育尚不足以从根本上动摇他们的犯罪根基，还需要大量的有渗透力的个别教育来攻心和攻坚。多做个别教育，通过耐心细致的说服教育进行转化，以典型带动一般，促进他们思想的根本转变。

6．开展心理研究并对其进行矫治。

积极开展对危害国家安全犯的心理研究，通过心理咨询与研究挖掘出他们犯罪行为的思想源头，并根据反动思想的顽固程度和狱内的现实危险性，建立心理矫治个人档案，有针对性地制定改造对策，对其他有心理障碍的，针对不同性格进行个别矫治，既要触动思想，又要讲究方法技巧，多采用"冷处理"，避免用刺激性的语言行为触怒他们，防止适得其反。

三、黑社会性质犯罪服刑人员的教育

（一）黑社会性质犯罪服刑人员的概念

黑社会性质犯罪服刑人员（以下简称黑社会犯），是指组织、领导和积极参加以暴力、威胁或者其他手段，有组织地进行违法犯罪活动，称霸一方，为

非作恶、欺压、残害群众、严重破坏经济、社会生活秩序的黑社会性质的组织，触犯刑律，依法受到刑罚处罚，在监狱关押改造的罪犯。

（二）黑社会犯的主要特点

1. 对抗抵制改造。

黑社会犯的犯罪恶习深，对社会怀有强烈的不满，特别是对司法机关一直持对抗态度，当被刑罚处罚后，对其所处的地位和环境更加不满，留恋犯罪生活，恼恨狱内的生活和环境，原有的犯罪心理转化抵触心理。有的黑社会犯因有一定的经济基础，在社会上有复杂的关系网，并时常受到这些关系网的保护，使这些罪犯常常忘记自己的身份，有的甚至有恃无恐，这些心理表现在罪犯教育改造活动中的抗拒改造行为。他们或消极改造，放任自流；或以身试法，破坏监规队纪。

2. 怨恨报复心理强烈。

黑社会犯投入监狱后，不是忏悔自己的悔过，痛恨自己的犯罪行为，而是怨恨团伙的出卖，怨恨被害者的告发及知情人的检举，怨恨公安、检察、法院及监狱工作人员。极度的怨恨心理容易转化成为报复心理，特别是黑社会性质组织犯罪集团的首领、骨干成员由于在长期的犯罪活动中，犯罪动机一再被强化，形成了特有的犯罪动力定型，逐渐由对刑罚的个人抵触心理发展到对社会的报复心理。这些罪犯的报复心理，在监狱内表现为两种方式，一方面表现为对报复对象的直接的攻击行动，如不服管教，破坏监规，组织犯罪团伙等；另一方面表现为对报复对象的间接攻击行动，将心中的怨恨发泄到其他的人或事物上去，如消极怠工等。

3. 拉帮结伙，称王称霸，纠合性和团伙性很强。

黑社会犯讲究江湖义气，帮派思想很深，他们大都有人多势众、弱肉强食的集团犯罪心理体验，产生了一定的心理定势。这种思想和心态延续在服刑阶段就表现为拉帮结伙，他们往往以老乡、同类犯、共同嗜好等纠合成狱内团伙，称兄道弟，伙吃伙喝，欺压弱小，排挤异己，相互传授反改造经验，扰乱改造秩序。特别是一些黑社会性质组织犯罪的首犯、骨干分子，自认为曾在社会上称霸一方，呼风唤雨，因而入狱后不甘心寂寞。他们凭借自己经济上的实力、组织上的能力、社会上的关系，会很快取得其他罪犯的信任，网络一批亲信，形成较大的、有组织的狱内团伙。狱内一些罪犯，因为诱惑或迫于无奈或为了

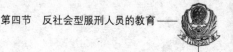

寻求"庇护"、"靠山"，很容易成为狱内团伙的成员。以此类罪犯为核心的狱内帮派的形成，又会使其所固有的反社会情绪扩散，形成新的亚文化组织，使狱内罪犯结伙违规的可能性大大增加。

4. 暴力违规违纪，威胁监管安全。

黑社会犯的最大特点是心狠手辣、胆大妄为，暴力是他们实施犯罪的一种基本手段。这些罪犯的年龄普遍偏轻，大都年轻气盛、争强好斗，具有很强的攻击人身危险性。入狱后，他们打架斗殴、寻衅滋事，充当牢头狱霸，制造各种暴力违规、违纪行为；一些人与狱内其他罪犯，狱外团伙成员或刑满释放人员串通一气，借助现代化通讯工具、运输工具和其他先进设备实施暴力劫狱或越狱，对监狱安全和监狱民警安全构成极大威胁。

5. 行为狡诈，随机应变。

黑社会成员中的头目和骨干分子受到过刑事、行政处罚的居多，具有同政法机关"打交道"的经验。这些罪犯阴险、狡诈、老谋深算，对监狱民警阳奉阴违，口是心非，改造中"做样子"、"混日子"，明里认罪服法、服从管理，暗地里却恶习不改，挑起事端，其行为具有较强的伪装性和欺骗性。在改造过程中，黑社会犯往往能够见风使舵，审时度势，形势紧一紧，他们就随一随，形势松一松，他们就拖一拖，有一定的应变性。这种应变性容易使监狱民警产生麻痹心理，放松对他们的教育，最终难以得到有效的教育效果。

6. 多方渗透，拉拢腐蚀。

黑社会犯具有较强的经济基础，有的还具有一定的社会背景，并且在犯罪过程中也积累了腐蚀拉拢国家工作人员的经验。在改造中，他们比一般的罪犯更大胆、更直接表露出改造的功利性和腐蚀性。他们往往通过亲属、以前的同伙或集团所编织的关系网，通过金钱、美色等手段，在监狱民警身上寻找突破口。另外，监狱经济的滞后，监狱民警生活所面临的困难，有可能使个别法制观念不强、意志薄弱的监狱民警抵挡不住糖衣炮弹的攻击，成为黑社会犯在狱内的"靠山"和"保护伞"，为黑社会犯提供方便，甚至共同犯罪。

（三）黑社会犯的教育改造对策

1. 分别关押，从严管理，重点矫正。

纠合结伙是黑社会的基本特征。入狱后，他们为了抗拒改造主观上仍极力想纠合到一起。对此，监狱必须严格管制和坚决打击，对同一组织的成员特别是首犯、主犯、骨干分子切忌分到同一监狱服刑，从犯、胁从犯也尽可能分押到不同监区、分监区，避免他们在狱内重新纠合在一起。还要加强对黑社会犯的严格管理，对他们实行严格的包夹，把他们置于24小时的控制之下，可以有效地防止他们发生一些突发事件；严格他们出入监区管理，可以有效地防止他们与外界的罪犯接触，防止所谓的狱内强势人际关系的形成；严格审查他们的通信、接见，可以有效地防止他们与外界接触，控制其信息，防止其外内勾结；严格执行罪犯的劳动规定，可以有效地防止他们消极对待生产劳动，逐步建立起劳动最光荣的思想；严格禁止他们从事特殊工种和担任勤务犯，可以有效地打击黑社会犯的虚荣心和"优越性"；严格其考核奖惩，可以使监狱民警牢牢把握教育改造他们的主动权。对这类罪犯的各种违规违纪行为，坚持露头就打，绝不姑息迁就。在严格管理的基础上，实施积极的矫正教育对策。只管不教，只能是陷入长期的冷战状态，也许他们不敢轻举妄动，但不利于黑社会犯的有效转化。相反，积极的，适度的教育能够增加其对监狱民警的认同和信任，从而消除戒备心理，放弃对抗意志，积极改造。

2. 开展心理诊断，注重心理矫治。

黑社会犯的反社会情绪及其他犯罪情绪，使他们不同程度地患有某种心理疾病。因此，正确认识黑社会犯的心理缺陷，加以针对性的心理咨询及矫治是管教手段科学化的突出表现。一是要搞好对黑社会犯的心理诊断，对他们的心理个性特征和心理状态做出客观的分析。了解其认识偏激，情感冷酷，需求畸形，恶劣动机顽固等主要心理缺陷。二是在心理诊断的基础上，制定好心理矫治措施。对黑社会犯的矫治计划，做到一人一份。一般内容包括教育改造目标，分步矫治方法运用，劳动、学习、行为训练、环境熏陶、个别教育等手段配合设计，成果巩固，方案修正等。同时，要建立黑社会犯的心理档案，把每一阶段的矫治情况、效果反应归档。

3. 有的放矢，完善教育内容。

要针对黑社会犯存在的团伙意识，大力加强集体主义思想教育。团伙意识是建立在个人主义、无政府主义、享乐主义思想基础上的封建行帮思想、江湖义气在新的条件下的嬗变。要通过集体主义教育，破坏他们头脑中原有的极端个人主义思想，用集体主义的思想代替团伙意识。要抓好法制观、道德观、价值观的"三观"的培养教育，使其从思想深处认识到反社会意识的危险性，意

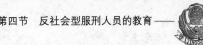

识到国家法律的威严，从而培养良好的道德品质，让诚实感、义务感、羞耻感重新回到这些人身上。针对黑社会犯无业从业人员多的状况，加强职业技术教育，使其学好一门实用技术，掌握谋生致富技能，将有利于其回归社会、重新做人。针对罪恶感减弱这种状况，要重点教育他们正确认识社会负面因素，分清主流、支流，消除对社会的偏见。针对所犯罪行多是侵财犯罪，教育内容上要引导他们用正当手段获取财物，爱财无错，但要取之有道，不能发黑心财、昧心财。

4. 采用多种方法，提高教育实效。

一方面，实行区别对待政策。对主犯，骨干分子在采取严格管教措施的同时，应针对其思想心理、行为特点制订矫正方案，并切实抓住最能触动其心灵的关键问题，循序渐进地开展个别教育。要监狱领导或选择有经验的监狱民警亲自施教，做到专人负责。要通过教育，消除他们的戒备心理、抵触心理，促使其真心悔罪，安心接受改造。此外，还可以利用此类罪犯在集团内部有较强的服从性特点，通过首要分子、骨干分子的转化，实现转化一个，带动一片的目的。对从犯、胁从犯的改造可以以正面教育为主，帮助他们分析黑社会犯罪的危害和后果，引导他们走积极改造的道路。另一方面，注重推行情感教育。黑社会犯虽然在改造中有抗改的因素，但并不是不可以改造的，要积极发现他们身上可利用、可转化的契机，对这类罪犯要做到恩威并重，刚柔相济。刚性管理要严格体现法制的威严，打击其嚣张气焰。柔性手段的使用，要选择其薄弱环节，抓住改造的最佳时机，以情感人，沟通心理。开展亲情帮教、社会帮助，从思想上感化，从生活上关怀，消除其与社会对立的情绪，感受到政府和社会的温暖，启发良知，增强悔罪感。

思考题

1. 经济犯的主要特征是什么？如何进行有针对性的教育？
2. 盗窃犯的主要特征是什么？如何进行有针对性的教育？
3. 如何加强对暴力犯的教育改造？
4. 如何加强对淫欲型犯的教育改造？
5. 如何加强对法轮功服刑人员的教育改造？

参考书目

1．王秉中主编:《罪犯教育学》,群众出版社,2003 年版。

2．杜雨主编:《监狱教育学》,法律出版社,1996 年版。

3．刘世恩主编:《中国罪犯改造理论与实践研究》,吉林人民出版社,2002 年版。

4．何鹏、杨世光主编:《中外罪犯改造制度比较研究》,社会科学文献出版社,1993年版。

第九章

对几种不同类型服刑人员的教育

内容提要

　　本章主要阐述和讲解如何对未成年服刑人员、女性服刑人员、新入监服刑人员、即将出狱服刑人员的教育改造问题。通过分析其心理和行为特点，明确对各类型罪犯的教育内容及教育改造策略。

重点问题

- 未成年服刑人员的主要心理和行为特点及教育改造措施
- 女性服刑人员的主要心理和行为特点与教育改造策略
- 新入监服刑人员的心理和行为特点
- 对新入监服刑人员的教育改造工作体系
- 出狱人的心理和行为特点
- 对出狱人指导和教育的内容及教育改造的实施体系

第一节　对未成年服刑人员的教育

一、未成年服刑人员概念

未成年服刑人员是指因触犯国家刑律而被判处刑罚的满 14 周岁至 18 周岁，

并在未成年人管教所服刑的服刑人员。未成年服刑人员正处于长身体、长知识的时期,他们思想尚未定型,可塑性强,具有特殊性。根据未成年服刑人员的身心特点,对未成年服刑人员的教育改造国家法律有明确规定。《监狱法》第74条规定:"对未成年犯应当在未成年犯管教所执行刑罚。"第75条规定:"对未成年犯执行刑罚应当以教育改造为主。未成年犯的劳动,应当符合未成年人的特点,以学习文化和生产技能为主。"这些规定为未成年服刑人员管教所对未成年服刑人员实施教育改造提供了法律保障。

二、未成年服刑人员的犯罪原因和特点

(一)未成年服刑人员的犯罪原因

1. 生理原因。

未成年服刑人员处在身心发展不平衡的青少年时期,是人生中的"断乳期"和"叛逆期",是人从儿童向青年过渡的至为关键的一个时期。处于这一特殊时期的人,无论从生理上还是心理上,都经历着一场巨变,主要表现为:求知欲增强,交往需要增加,有虚荣心,喜欢刺激,富于幻想,易接受暗示,模仿力强,有好胜心,易于冲动,爱感情用事,有较强的独立意向,希望根据自己的想法、兴趣去行事,认识问题直观、片面,缺乏成年人具备的分析、判断、辨别能力。这种身心发展的不平衡,使他们抵抗外部世界的干扰能力显得相当脆弱,一旦遇到外界不良因素的刺激,很容易做出越轨的举动,实施违法犯罪。

2. 个性原因。

个性倾向性是个性中最主动、最积极的因素,它决定着人对现实的态度,决定着人的认识和活动的趋向与选择。个性倾向性包括人的需要、动机、兴趣、观念等,不良个性倾向性是大多数未成年人实施犯罪行为的主观心理因素。未成年服刑人员的不良个性倾向在需要方面主要表现为:具有强烈的物质欲、权力欲、报复欲;在观念体系上主要表现为:以自我为中心、极端利己的价值观;追求金钱、享乐、名利、实惠的人生观;善恶、美丑、荣辱、爱憎、是非颠倒的道德观;"哥们义气"高于一切的封建行帮式的友谊观;放荡不羁、崇尚低级感官刺激的性爱观等。正是在这些强烈畸形的欲望驱使和错误观念的支配下,一些未成年人走上了犯罪的道路。

3. 家庭原因。

家庭是未成年人生活、成长的第一空间，是他们最早接触的"小社会"。父母代表社会对子女的教化也是最为深刻的，甚至会影响子女的一生。调查与研究表明，未成年人的身心在家庭这一环境中能否健康发展，与家长对家庭的责任感、态度，对子女的教育引导，与其自身性格和言行举止有着密切的联系，若父母对家庭具有强烈的社会责任感，对子女的态度适当，教育、引导得法，自身性格、言行举止良好，家庭的内聚力、亲和力强，正面影响大，子女实施不道德行为，违法犯罪的可能性就很小。反之，子女受到的负面影响大，实施违法犯罪行为的可能性就大，甚至直接导致犯罪。其中影响未成年服刑人员犯罪的不良因素主要有亲情过剩、疏于管教、家庭暴力、单亲家庭、不轨家庭等。

（1）亲情过剩。

目前，在我国城镇，18岁以下的未成年人大多数是独生子女，这些在"四二一"家庭结构中长大的独生子女，从小就受到祖辈、父辈的百般宠爱，被过度的亲情所包围，这使他们中的有些人因而养成了不良性格，形成了不良的意识和行为习惯。凡事总是先考虑自己，从个人角度出发，不达目的不罢休。为了达到个人目的，满足自身的需要，他们可以不择手段，不受任何约束，甚至以身试法，以致违法犯罪。

（2）疏于管教。

一些家长对子女的管教缺乏应有的社会责任感，自觉与不自觉地放弃了对子女的管教义务。对子女身上的错误和缺点，或是不闻不问，放任自流；或是蜻蜓点水，关心帮助不够；或是一打一骂了事。更有甚者，为了"发家致富"，有的家长竟使子女弃学经商，不惜以子女成为新文盲或半文盲为代价。生活在疏于管教家庭中的子女，因得不到父母及时而悉心的管教，生成不良品性，终由小错而大错，直至违法犯罪。

（3）家庭暴力。

对生活在暴力家庭之中的青少年来说，因耳濡目染或亲身体验过暴力侵害，心理受损明显，心中阴影严重，致使子女养成仇恨、冷酷、撒谎、逆反等不良性格。家庭暴力导致一些未成年人离家出走，到社会上去寻找温暖与爱心，因而难免被坏人引诱利用，或者导致一些未成年人直接向社会"施暴"，向"弱者"施暴。

（4）单亲家庭。

近几年来，离婚现象越来越严重，单亲家庭日益增多，这对未成年人健康成长极为不利。由于种种原因，一些单亲家庭的父亲或母亲缺少了原来对子女的关心、体贴、爱护、管理和教育，有的家长甚至从一个极端走到另一个极端，粗暴地打骂子女，虐待子女。这一切都给未成年人的身心造成了伤害，一些未成年人因此变得孤僻、抑制、自卑、冷漠、任性，仇恨父母，对学习、生活和家庭失去信心。这种心理很容易被别有用心的人所利用，导致未成年人违法犯罪。

（5）不轨家庭。

不轨家庭是指家庭成员中有不道德或违法犯罪行为的家庭。生活在不轨家庭中的未成年人，易接受暗示，模仿成人的不良举止，久而久之，逐渐同化、堕落，最终滑入违法犯罪的泥潭。

4．学校管理教育方面的缺失。

（1）对"差生"关爱不够。

由于现行应试教育制度本身存在的弊端，使一些学校对"差生"爱护不够，缺乏关心与耐心，他们或者采取歧视、冷漠的态度，对"差生"视而不见，放任不管，或者只是向家长"告状"了事。有的教师则态度粗暴，采取训斥、辱骂、体罚、讽刺挖苦的做法，其结果往往伤害了学生的自尊心，使他们对学校与教师产生强烈的抵触情绪与逆反心理，对学校和教师的信赖、依附心理逐渐减弱，甚至荡然无存。于是，一些"差生"索性破罐破摔，无所顾忌，在校内或社会上游荡，惹是生非，违法乱纪，甚至实施严重危害社会的活动；一些"差生"则干脆辍学，过早流入社会，混迹于不良小群体，在与有劣迹的人员交往过程中，受到同化，走上邪路。

（2）法制宣传教育不够。

一些学校的法制宣传教育工作未能展开，或开展得不够，致使一些未成年人不能掌握基本的法律知识而成为法盲。由于缺乏法律知识，法律意识难以形成，法制观念淡薄，使得这些未成年人在触犯法律后，还不知道或不太清楚个人的行为将受到法律的制裁。

（3）青春期性健康教育和性道德教育不够。

未成年人处在青春期，一些学校却有意无意地回避、放弃对未成年人的青春期性健康、性道德教育，这使得一些未成年人丧失了从正当渠道接受正确教育的机会，而接受了来自于社会不良的性信息、性知识与性观念，有的因此而陷入性犯罪泥潭，走上违法犯罪的道路。

（4）心理健康教育缺乏。

青少年时期是一个人心理发展最不平衡的时期，需适时进行心理健康教育。他们渴望独立，把自己看成一个成年人，不希望被人说教，但是他们对外界的认知、情感、意志还不成熟，还没有完成主观世界与客观世界的统一。

5．社会不良因素的影响。

（1）社会不良现象的影响。

在市场经济大潮的冲击下，以权谋私、索贿受贿、权钱交易、权色交易、吃喝玩乐等奢侈腐化现象严重败坏了社会风气，也给未成年人带来极大的负面影响。

（2）社会部分人员高消费生活的刺激。

在社会主义市场经济条件下，人们的生活水平日益提高，生活方式在发生变化，但社会贫富差距依然存在。一些先富起来的大款、大腕们行云流水般的高消费生活方式，给一些家境贫穷或不太富裕的未成年人心理带来严重的心理不平衡，他们从最初的羡慕、眼红发展到想亲自体验仿效，直到竭力追求。为了搞到大量的金钱去实现个人的目标，他们采取了违法犯罪的手段，如盗窃、抢劫、卖淫等。

（3）精神垃圾的腐蚀、毒害。

改革之初，由于文化市场管理失范，某些环节管理不严，查处不力，致使一些质量低劣、格调低下、内容庸俗，以宣扬色情、暴力为主的精神垃圾产品充斥文化市场，这对一些缺乏辨别能力的未成年人毒害很大。当前蓬勃发展、却监管失控的一些网吧，也使一些未成年人被不健康的、影响身心发展的精神垃圾毒害，负面影响极大。

（二）未成年服刑人员的犯罪特点

我国处于发展社会主义市场经济时期，新的体制尚未完全确立，社会的某些领域存在暂时的无序和失控现象，人们的思想意识较为混乱，同时由于未成年人的认知能力较低，尚未形成成熟的人格，一旦得不到有效的保护，极有可能走向犯罪。尽管社会不断加大治理未成年人违法犯罪的力度，但由于诸多因素，使未成年人犯罪成为社会犯罪构成人员的一个主要方面。主要呈现以下特点：

1. 犯罪人数急剧上升。

据相关统计，中国大陆未成年人犯罪案件呈上升趋势。

2. 犯罪性质恶劣。

一是暴力犯罪上升，其中财产型犯罪尤为突出；二是预谋犯罪上升，这一方面反映在未成年人在作案过程中，手段凶狠、残忍，另一方面又呈现出明显的成人化和智能化特点。

3. 犯罪方式团伙化。

据有关资料显示，在未成年人犯罪中，一人或结伴作案的只占20%，其他均为团伙作案。这类犯罪能量大，范围广，得逞率高，社会破坏力强。

4. 犯罪呈现低龄化趋势。

近几年以来，在未成年人犯罪中，犯罪的低龄化倾向非常明显，在有些犯罪案件中，参与作案的最小年龄降至十岁。

三、未成年服刑人员的主要心理、行为特点

（一）没有罪责感，改造行为差

主要表现在有罪不认，认罪不服，缺乏罪责感和赎罪心理，服刑改造得过且过，没有明确的改造目标，享乐思想突出，怕过艰苦的改造生活，视犯罪为平常事，视监规为儿戏，小打小闹不断。由于他们缺乏罪责感，在改造中表现出经常违犯监规纪律的行为。

（二）消极性格特点明显，恶习较多

多数未成年服刑人员存在着消极性格特点，主要表现为随心所欲、放荡不羁、情绪易变、追求新鲜刺激、争强斗狠、自我表现欲望强烈、好"打抱不平"，而这些消极的性格特点，表现在行为上，就形成了种种恶习：服刑期间，表现为行为无规无矩，东西乱扔乱丢，粗话、脏话连篇。在劳动中拈轻怕重，偷懒耍滑，出工不出力；在学习上怕吃苦受累，厌恶学习，认为读书无用等。

（三）情绪不稳定，易冲动，经常恣意行事

未成年服刑人员的情绪往往与本能需求或低级欲望相联系，常因欲求不能被满足而产生消极否定情绪，其消极情绪生得快，消失得也快，稳定性差。他们往往缺少理智，对自己情绪调控能力较差，容易因为一点小事而兴奋激动或怒不可遏，情绪的冲动性较明显，在冲动情绪支配下易产生盲目的行动，产生

对人、对己都不利的危害结果，尤其是在激怒状态下，可以不顾监规纪律约束，恣意行事，不计后果，因而存在着现实的危险性。

（四）爱慕虚荣，追求奢侈

未成年服刑人员往往非常看重自己的"脸面"，他们会通过各种渠道显示自己的本领，以便博得其他服刑人员的尊重。对于伤害自己"尊严"的行为反应强烈，难以忍受．某些未成年服刑人员为了显示自己与众不同，不管自己的家庭能否承受，穿讲高档，吃、用讲排场，通过高消费来满足自己的虚荣心。

（五）依附性强，好结团伙

由于未成年服刑人员在心理上还不完全成熟，虽然有了独立性意向，但仍然具有一定的依赖性，合群愿望强烈，喜欢广交朋友并成群结伙地活动，加之封建行帮思想的影响，未成年服刑人员在服刑期间，仍然会以"老乡"为基本形式，以"同案"为辅助形式形成各种狱内非正式群体，在利益与需求一致的时候，他们会不计后果采取统一行动，破坏监所秩序。

（六）缺乏自我控制能力，改造反复性大

未成年服刑人员由于年龄较小、生理心理阶段特征和自我意识尚未形成，思想发展不成熟，缺乏自我控制能力，遇事容易冲动，做事不计后果，情景性极强，行为盲从。同时，他们在心理和行为上冲动但不固执，容易改悔但不够稳定，与其他未成年服刑人员为一点小事可以大打出手，监狱民警对其进行推心置腹的谈话后，他们又会痛哭流涕，感动不已，表示要痛改前非。转化和逆变，变好和变坏往往交替出现，改造反复性大。

四、未成年服刑人员的教育改造措施

（一）加强对未成年服刑人员的思想教育，狠抓行为矫治和养成工作，重新培养未成年服刑人员的良好道德品质和行为习惯

针对未成年服刑人员正确思想缺失、恶习较多的特点，要大力加强未成年人的思想教育和行为养成教育的比重和强度，从道德观、价值观、人生观和世界观的树立和行为习惯的培养入手，重点做好以下工作：一是强化社会主义道德观、价值观、人生观和世界观教育，了解美与丑、野蛮与文明、英雄与亡命徒的区别和标准，自觉用社会主义信念规范自己的行为。二是强化行为矫正

和行为训练，明确行为规范的标准。狠抓改造行为规范的宣传和落实，在日常管理中对照规范严格要求，及时矫正不良言行。抓好未成年服刑人员开会、队列、上课、出收工、就餐、文体娱乐等集体活动中的行为训练，培养令行禁止，一切行动听指挥的意识。三是狠抓内务卫生，开展经常性的检查评比活动，表扬先进，批评落后，让其养成良好的生活行为习惯。

（二）加强心理健康教育和心理矫治，培养未成年服刑人员的健康人格

对未成年人来说，由于他们正处于"心理上的断乳期"，在这个阶段，他们独立意识大为增强，但面对困难和挫折的心理承受能力却较差，一旦遇到失败，就容易灰心丧气，甚至自暴自弃，破罐破摔，走上报复社会、与社会对抗的违法犯罪道路。《预防未成年人犯罪法》第5条规定："预防未成年人犯罪，应当结合未成年人不同年龄的生理、心理特点，加强青春期教育、心理矫治和预防犯罪对策的研究。"因此，心理健康教育是矫治未成年服刑人员违法犯罪的重要治本措施。监狱、未成年犯管教所在对未成年服刑人员的教育改造过程中，要采取心理矫治的科学方法，提高教育改造质量。要根据未成年服刑人员的生理、心理发展特点，运用有关心理教育方法和手段，培养他们良好的心理素质，促进他们身心全面和谐发展。要建立心理健康教育和心理矫治机构，开通心理咨询电话，开设心理辅导网站，对有心理障碍和行为异常的未成年服刑人员进行心理咨询与心理矫治。在对未成年服刑人员的教育改造中，管教所民警首先要培养他们的自信心，使其形成健全的人格。同时，在心理健康教育过程中，要谨慎使用测试量表或其他测试手段，不能强迫他们接受心理测量，不能简单靠量表测试结果下结论。

（三）将文化知识学习、职业技能培训列为日常教育改造工作的首要任务

针对未成年服刑人员文化程度普遍较低的现状，立足未成年服刑人员的未来与实际和监狱的改造职能及未来社会的需要，不仅仅是要扫盲，更要办好小学、初中班的教学，大力倡导未成年服刑人员自觉接受中等和高等教育，采取灵活多样的教育方式，进行文化知识补课，真正提升未成年服刑人员的知识层次和水平。在提高未成年服刑人员的文化水平的同时，要大力开展职业技术教育，未成年人管教所要根据未成年服刑人员的身心特点和管教所实际，联合社会劳动部门、职业学校，采取多种途径，尽可能为未成年服刑人员学习技术创造条件，使其学会某一生产技能，掌握一技之长，在释放后能立足社会。

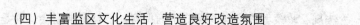

（四）丰富监区文化生活，营造良好改造氛围

根据未成年服刑人员的身心特点，组织他们开展形式多样、丰富多彩的文化娱乐活动。所内黑板报、宣传栏、图书室、阅览室和小报，让服刑人员自己办，自己编，自己读，自己感悟；定期开展健康有益的读书会、朗诵会、演讲会，发展未成年服刑人员的智力；开展经常性的歌咏比赛，举办文艺晚会，自编自演，小型多样，活跃所内生活；开展经常性的体育活动，举办运动会，开展球类、棋类比赛活动，在促进他们身体素质提高的同时，也给他们一个展示自己才能的机会。同时，还可以组织他们观看电视、电影，举办讲座，接受革命传统教育，全方位培养其健康向上的心理，转移他们的再犯罪心理，营造一种积极、健康、和谐的教育改造环境。

（五）培养积极、健康、向上的良好群体

未成年服刑人员模仿、从众心理较强，在群体活动中各种恶习容易相互感染，这就要求监狱民警建立一个比较健康的未成年服刑人员改造集体。一方面，应发挥舆论的导向作用，奖优罚劣，引导他们养成良好的习惯和作风，以规范自己的行为；另一方面，要树立榜样，推出小组或分队为样板，让全体人员学习仿效，从而把个别的、局部的良性效应变成整体的和全局性的行为规范，使之逐渐形成一个健康向上的大群体。

第二节　对女性服刑人员的教育

女性服刑人员是指因实施犯罪行为而触犯刑律，依法受到刑罚处罚，在监狱服刑的女性罪犯。女性服刑人员的类型主要包括：杀人、伤害、抢劫等暴力型罪犯；盗窃、诈骗、贪污、拐卖人口、贩毒等财产型罪犯；重婚、强迫、引诱、容留妇女卖淫犯罪等婚姻家庭和性罪错型罪犯；"法轮功"及其他邪教类等。

一、女性服刑人员的主要心理、行为特点

（一）理性思维较差，感性思维较强

主要表现为：一是认知范围的狭窄性。女性服刑人员对自己的罪行不能正

确评价，对监管法规、政策等许多问题不能正确理解，不是牵强附会，就是发生抵触。二是认知过程的直观性。女性服刑人员对抽象概念较难接受，相信经验，否定理性，抽象思维能力低于男犯，但感知的敏锐性常超过男犯。三是认知的独立性差。缺乏主见，易受他人暗示影响，认知易反复，思想不稳定。

（二）注重实际价值观，改造中讲求务实

女性服刑人员一般无较高的追求，不关注政治，目光短浅，改造中的心理活动与生活琐事相联系，注重内心的愉快体验，以吃饱穿好、健康安全、人际关系和睦、受监狱民警青睐、将来出狱后能有个好归宿为满足。为了能得到监狱民警的认可，一般能服从分配，而且吃苦耐劳，能保质保量完成生产任务，在竞赛中也不甘落后于人。

（三）思亲恋家情绪强烈，且外露、持久，不易自控

女性服刑人员入狱后极易对亲人产生思恋之情，因思念亲人而神不守舍，严重者竟不进饭食，终日哭泣，悲痛欲绝。亲人的接见、来信和寄来邮包，能使其感受到幸福和安慰，并增添几分积极的改造动力，但若长期与家庭缺少联系，则情绪低沉，对改造也失去信心，甚至产生消极抗改的行为。

（四）渴求亲密情感，易拉帮结伙

女性服刑人员通常乐于过群体生活，喜欢与他人交往并结成伙伴关系，进行共同活动。她们常以情感为纽带，三三两两结成亲密的伙伴关系，在生活上相互关照，在遇到争吵纠纷时相互支持。但是女性服刑人员的这种伙伴关系常因利益冲突而中断，随后又各自寻求新的伙伴关系。

（五）自我显示情绪突出，爱表现自己

女性服刑人员往往虚荣心较强，总希望自己成为人们注意的焦点，在自我显示情绪的作用下，喜欢与他人攀比，争出风头。如果别人比她长得更漂亮、生活用品更高档、更受监狱民警信赖等，则会嫉妒得寝食难安，并因此而千方百计寻机报复，为自己扫清障碍。

（六）依附归属感强烈，喜欢寻找靠山

女性服刑人员在观念上常把自己置于受保护的弱者地位，常希望自己能依附于强者，认为这样既安全又能较好应对各种复杂情况。在监狱中，女性服刑人员的依附对象有时是她心目中的人民警察，她们把个人的命运、希望寄托于监狱民警的赏识和怜悯，有时也可能是女性服刑人员中的强者。

此外，女性服刑人员在监狱中的情感与一般女性相比，也有一些独特之处，如感情细腻多变，敏感多疑，郁结难解；情绪波动性大，自控力差，外露性强；某些农村重刑女性服刑人员愚昧轻生情绪严重，相信轮回转世、因果报应等。

（七）缺乏坚定的意志力，改造易出现反复和动摇

女性服刑人员大多因经受不住生活的挫折和考验而犯罪，因此，女性服刑人员的意志往往缺乏坚定性。在服刑期间表现为，在某些消极因素影响下，或遇到困难和干扰时，女性服刑人员会表现出改造中的动摇反复或停滞不前。

（八）爱美之心强烈，追求物质享受

由于监狱生活相对于社会生活比较清苦，因此，女性服刑人员对吃穿住用的需要比较重视，改善伙食、看电影和电视、进行多种文娱活动成为女性服刑人员企盼经常得到满足的需求。女性服刑人员比男性服刑人员更爱美，平时就比较注意穿着和环境整洁，比较关心自己的容貌，注重保持青春健美，尤其是到了节假日，个个都要精心打扮，展示自己的魅力。

二、女性服刑人员的教育改造策略

（一）强化个别教育力度，增强教育改造效果

女性服刑人员在改造中都希望得到监狱民警的重视，渴望得到关怀，更希望得到尊重和表扬。通过个别教育，可以建立起她们对监狱民警的信任感，提高她们改造的积极性。由于女性服刑人员都存在着不同的人格缺陷，文化基础、智力、能力、个性、兴趣等也不同，因而必须针对女性服刑人员各自不同的情况，制订相应的个别教育方案。在教育过程中，要保证个别教育的深入性、连续性和有效性。

（二）强化知识技能教育力度，提升其生存能力

要加强女性服刑人员的知识技能教育，用知识消除她们的愚昧，使她们真正成为有一定知识修养的遵纪守法公民。除了对女性服刑人员进行文化知识教育外，还要强化职业技能培养的力度，提升她们回归社会后的生存能力。监狱应为她们提供适合的技能培训，如烹饪、缝纫、美容美发、花木栽培、机械修理及医护等传统综合技术，使她们具有一技之长，出狱后能够自谋生路，自食其力，不再因为生存问题而走上违法犯罪的道路。

（三）强化情感教育，实施以情感化

由于女性服刑人员的情绪、情感居第一位，因此改造女性服刑人员需要重视她们的情绪、情感变化，强化其积极的情绪、情感，弱化其消极的情绪、情感。而积极的情绪、情感的培养离不开感化教育，监狱民警应满怀热情地对待女性服刑人员的生活、改造和学习，注意发现其心灵深处的"闪光点"，在可能范围内尽最大努力帮助女性服刑人员解决情感纠葛、家庭矛盾、孩子抚养、身体疾病等问题。同时应注意法与情的结合，掌握其思想动态，对其出现的违规行为及时抓住，准确处理，对其改造中的虚假言行及时揭露，坚决打击，不给可乘之机。

（四）强化亲情教育和社会帮教力度，努力开发社会教育资源

应当积极主动地与女性服刑人员亲属加强联系，利用亲情电话、亲情会见、书信往来，使女性服刑人员经常与家人保持联系，增进感情交流，更多地感到家庭的温暖。同时及时地向其亲属介绍女性服刑人员的改造情况，特别是思亲想家，惦念父母、子女的情况。与她（他）们共同商讨教育规劝女性服刑人员的办法，客观求实地提出改造的建议，以争取女性服刑人员亲属对监狱工作的配合。对女性服刑人员家庭中存在的特殊性问题，如丈夫提出离婚、父母病危、子女入学等，在条件许可的情况下，派人前去调解或通过当地政府或民政等部门协调解决，以诚恳的工作态度、实际的工作效果打动她们，使之安心改造。可邀请社会团体、各界知名人士来监内帮教，使她们感受到社会的关怀和温暖，看到改造前途，树立改造信心。

（五）强化心理健康教育和心理咨询工作的力度，培养健康心理和良好人格

女性服刑人员是情绪色彩特别浓的一类服刑人员，也是容易发生情绪障碍和人格障碍的一类服刑人员。因此，监狱民警要运用心理学的有关知识，以心理健康知识讲座、心理辅导、面谈、电话咨询、书信咨询等方式对女性服刑人员进行心理健康教育和心理咨询，以化解她们的郁结情绪，消除她们的压抑感和对立情绪，建立双方信赖的关系，寻求针对性的矫治方法，培养她们健康心理和良好人格。

第三节　对新入监服刑人员的教育

一、对新入监服刑人员的教育概念和作用

（一）对新入监服刑人员的教育的概念

新入监服刑人员的教育是指对新收监的服刑人员进行的以监狱常识、认罪认错、服刑指导为教育内容，使新入监服刑人员逐步熟悉和适应监狱环境和改造生活的过渡性专项教育活动。新入监服刑人员的教育时间一般为两个月。

新入监服刑人员的教育是服刑人员入监后接受教育改造的第一课，也是监狱依法改造服刑人员成为守法公民的第一项工作。由于新入监服刑人员刚接受教育改造，对监狱的情况和有关监管改造服刑人员的法律、政策不了解，也不懂得监规纪律的要求，更不知道如何去改造自己的犯罪思想和恶习。因此，必须对新入监服刑人员进行一定时间的入监教育。通俗地说对新入监服刑人员的教育，就是指对新入监的服刑人员进行的以安置、安排、告诉、要求、行为习惯训练为中心的，使服刑人员逐步熟悉、适应监狱环境和改造生活的过渡性教育。

对新入监服刑人员的教育目的是：通过组织新入监服刑人员学习监狱的性质、任务、工作方针、政策、有关的法律法令、监规纪律、一日生活制及基本行为习惯等法律法规条文，向新入监服刑人员提出明确具体的教育改造要求，消除他们各种疑虑、恐惧、反抗和侥幸的心理，以尽快适应监狱改造这一特殊的生活环境，顺利地进入转化思想、矫正恶习、学习知识技能的全面教育改造阶段。

对新入监服刑人员的教育是相对于全面教育和对出狱人的指导、教育而言的。入监教育与全面教育不同，其主要区别在于：首先，教育对象不同。前者是新入监的罪犯，后者是入监半年之后到出狱半年之前的服刑人员。其次，教育内容不同。对新入监服刑人员的教育主要对服刑人员进行思想方面的教育，全面教育则除了要对服刑人员进行思想教育之外，还要进行文化和技术教育。第三，教育的时间不同。对新入监服刑人员的教育只有两个月时间，全面教育则贯穿于服刑人员完成新入监服刑人员的教育之后到即将刑满释放的全过程。

对新入监服刑人员的教育，对象必须是新入监的服刑人员，教育的重点是

帮助服刑人员完成从普通公民到服刑人员的"角色"转变，对出狱人的指导和教育的对象则是即将出狱的服刑人员，教育的重点是帮助服刑人员完成从服刑人员到普通公民的"角色"转变。

（二）对新入监服刑人员的教育作用

1. 对新入监服刑人员进行教育，能够帮助新入监服刑人员了解我国刑罚制度，稳定思想，安心改造。

新入监服刑人员刚进入监狱时，由于不适应环境，思想情绪波动很大，对前途悲观失望，对监狱环境恐惧、担忧，怀念过去的自由生活和亲友，担心被家庭抛弃或家庭破裂，因而苦恼烦躁，顾虑重重，思想包袱沉重，很难安下心来改造。对新入监服刑人员进行专门教育，可以使新入监服刑人员了解我国的刑罚制度，明确服从监管和改造的必要性，使他们对今后的改造生活有所了解并做好充分的思想准备，而且能够进一步认清政策，打消顾虑，逐步消除紧张、焦虑和惶恐不安的情绪，安心接受惩罚和改造。

2. 对新入监服刑人员进行教育，能够强化他们的改造意识。

服刑人员刚入监时，不遵守监规纪律约束，厌恶和反感艰苦的体力劳动。因而，对于监狱强迫他们劳动改造和实行严格的军事管制，不同程度地存在着对立情绪。在这种情绪的影响和支配下，有的服刑人员采取公开的甚至激烈的抗改行为，如抗工闹事、打架斗殴、脱逃等，更多的则是采取隐蔽的方式，如阳奉阴违、口是心非、消极改造等。要消除服刑人员的这种对立情绪，必须通过系统的入监教育，使其充分认识到刑罚制度的不可抗拒性，真正理解接受改造和军事管制对于今后把他们造就成守法公民具有重要作用，懂得抗拒改造只能葬送自己的前途，从而强化他们的改造意识，使其老老实实地接受惩罚改造。

3. 对新入监服刑人员进行教育，能够尽快了解新入监服刑人员的基本情况、特点和专长，为长期教育改造工作奠定基础。

要想掌握教育改造的主动权，提高服刑人员教育的效率，就必须掌握服刑人员的基本情况、特点及专长。通过对新入监服刑人员的教育，可以全面了解服刑人员的社会经历、家庭情况、社会关系、兴趣特长、恶习程度等情况，为监狱按照"三分"工作的要求，把服刑人员合理地调配到相应的单位服刑改造，提供必要的依据，并为做好安全控制工作和有效地维护改造秩序，推动监狱教育改造工作的发展打下良好的基础。

二、新入监服刑人员的心理和行为特点

入监初期是服刑人员熟悉、适应监管改造环境的时期，通常为投入改造以后大约半年左右的时间。这一时期的服刑人员的心理和行为主要产生于刑罚剥夺和对新的改造环境及改造生活的适应，并具体表现为：

（一）刑罚态度的多样性

刑罚态度是指刑罚作用于服刑人员后所产生的对刑罚的评价态度，包括对刑罚痛苦的评价态度和对刑罚效用的评价态度。

有的服刑人员强烈感受到刑罚惩罚带来的痛苦，同时也承认刑罚的正确性并理解刑罚的意义，认罪悔罪，服判服罪，积极改造；有的服刑人员对刑罚的痛苦感受较低，但对刑罚的正确性及其意义持肯定评价；有的服刑人员对刑罚的痛苦感受和效用都比较低，对刑罚持不合作的态度；还有的服刑人员强烈地感受到刑罚惩罚带来的痛苦，同时对刑罚持激烈的否定态度，不认罪服判，不悔罪服法，与教育改造相对立。

对服刑人员来说，在其刑罚心理中占主要地位的是对"罪"与"罚"的认识和评价，以及依据这种认识和评价，对自己服刑改造行为进行控制和调节。有的服刑人员判刑后认罪服法，其人身危险性减弱，能够接受改造；有的服刑人员判刑入狱后不认罪服法，其人身的危险性增加，这意味着会给教育改造工作带来一定的难度。但是，服刑人员的刑罚感受度不是一成不变的，随着刑期的发展，在主客观因素影响下，服刑人员对刑罚的痛苦感受、刑罚的正确性评价、认罪态度都会有所变化。

（二）监禁反应

监禁反应又称拘禁反应、拘禁综合症，是服刑人员因受强制性剥夺自由的监禁生活的刺激而出现的一种不良心理、生理反应，是服刑人员在环境突然变化和突发事件刺激及长期的狱内生活压力下出现的心理、生理适应障碍，表现为不同程度的情绪行为异常反应及多系统身体症状。

1. 对自由的渴望。

接受刑罚惩罚的服刑人员，不得不离开自己生活的自由社会而进入监狱社会，这对于大多数服刑人员来说，很难一下子适应监狱生活，但又必须被迫生活其中，被迫接受这种不自由的生活。服刑人员不习惯监狱生活，显然与其在监狱内失去自由有关。渴望自由是服刑人员承受刑罚心理中最强烈、最迫切

的心理。服刑人员对自由的渴望与刑罚的剥夺成正比。剥夺度越高对自由的渴望度越大；剥夺度越低对自由的渴望度也就越小。如果没有剥夺度，服刑人员就会"视监如家"、"乐不思蜀"，也就没有对自由的渴求，刑罚也会失去意义。刑罚惩罚还使服刑人员失去很多，如原有的地位、荣誉、友谊和爱情，耽误了发财致富等，亦会给他带来巨大的痛苦，所以服刑人员对自由的渴求特别强烈。

2. 监禁的精神痛苦。

服刑人员所感受到的痛苦不是肉体上的，而是一种精神上的痛苦。这种监禁生活对其心理打击之大，不仅影响其监禁生活，而且对其出狱后的生活也有不良影响。对于一般人而言，拘禁是一种特殊的经验，这种经验足以使受拘禁者改变其生活的目的、价值观与人生目标，尤其是个人的自尊受到极大损伤，从而引起心理状态的变化。监禁所引起的精神上的痛苦主要表现为孤独、寂寞、无聊、恐惧、压抑等。

（三）监狱适应

新入监服刑人员进入监狱这个新环境，面临的最大问题就是适应问题。监狱是刑罚执行场所，刑罚的严厉性决定了许多服刑人员不可能很快适应监狱生活，这个适应过程可能会比社会人到一个新环境的适应过程要长得多。服刑人员对监狱环境、监规纪律、监狱民警、其他服刑人员都会产生不同程度的紧张、焦虑及不安。所以，寻求适应心理是新入监服刑人员在入监初期的普遍的心理现象。

一部分新入监服刑人员尽管对狱内严峻的生活很不习惯，但由于有愿意接受改造的动机，能够经常反省自己，用相应的意志和理智来敦促自己适应监狱的生活，积极劳动，接受并遵守严格的监规纪律，争取减刑，能够较快适应监狱改造环境。多数新入监的服刑人员尤其是刑期较长的服刑人员，一方面，由于刑期包袱重，情绪低沉，对前途和人生不抱希望，内心对改造生活和监狱民警都十分厌恶、反感，另一方面，重判对他们产生了深刻的法律威慑效应，他们又不得不面对现实，为求生存而希望采取较好的改造态度。因此，内心矛盾重重，心理脆弱，不能承受意外打击，常会因一点小事而出现严重违规行为，在入监初期常表现为消极适应心理。刑期较短的服刑人员则投机取巧心理突出。这类服刑人员以狡猾的手段寻找机会，满足犯罪心理延续而产生的不合理需要，比如，在劳动中装病或出工不出力，在改造中欺上瞒下，挑拨离间等，功利心理表现明显。

（四）入监初期的心理现象

1. 忧虑心理。

一是忧虑家庭。成年服刑人员担心婚姻破裂、家庭生活无着落等，未成年服刑人员则担心被父母抛弃，要是久没有家庭音信，他们则会焦虑不安，甚至产生轻生和跑回去看一看的念头。二是忧虑刑期。他们关心能否提前出狱，打听减刑、假释比例、条件等，担心能不能顺利过劳动、学习和生活三关。面对艰苦的改造生活，长刑期的服刑人员更是忧虑漫长的刑期怎么过，而死缓、无期的服刑人员在被减刑前还担心自己会不会被枪毙。三是忧虑身体。面对漫长的刑期，繁重的劳动，艰苦的生活，服刑人员普遍担心能不能顺利渡过刑期。不仅年老体弱的服刑人员害怕死在监狱，而且十年以上的长刑期服刑人员也担心能否活着出狱，就是那些刑期不长的短刑犯也总是以少干点、吃好点等手段来保存体力。

2. 孤寂心理。

新入监服刑人员来到一个处处受制约的、完全陌生的环境，一方面，受时空条件的限制，他们无法从原有的亲朋好友处获得正常的情感满足，另一方面，因制度上的约束，心理上的戒备以及交往对象上的限制等原因，他们也无法在短期内与监狱民警或和其他服刑人员建立起融洽的人际关系。由于缺少知心的交往对象，他们常感到孤独、寂寞、苦闷。因此，既表现出对亲人的强烈思念和依恋，又渴望在服刑人员中寻找朋友。

3. 痛苦心理。

刑罚的本质是惩罚，而惩罚就体现在给服刑人员造成某种痛苦。处于高墙电网之内，在武警的武装看押下，接受监狱民警的严格管理，服刑人员不仅强烈地体会到失去自由的痛苦，而且常为失去自由后的无助和无能、强制参加繁重的体力劳动后的劳累和疲倦而感到极度痛苦。这种痛苦心理，还可引发服刑人员的抵触、敌对、抑郁等不良情绪。

4. 悔恨心理。

有的服刑人员能够正确认识自己的犯罪原因和造成的危害，将刑罚的否定转化为自责、内疚等；有的服刑人员将自己犯罪原因，归因于刑事政策调整和社会变革等客观原因，由此，对判决不满，对服刑抵触，甚至对社会敌视；有的服刑人员将自己遭受刑罚惩罚，归咎于他人陷害、司法不公等。由此，对相关人员产生埋怨，甚至报复心理。

5. 恐惧心理。

新入监服刑人员的恐惧心理主要是对刑罚惩罚的畏惧。首先，即将开始的服刑生活的艰苦引起服刑人员生理和心理恐惧，怕自己在这种条件下无法生存。其次，监规纪律及法律的惩罚引起服刑人员的恐惧，尤其是警戒具的惩罚引起服刑人员生理和心理的恐惧较为突出。恐惧心理可能使服刑人员感知狭窄、思维缓慢、肌肉紧张、活动刻板、行为僵化，但也会使服刑人员冷静思考自己的罪错，从而痛改前非、改恶向善，这也是刑罚最主要的作用。

三、新入监服刑人员的教育内容

针对服刑人员初入监的心理和行为表现特点，依据新入监服刑人员教育改造的目的和任务，新入监服刑人员的教育内容必须与他们的心理特点相适应。具体是：

(一) 监狱的基本教育改造工作制度教育

1. 阐明我国监狱是国家的刑罚执行机关，惩罚和改造服刑人员是监狱的根本任务。

监狱是以国家强制力为后盾的刑罚执行机关，是国家的专政工具。其根本任务，就是正确执行刑罚，惩罚和改造服刑人员。监狱的刑罚执行职能和惩罚与改造的任务，集中体现在教育改造服刑人员的全部活动之中，是通过制定和执行严格的监管制度，对服刑人员实施严格的军事管制，并运用教育改造和劳动改造等手段得以实现的。要让罪犯懂得，监狱在任何时候都将毫不动摇地坚持专政的职能，发挥刑罚执行机关的作用，把惩罚与改造的任务落在实处。依法严惩那些藐视法规、拒不服从管理和教育的服刑人员，以保证监狱良好的改造秩序、生产秩序和生活秩序。通过教育使服刑人员明白，只有老老实实地接受改造，真正改恶从善，才会有光明的前途。如果顽固不化或抱着侥幸心理，抗拒改造，必将受到更严重的法律惩罚。

2. 阐明我国监狱工作的目的是把服刑人员改造成为守法公民。

在对新入监服刑人员的教育中，要明确告诉服刑人员，坚持惩罚与改造相结合，以惩罚作为改造的前提条件，把服刑人员改造成为守法公民，是我国监狱工作的出发点和归宿，这是我国监狱与资本主义国家监狱的本质区别。要教

240

育服刑人员全面而深刻地理解《监狱法》中的各项规定和"惩罚与宽大相结合"等各项政策的精神实质，明确监狱开展以思想教育为核心的"三课"教育的根本目的，是为了最大限度地把他们改造成为守法公民。

（二）监规纪律教育

对新入监服刑人员进行监规纪律教育，主要以《犯人守则》和《罪犯改造行为规范》为基本内容。

1. 明确监规纪律的强制性和规范性。

监规纪律是监狱根据国家有关法规制定的，是具有法律效力的一种强制措施。它的执行是由国家强制力来保证的，每一名服刑人员都必须无条件地遵守。一切违反监规纪律的行为，实质上都是无视或蔑视法律的行为，是对抗改造的行为，将会受到行政处分或刑事制裁。要让服刑人员懂得，监规纪律是他们判断是非的标准，是他们在改造期间的言行准则。要向服刑人员说明，强迫他们遵守监规纪律的目的是要通过令行禁止的行为养成训练来矫正他们的各种恶习，指导和培养他们养成良好的行为习惯，树立法制观念，建立和维护监狱正常的监管改造秩序，促进他们的改造。

2. 强调遵守监规纪律的重要性。

由于服刑人员入监前长期接触社会的阴暗面，大多形成了多疑虚伪的心理机制和我行我素的行为习惯。因此，要想提高入监教育的针对性和有效性，促使服刑人员确立遵守监规纪律的自觉性，就必须在进行教育时密切联系实际，尤其是要联系服刑人员的心理实际和表现实际，结合专人专案，反复向服刑人员说明加强纪律性的重要意义，使服刑人员真正能够从违反监规纪律，造成严重后果的事例中受到教益和警醒，以强化服刑人员遵守监规纪律的观念，自觉地去学习和遵守监规纪律，最终把自己改造成为一个有较强的法制观念，能够适应现代社会需要的自食其力的守法公民。

（三）认罪服法教育

在对新入监服刑人员的教育中，必须组织服刑人员认真学习有关的法律知识，加强新入监服刑人员的认罪服法教育。

1. 说明法与罪、罪与罚以及它们之间的因果关系。

对新入监服刑人员进行认罪服法教育，首先，要让服刑人员了解法律是国家意志的体现，明确法律具有强制性、连续性和稳定性的特点，树立任何人违法犯罪都必须受到法律制裁的观念；要让服刑人员明白什么样的行为构成犯罪，应受刑罚处罚；什么样的行为虽然构成犯罪，但可免受刑罚处罚。其次，要根据新入监服刑人员的具体情况，通过举例分析，说明定罪和量刑的依据，目的是使其懂得他们所犯的罪行，是导致今天受到刑罚处罚的根本原因。最后，要明确告诉服刑人员，对于人民法院已经发生法律效力的判决和裁定，每个服刑人员都必须无条件地接受，应端正认罪服判的态度，充分认识到拒不执行生效的判决和裁定，同样是妨碍社会管理秩序的犯罪行为，是国家意志和法律所不允许的。服刑人员唯一的出路，就是老老实实地承认罪行，认清危害，服从管理，接受教育和改造。

2. 阐明公、检、法、司的关系，明确监狱及监狱民警的法定地位和职责。

为了提高服刑人员认罪服法的自觉性，促使他们摆正自己的位置，第一，要向服刑人员讲清公、检、法、司各自的职责和相互之间的关系，使服刑人员了解我国刑罚执行程序，以及刑罚执行程序对认定犯罪事实和适用刑罚的公正性。第二，要向服刑人员详细阐述监狱民警的执法、行刑、教育和管理的职能，指出国家对服刑人员依法执行刑罚惩罚和教育改造，是通过监狱民警的工作来实现的，强调监狱民警与服刑人员之间的法律关系，使服刑人员明确自己的地位。第三，要向服刑人员阐述服从监狱民警的管理教育的重要性，对监狱民警的态度如何，不单是对监狱民警个人的态度问题，更是对法律和刑罚的态度问题，是能否早日获得新生的问题。

3. 联系服刑人员自身犯罪实际，开展认罪服法活动。

通过举办专题讲座、召开专题讨论会、开展法律知识竞赛等活动，增强新入监服刑人员的法律意识，并要他们联系自己的犯罪事实、犯罪情节，查找犯罪原因和危害，并要能够站在受害者的立场上和维护社会利益的立场上，以及从自己亲人的痛苦感受角度，深刻认识所犯罪行造成的恶果，促使新入监服刑人员能在承认犯罪事实、认识犯罪危害的基础上，确立服从法律判决、接受教育改造的意识。还要鼓励和帮助服刑人员消除思想障碍，交代余罪，向政府和同犯表示认罪服法的决心，提出今后认罪服法和积极改造的具体计划，引导服刑人员能够与旧我决裂，确立罪责感和忏悔感，为诚心接受改造奠定基础。

（四）心理健康教育

新入监服刑人员是发生监管事故的高危人群，做好新入监服刑人员的心理健康教育是消除监所隐患的关键环节。对新入监服刑人员在确保心理健康教育时间的条件下，普遍开展心理健康知识教育、心理测量和危险程度的预测分析，并建立新入监服刑人员集训情况心理状况综合评估。受训结束时，对新入监服刑人员认罪态度、集训表现、犯罪恶习、心理特征、危险程度等作出评估，为今后监区和分监区掌握服刑人员的基本情况，开展有的放矢的教育改造工作奠定基础。

三、新入监服刑人员教育的工作体系

（一）建立机构，完善设施

1. 建立健全入监教育机构。

建立健全对新入监服刑人员的教育机构是进行入监教育、促使服刑人员接受教育改造的重要保证。需要建立健全的入监教育机构：

建立三级入监教育网络。三级入监教育网络是：省级监狱管理局设立对新入监服刑人员的教育管理机构；监狱设立对新入监服刑人员的教育监区（分监区）；监区设立新犯组（入监组）。省局设立的入监教育管理机构的任务是重在收押和分类分流；监狱设立的入监教育队的任务是重在开展对新入监服刑人员的教育的各项具体内容制定；监区设立的对新入监服刑人员的教育队的任务是入监教育工作的延续和深化，旨在巩固对新入监服刑人员的教育成果。实践证明，只有建立健全三级入监教育网络，严格执行管理制度和教育计划，才能为提高入监教育的质量奠定坚实的基础。

建立入监教育研究室。由于入监教育重在认罪服法和角色教育，是为服刑人员后期改造打基础的重要环节，具有十分重要的意义。因此，监狱要根据入监教育的内容和课程，设置相应的教研室，组织监狱民警对入监教育工作进行研究，同时组织经验交流活动，总结、评价入监教育工作的教育质量。只有这样，才能集思广益地搞好入监教育活动。

2. 加强设施建设。

罪犯教育场所及必要的教育设施、设备，是对新入监服刑人员开展教育的基础条件，它对于提高入监教育的质量具有重要的作用。开展入监教育所需

要的设施、设备，是由对新入监服刑人员教育的任务决定的，但又要受监狱经济状况的制约。在配备新入监服刑人员的教育设施、设备时，应确立这样一个指导思想：全面教育配备的教育设施、设备，入监教育必须配备；全面教育尚未配备的教育设施、设备，如果入监教育需要，也应尽量为新入监服刑人员的教育单位配备。只有这样，才能为入监教育的开展，提供必要的物质条件，才能提高入监教育的质量。

当前，监狱入监教育单位应配备的设施、设备，应参照司法部关于创建现代化文明监狱的有关标准进行配备，如，应配备空气流通好、采光好、可满足月最高押犯数上课所必需的教室，必要的教学用具桌椅、黑板；教研室、图书室、展览室、娱乐室和训练活动场地；墙报、报刊栏或其他宣传园地；广播、电视机、放像机等电化教育设备。

（二）制定新入监服刑人员的教育工作计划和教育管理制度

1. 制定入监教育管理制度。

对新入监服刑人员的教育是在服刑人员思想矛盾、情绪焦躁的情况下进行的。因此，如果服刑人员失去规章制度的约束控制，就会使入监教育的秩序发生混乱，影响教育的进程和质量；如果教育工作警官在对新入监服刑人员进行教育的过程中没有建立制度的规范，同样也不能完成对新入监服刑人员的教育任务。所以，应建立一套较完善的教育管理制度，以保证对新入监服刑人员教育活动的规范化和教育质量的提高。

一套较完善的入监教育制度，一般包括三个方面：

教育工作警官管理制度。这类制度主要包括各种岗位责任制、教研室责任制等。在这类制度中，应重点强调建立新入监服刑人员的教育应一律由教育工作警官亲自授课的制度，决不能因为监狱民警配备不足或其他原因而让服刑人员代为授课。这是保证对新入监服刑人员的教育具有严肃性的前提，也是保证入监教育质量的关键。

入监教育过程的要求制度化。这类制度主要包括对时间、内容、程序、方法等方面的工作规范、考核验收制度、情况报告制度等。在这类制度中，重点强调建立入监教育应保证两个月的时间，实行半天学习，半天劳动，如确有必要可全天学习的制度，不应强调入监教育单位的经济效益，延长新入监服刑人员的劳动时间，也不应强调各监区的生产任务繁重，而将未完成入监教育的服刑人员提前分配到各监区去。

制定新入监服刑人员的管理制度。这类制度主要包括服刑人员在入监教育期间应遵守学习的各种规范，如学习考勤制度、考核制度等。在这类制度中，必须建立向政府汇报自己走上犯罪道路过程的制度，以促使服刑人员加深对自己犯罪思想和罪行的认识，走好今后的教育改造道路。

2. 制定入监教育计划。

入监教育计划体现并规定着入监教育的基本方向和具体内容，是开展入监教育的主要依据，也是指导入监教育的基本文件。

对新入监服刑人员的教育计划的制定，必须根据上级的要求，结合本单位的具体情况制定。在制定计划时，必须坚持以帮助服刑人员适应监狱生活，为走好今后的改造道路奠定基础为原则，精心研究影响入监教育的各种因素与先后程序，作出周密的组织和安排，以达到教育的整体优化。例如，服刑人员入监后的特点是思想包袱沉重，对入监狱生活疑虑恐惧，对前途出路悲观失望。教育计划的制定就应从这一特点出发，先进行有关监狱的性质、任务和监狱工作的方针、政策教育，然后再开展监规纪律教育，最后进行认罪服法教育。入监教育是为服刑人员今后的全面教育打基础，必须根据对新入监服刑人员教育的任务和时间等规定，坚持速成性和科学性有机结合的原则，全盘考虑对教育内容的删减压缩。例如，进行监规纪律教育时，可以只重点讲脱逃行为的危害，其他违反监规纪律的行为和危害后果，可以略讲或留待全面教育阶段详讲。

（三）选配教师，选择教材

1. 选配教师。

在对新入监服刑人员的教育过程中，教师的选配起着主导和关键的作用。因此，抓好入监教育工作的前提，就是配备足够的政治、业务素质较高的监狱民警担任教师。为做好对新入监服刑人员的教育工作，入监教育工作警官（教师）要熟悉入监教育计划，按计划结合服刑人员的实际开展教育活动；认真总结开展入监教育的经验教训，研究和掌握入监教育的规律，不断提高自己的政治、业务水平。建立和充实包括入监教育鉴定表、服刑人员改造分类册、服刑人员基本情况登记册、考试考核成绩和服刑人员入监教育总结等在内的服刑人员入监教育档案。

当前，对新入监服刑人员的教育工作警官（教师）的人员配备要求，应参照司法部关于创建现代化文明监狱的有关标准执行。总的来说，从事入监教育工作的警官，在政治素质、业务素质、年龄结构、学历、与在押服刑人员人数的百分比等方面，均应优于非从事入监教育工作的警官。

2. 选编教材。

选择或编写适合于对新入监服刑人员教育的教材，是实施入监教育的必备条件。它的质量直接关系到入监教育的效果。因此，选编适合新入监服刑人员教育所实用的教材，是做好入监教育工作的重要前提。对新入监服刑人员教育的教材，一般由司法部或省级监狱管理局提供。监狱也可以根据本监狱的实际情况，组织编写一些必要的教材或辅助教育资料。监狱在自编教材或自编辅助资料时，应注意以服刑人员的文化程度普遍较低的现状为基础，在通俗易懂，理论联系实际的前提下，突出思想性。在教育中，应以强化服刑人员的"角色"意识为目的，着重于培训服刑人员的改造意识和服从意识，使其提高适应整个教育改造过程的能力。

（四）加强考核，严格管理

对新入监服刑人员教育质量的考核，必须坚持从实际出发的原则，进行公正、客观的评定，决不能凭印象或感情办事。考核服刑人员接受入监教育的情况，一般从三个方面进行：

在服刑人员接受入监教育的过程中进行考核。通过观察服刑人员的日常行为表现、审阅书信、思想汇报材料及个别谈话等手段，及时掌握服刑人员的思想变化情况，并根据变化了的情况及时修改教育内容和方法。这类考核主要由监区组织进行。

在入监教育结束时进行验收考核。通过检查服刑人员入监教育档案，了解教育时间安排与内容实施情况、服刑人员行为养成与认罪服法表现，以及服刑人员在接受入监教育过程中出现的违规情况，来评定服刑人员是否达到接受入监教育所应达到的要求。对于达不到要求的服刑人员，应暂缓分配，进行补课教育，直至达到对新入监服刑人员的教育应达到的要求为止。此类考核一般由监狱组织实施。

进行分流后跟踪考察。通过调查、访谈、直接谈话等手段，与监区或分监区及服刑人员本人接触，对分配到各监区接受改造半年以内的服刑人员进行认真考察，了解他们的思想表现、劳动表现，以及对全面教育改造阶段的适应情

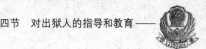

况，以便检查入监教育的质量，改进入监教育工作。此类考核一般由监狱教育科（处）组织实施。

第四节　对出狱人的指导和教育

一、对出狱人的指导、教育的概念和意义

（一）对出狱人的指导和教育的概念

对出狱人的指导和教育是指对即将出监的服刑人员进行以介绍社会形势、就业指导、出狱前的心理调适和社会适应等内容的过渡性专项集中指导和教育活动。恢复自由，重返社会，开始新的生活，这是每一名服刑人员在改造生活中梦寐以求的事情。然而，一旦梦想即将变为实现，服刑人员的心里又会出现剧烈的波动，产生较多的思想问题，暴露出一系列不能很好地适应即将到来的社会生活的不足之处。因此，为了使服刑人员出监后能够真正地融入社会，做一个守法公民，必须对即将出监的服刑人员进行出狱指导和教育。对出狱人的指导和教育时间一般为三个月。

对出狱人的指导和教育的目的：第一，全面检查服刑人员的改造质量，总结监狱教育改造服刑人员的经验教训，对服刑人员在出狱阶段及出监后，可能发生的违法犯罪行为做出预测和预防。第二，有针对性地进行心理调适、社会形势教育和就业指导教育，力争把服刑人员尚未巩固的法纪观念、某些过激或危险的思想遗留问题、当前的社会形势政策和就业前景模糊认识、尚未掌握或巩固的谋生技能等问题，在出狱前的指导和教育阶段解决好，帮助服刑人员在回归社会后，为适应社会和做守法公民做好充分的思想准备，树立正确的人生信念，保证服刑人员全面顺利完成从服刑人员到普通公民的最后转变，成为一名守法公民。

（二）对出狱人的指导和教育的意义

1. 进一步稳定服刑人员情绪，巩固教育改造成果。

即将获得自由而出现情绪波动，甚至心理压力增大，思想趋于复杂的状态会产生一系列不良心理和行为倾向，如，兴奋、焦虑、忧心、恐惧、疑惑等。如果让服刑人员这种复杂矛盾的不良心理和行为倾向延续下去，就有可能给监

狱和社会造成新的不安定因素,有使服刑人员改造成果毁于一旦的可能。所以,必须通过对出狱人的指导和教育,来稳定服刑人员的思想,安抚服刑人员的情绪,消除服刑人员遗留的或新产生的各种不良心理和行为倾向,激发服刑人员做一个守法公民的信心,使其愉快地走向自己的新生。

服刑人员的改造质量,是一个直接关系到社会安宁的大问题。所以,监狱把即将出监的服刑人员集中起来,组织他们回顾自己的改造历程,让他们联系自身的实际情况,谈对认罪服法、社会形势和出监后的工作、生活等方面的认识和规划;对他们的言行进行最后阶段的观察和分析,按照改造标准,从思想、文化、技术等方面,对服刑人员进行全方位的检查和考核,以了解服刑人员思想的转化情况,恶习矫正的程度,以及对知识技能的掌握情况,引导他们认真反思在改造中取得的成绩,吸取犯罪和在改造中出现反复的教训,提高他们分辨是非和自我控制的能力。这不但能使服刑人员珍惜自己取得的改造成果,坚信正确的思想观念,而且能够促进其运用正确的思想观念,自觉地与各种错误思想和行为作斗争,最大限度地避免重新违法犯罪,巩固改造成果。

2. 进一步强化服刑人员的法律意识,完善他们的法律知识。

尽管监狱对服刑人员进行了长时间的法纪教育,绝大多数服刑人员已经初步树立了适应社会生活的法纪观念。但是,少数服刑人员对法纪的认识仍很模糊,甚至有个别服刑人员还没有树立起应有的法纪观念,或即使已经初步树立了法纪观念,也会由于法纪观念不够牢固,很容易在外界不良因素的影响下逐渐淡化,同时,由于监狱在服刑人员接受全面教育阶段所传授的法律知识,主要是为服刑人员在监内的改造生活服务的,涉及社会上普通公民正常生活的内容不多,而我国社会的法制化建设发展又非常迅猛,已经覆盖了社会领域与生活领域的方方面面,这些现实的问题都使得服刑人员必须掌握新生活必需的法律知识,否则就有可能重蹈过去违法违纪的覆辙。因此,必须通过对出狱人的指导和教育,再次强调树立牢固法纪观念,对于适应现代社会生活的重要意义,以改变其消极的思想意识倾向,澄清其对法纪观念的模糊认识,巩固其多年改造树立起来的守法观念和守法习惯。同时,针对服刑人员出监后的工作和生活的规划,向他们传授相应的法律知识,可以最大限度地消除他们重新违法违纪的隐患。对出狱人的指导和教育,告诫与提示灌输,可以使服刑人员真正成为具有牢固的法纪观念和各种必备的法律知识的守法公民。

3. 进一步做好服刑人员回归社会前的各项准备工作，帮助他们充满信心地开始新生活。

在对罪犯执行刑罚的过程中，监狱将服刑人员与社会之间进行了一定程度的隔离，这就不可避免地使服刑人员在多年改造完成后即将回归社会时，产生不知如何与社会相适应的问题。对出狱人的指导和教育就是对服刑人员实施适应社会的预备教育。

当前，服刑人员对即将面临的谋职求业、人际关系、家庭关系和社会消极因素等问题非常关心，但存在很多模糊的、片面的甚至是错误的观点，对出狱人的指导和教育正是纠正服刑人员这些错误观点的最佳时机。对出狱人的指导和教育，可以让服刑人员更多地了解社会、熟悉社会，正确认识我国当前的改革状况以及社会发展的现状和趋势，认清社会风气的主流，端正回归社会后谋职求业的态度，能够正确处理各种复杂的社会关系和对待消极因素，进一步做好克服出监后可能会遇到的困难和正确对待社会歧视的思想准备。出监教育还可以利用学习时间较多的特点，进行补课性质的职业技术教育，进一步巩固和提高服刑人员在全面教育阶段学到的职业技术。

同时，针对服刑人员出监后的就业规划进行实用技能应急培训，使每一个服刑人员都能较熟练地掌握一至两种谋生就业技能，提高服刑人员出监后的就业安置率，帮助服刑人员进一步巩固自尊、自信、自强、自重的信念，使服刑人员能沉着、理智地迎接困难和挑战，增强重新立足社会的信心和勇气。

二、即将出监服刑人员的心理和行为特点

即将出监服刑人员一般指刑期在半年之内的服刑人员。这一阶段，他们主要表现出的是回归社会前的正常和异常两类心理和行为。正常的心理和行为主要表现为悔过自新、立功赎罪、努力改造、忧愁戒备。异常心理状态主要表现为报复、混刑度日、逞强好胜、寻求补偿等。

（一）兴奋与忧虑共存

服刑人员刑满释放前对未来的前途既兴奋欣喜又忧愁焦虑。兴奋的是自己即将重返社会，获得自由，与家人团聚，有可能靠自己的双手勤劳致富，因而激动、向往，尤其是原为知识分子或者有一定社会地位的服刑人员，这种情绪就更为强烈、急切，归属愿望十分强烈。当服刑人员想到即将刑满释放能够回

到亲人身边团聚，心情会非常激动，甚至常彻夜难眠。急切的归属愿望时时冲击着服刑人员心灵，使他们常常表现出欣喜兴奋。焦虑的是对即将回归社会生活又有一种压力感，担心回到社会后无业可就，怕受到歧视，心理上产生了对能否适应社会、承受社会评价并能否为社会所容纳的担忧。

（二）自尊、自信与自卑矛盾交织出现

这种心理是由服刑人员的认知偏差引起的。有的服刑人员准备回归社会后经商做生意，赚大钱，期望值较高。认为刑释后没有了严格的纪律制度约束，行动自由，就业如意，把回归社会后的一切想得一帆风顺，尽如人意。另一些服刑人员则过于自卑，认为自己是犯过罪的人，对回归社会忧心忡忡，担心受人歧视，精神萎靡不振。他们担心回归社会后与周围的人们难以建立正常的社会关系，其自尊、自爱、自立的自我意识淡化，自暴自弃，自觉或不自觉地与有过劣迹或行为不端的人结为知己，形成落后群体。自尊是服刑人员在出狱前最强烈的心理活动。因为服刑人员尽管被刑法处罚，但他们仍然存在着自我尊重的需要，也希望在自己接受改造后被人尊重，不希望被他人歧视、侮辱。这种心理一旦遇到不良刺激，就会缺少思想准备，难以正确对待，容易从一个极端走向另一个极端。所以，自尊、自信与自卑的矛盾使他们常常深感不安。

（三）需求心理急剧增长，放松自我约束

服刑期间，由于监狱环境的不可能性，服刑人员的某些需要被抑制或剥夺，但随着出监期的临近，需求心理急剧增长，被抑制的需要极想得到满足，服刑人员开始放松自我约束，寻找各种机会来满足自己被压抑的需求。服刑人员自我控制能力降低，若这种需求过于强烈，就可能采取违背监规纪律的行为去满足自身的需要，从而受到监规纪律的惩罚。

（四）翻案报复心理重现，为出狱复仇做准备

少数服刑人员素质差，认识能力低，把自己被判刑归罪于被害人、检举人、办案人等。随着刑满日期的临近，他们常常想在回归社会后准备以自由公民的身份重新申诉自己的"冤屈"，挽回犯罪审判时丧失的"面子"、"尊严"与坏影响。因而他们会为出狱后闹翻案、搞报复做思想上的计划和行动上的准备，是危害社会的隐患。

（五）寻求补偿心理强烈，改造出现反复

有些服刑人员认为服刑期间生活苦、劳动累，失去的太多，自感吃苦太多，损失严重。面对即将刑满释放，出现了强烈的补偿心理，因而，开始放松改造，不再严格遵守监规纪律，日常改造时好时坏，甚至出现违犯监规纪律的行为，改造出现反复。

三、对出狱人的指导和教育的内容

（一）社会道德和法制教育

1. 履行公民义务，遵守道德规范、纪律制度。

一是要加深服刑人员对公民的基本权利和义务的认识，进一步明确公民的基本权利和义务是不可分的两个方面，任何只想享受权利不履行义务的人，最终必然要失去可以享受的权利。要严肃地向服刑人员指出，他们之所以被强制改造，并在一定时期内失去某些公民权利，正是因为他们过去只享受权利，不尽义务，给国家和人民造成重大损失的结果。在出监教育中还要强调，他们出监之日，就是新生之时，他们回归社会后，除了某些仍然被剥夺政治权利的人之外，都享有完全的公民权利，当然也应该而且必须履行公民的全部义务。二是要使服刑人员懂得遵守道德规范、纪律制度。社会道德是维护正常的社会秩序，指导和协调公民的劳动、学习、生活、娱乐的行为准则，任何公民必须严格遵守。要侧重强调，严格遵守劳动纪律的重要性和必要性，使服刑人员认识到不遵守劳动纪律，将会给他们和社会造成什么样的后果，帮助他们确立严格遵守劳动纪律的观念。

2. 学法守法，吸取犯罪教训。

首先，要根据服刑人员长期与社会隔绝，对与他们未来生活密切相关的法律法令不了解、不熟悉的现实，组织他们结合未来的工作、生活规划开展学习。其中，重点进行《民法》、《刑法》、《治安管理处罚法》、《婚姻法》、《合同法》等常用法律法规中相关条款的教育，使服刑人员明确，我国社会的法制化建设已经进入一个新的时期，在社会生活中的任何一个领域，都有法律在约束人们的行为，避免服刑人员出监后，因不懂法而再次失去宝贵的自由和幸福生活。其次，还必须严肃地告诫服刑人员，做一名守法公民必须严格按照国家的法律法令办事，使他们的言行符合法律法令的规定。促使他们懂得，法律具有至高无上的权威，任何组织和个人都没有超越法律的特权。还要使服刑人员认识到学法、守法是现代化建设的需要，是社会治安状况进一步好转的需要，是防止服刑人员重新犯罪、使他们能够立足社会、获得幸福生活的需要，为其进一步增强守法自觉性指明方向。第三，要警示服刑人员认真吸取以往犯罪受罚的深刻教训，明确继续违法犯罪将毁掉自己的人生。引导他们选准自己今后的人生道路，学会文明、健康、科学的生活方式，树立正确的消费观念、家庭观念等现代社会生活观念，开始新的生活。同时，要明确指出，他们出监后可能会接触到各种违法犯罪诱因，应当有心理准备并自觉加以抵制，防止再次发生违法犯罪行为。总之，服刑出狱前的指导与教育，除了要解决好服刑人的思想心理问题，教给一技之长或多技之长外，更要使警钟长鸣，不让出狱人重蹈覆辙，而是要成为真正受社会欢迎的守法公民。

（二）社会形势教育

对服刑人员进行社会形势教育，以帮助服刑人员出狱后尽快适应社会，融入社会，应着重提高服刑人员正确观察和分析形势的能力，在内容选择上，坚持在我国社会主义经济、政治体制改革的背景下，以国内政治、经济形势的现状和发展趋势教育为主，以选择与服刑人员未来生活关系密切的形势教育为主，重点选择本省的材料进行教育，有条件的单位，应收集服刑人员出监后居住地相对集中的所在地区和县的材料进行教育。教育中要注意加强两方面的内容：

1. 当前国内违法犯罪与惩罚的现状及发展趋势。

应让服刑人员了解，近年来国内的犯罪现象尤其是涉毒、涉恶、涉黑的犯罪现象有所增多，且呈现出低龄化和主要集中在经济领域的趋向，以及给国家和人民的生命财产造成重大损失的情况，重点强调国家对犯罪行为采取的对策和予以坚决打击的情况，从而帮助服刑人员理解坚持人民民主专政的必要性和紧迫性，使服刑人员出监后，能用正确的态度对待各种犯罪诱因，走上新的、正确的人生道路。

2. 我国在各个领域所取得的巨大成就和发展趋势。

要向服刑人员强调，由于我国成功地进行了政治、经济体制的改革，制定和实施了一系列正确的路线、方针、政策和措施，使我国在政治、经济、精神文明建设等方面形成了举世瞩目的大好形势；要充分说明，由于我国的政治、经济体制改革是一项划时代的创举，是在没有可供借鉴的经验情况下进行的。同时，我国已经成为了 WTO 组织成员，世界经济一体化已经成为当今世界的潮流，这固然给我国的建设提供了极其有利的条件和难得的机遇，给我国的建设注入极大的动力，但是，同时也会带来严峻的挑战，使我国的建设面临更多的不确定因素。所以，我国的改革和建设难免会遇到挫折和困难。但是，在党的正确领导下，在人民的共同努力下，挫折和困难终究是会被克服的，国家的发展前景是美好的，服刑人员要进一步坚定社会主义信念，增强追求未来幸福生活的信心，并自觉地改造自己的各种陋习，跟上时代发展的步伐。

（三）就业指导教育

对服刑人员进行就业指导教育，要以帮助服刑人员树立正确的择业观念和职业道德意识为重点。

1．介绍我国的就业制度、有关政策及就业现状。

首先，对我国的就业制度、有关政策及就业现状的介绍和讲解，可以使服刑人员认识到，我国的劳动力市场发育已经趋于成熟，劳动者自主择业，企事业自主择人的机制已完全取代过去国家统包统配的机制，劳动者的合理流动，强化了劳动就业的公平竞争，又为劳动者充分发挥自己的才干提供了机会。保障劳动者的合法权益，是我国实行社会主义市场经济的必然要求。所有合法公民，只要充分发挥自己的积极性、主动性和创造性，就能在激烈的就业竞争中站稳脚跟，都能用劳动的双手创造出幸福的生活。

其次，要使服刑人员了解国家，尤其是本省和服刑人员刑满释放后居住地所在的地区或县对人才、劳动力需求的现状和下一步的需求趋势，使服刑人员懂得，现阶段对直接从事具体操作的劳动者需求很大，服刑人员应当准确把握局势，明确求职的方向，增强对未来生活的信心。

对社会就业的有关制度、政策、规定的学习，可以使服刑人员懂得和明白，对刑满释放人员的安置就业是在各级政府的统一领导下，发动和依靠社会各方面的力量，多渠道、多方面、多层次进行的，但这并不是包办就业的安置就业政策。此外，还应使服刑人员了解当前劳动用工制度的种类和含义，明确通过招工、招聘、考试等途径实现就业的要求，为服刑人员刑满释放后求职就业打下良好的基础。

2．正确分析和认识自身的职业能力，掌握求职技巧。

一是要教育和帮助服刑人员正确对待自己的职业能力，包括语言表达能力、数据运算能力、心理素质以及身体健康状况、技术特长等方面的能力。通过进行全面的、实事求是的分析评估，找到自己的优势，以便对应求职，尽快找到适合自己的工作。

二是要让服刑人员懂得，影响求职就业的因素既包括个人的职业能力，又包括职业岗位的需求现状和社会上劳动力的供求情况。要明确告诉服刑人员，职业本身没有高低贵贱之分，在选择职业时，应综合考虑影响自己求职就业的各种因素，采取务实的态度，不要过分挑拣，不患得患失，不要把职业选择倾向，包括劳动内容、劳动地点、劳动强度、劳动报酬等定得过高，以便能够顺利地找到工作，发挥自己的才能，找到适合自己的发展道路和生活道路。

三是向服刑人员详细解说求职时的具体面试技巧，如穿衣打扮、说话的口气语调、回答问题的内容等，除此之外，还要组织服刑人员进行模拟练习，或到真正的求职招聘中学习更多的知识。

3. 正确对待求职就业中遇到的问题。

要教育服刑人员正确对待求职就业中存在的歧视现象。要明确告诉服刑人员，求职就业中出现歧视刑满释放人员的原因很复杂，但他们的犯罪行为给社会造成的危害是重要原因之一，因而要求他们出监后在求职就业中遇到歧视现象时，应冷静对待，要相信法律和政策，依靠政府和有关部门、组织予以解决，要忍受委屈，决不能意气用事，更不能用非法手段解决，而是用辛勤劳动和重新做人的实际行动，取得人们的谅解，转变人们的看法。

要教育服刑人员正确对待求职就业中遇到的困难。要使服刑人员认识到，由于企业用工具有完全的自主权，刑满释放人员本身的素质与社会的要求尚有一定距离，社会上仍有大量的下岗职工和其他未就业人员在等待就业机会，按我国的有关政策，复转军人、残疾人等还需优先安置，就业难度可想而知，人人都会在求职就业问题上遇到困难，但不要应因此而灰心。正确的做法是一方面相信党的政策是正确的，各级政府是会给落实的，从而积极向政府如实反映情况，以求得到尽快落实，另一方面要体谅国家的困难，充分发挥个人的主观能动性，选择恰当的就业岗位，准确把握，尽可能做到自谋职业。

要教育服刑人员正确对待政府的就业安置。要让服刑人员知道，当政府克服各种困难，为他们提供就业机会时，他们应该服从安排，不能因为政府提供的就业安排与自己的主观愿望不符而拒绝接受，应该从实际出发，体谅政府的困难，努力把政府安排的工作做好。

（四）心理指导

要对服刑人员在即将重返社会前出现的兴奋、紧张、自卑、认知紊乱、心理负荷沉重等不良心理，以及由这些心理问题引发的不能很快适应社会，不能建立和谐的社会关系的实际问题，进行出监前的服刑人员心理指导。

1. 要指导和教育他们建立健康、稳定的心理机制，学习和掌握心理自我保护技巧。

有针对性地开展心理健康知识的学习，指导他们正确对待社会评价，设定正确的期望值，积极转化消极态度，优化需要心理，建立应付机制和防御机制。指导他们正确认识自身的潜能，严格剖析自己与社会要求的差距，找准自己在社会的位置。进行针对性的心理辅导，让他们掌握一些基本的自我保护的心理方法和技巧，从而使他们建立健康、稳定的心理机制。

2. 培养服刑人员的抗挫折耐受力增强社会调适力。

服刑人员出狱后，他们脆弱的自尊心需要人们的理解、宽容、尊重和热情鼓励，但现实生活并不如愿。人情的冷淡、精神的刺激，加之生活的困难，会使他们感到更大的挫折和不适应，如果没有良好的抗挫折耐受力，很容易做出不理智的行为。因此，必须通过心理的指导和教育，促使他们在出狱前就树立崇高的理想和坚定的生活信念，正确对待生活中的困难和挫折，勇敢地去经受各种困难的冲击，磨炼意志，提高挫折承受力。同时，指导他们进行对环境变化的应变能力、自我情绪控制和调节能力训练，正确对待社会评价和社会舆论，从而以积极健康的人生态度适应社会的需要，并不断发展自己。

四、对出狱人指导和教育的实施体系

（一）成立出狱人指导和教育机构

对出狱人的指导和教育是教育改造服刑人员的最后一个工作环节，出狱人的指导和教育工作是否踏实，直接影响到服刑人员出监后工作、生活是否顺利。因此，为了对每一个即将出监的服刑人员扎扎实实地开展此项教育，监狱要成立出狱人指导和教育机构，制定机构的规章制度，抽调政治素质和业务素质高的监狱民警专门做这项工作。根据我国现行的法律规定，服刑人员出监有刑满释放、监外执行、假释、法院裁定减去余刑释放等多种情况。在这些出监的服刑人员中，除了刑满释放的服刑人员之外，以其他形式出监的服刑人员将没有足够的时间开展全面的、系统的指导和教育活动，但是不能因此而放弃对他们进行出狱前的指导和教育工作，应该针对他们不同的出监原因，由监狱或监区指定专人，安排相关内容讲授给他们，并做好相应的接茬帮教工作安排。至于刑满释放的服刑人员则应一个不落地接受全面、系统的出狱人的指导和教育机构实施的三个月的指导和教育。

（二）制定对出狱人指导和教育工作制度

对出狱人的指导和教育的成功，除了必须有针对性地选择教育内容之外，还要努力完善、落实对出狱人的指导和教育的各项制度，使对出狱人的指导和教育科学化、规范化、制度化。要制定《出狱人学习、劳动的制度》、《对出狱人的指导和教育工作计划》、《出狱人一日生活制》、《出狱人学习、劳动的奖罚制度》等一系列工作制度，使出狱人在最后的指导和教育阶段，在相对宽松的、接近于社会管理形式的环境中接受教育。

同时，要使服刑人员明白，对出狱人的指导和教育仍然是对他们实施惩罚和改造的重要阶段，他们在接受对出狱人的指导和教育时的身份仍然是服刑人员。监狱在对他们实施出狱的指导和教育的过程中，既要增大他们与社会的接触面和机会，适当缩小约束的范围，降低约束的强制性，减少惩罚手段的运用，让他们在相对宽松的、接近于社会管理形式的环境中接受指导和教育，又要用监规纪律约束他们，不允许他们为所欲为。而是通过让他们更多地接触社会，有相对较多的自我管理、自我教育的机会，来改变在长期改造中形成的依赖、顺从、被动的生活习惯，以增强出监后融入社会的适应能力和独立生活的自控能力。

此外，由于对出狱人的指导和教育的时间一般为三个月，所要解决的又是服刑人员在长期改造过程中，未能解决或未能彻底解决的问题。所以，必须严格贯彻和落实对出狱人的指导和教育工作制度，积极组织开展教育活动，以确保有足够的时间和严格的规章制度对服刑人员进行针对性的指导和教育。

（三）正确选择和运用对出狱人指导和教育的形式

对出狱人的指导和教育，一般采用集中教育、分散教育、分段教育三种形式。根据具体情况不同，选择相应的教育形式。

1. 集中教育。

集中教育是指将余刑在三个月左右的服刑人员，集中在监狱设立的出监教育监区进行教育。运用这一形式进行教育，要注意把握两个环节：

要合理编组，摸清情况。对各监区、分监区送来的即将出监的服刑人员进行混合编组，并加入一定数量的改造积极分子，以强化日常管理，保证教育秩序。同时，充分运用各种手段进行摸底调查，及时掌握服刑人员的思想动向，为实施教育打下基础。

要严密防范，主动进攻。在进行对出狱人的指导和教育中，罪犯教育工作警官要时刻提高警惕，在积极开展各种专项训导教育的同时，要反复向服刑人员强调遵纪守法的重要性，以防止个别服刑人员利用宽松管理的机会，实施违法犯罪行为，扰乱狱内的改造秩序。

2. 分散教育。

分散教育就是根据上级制定的对出狱人的指导和教育的计划，以各监区为单位，将余刑在三个月左右的服刑人员，单独编组进行教育。运用这一形式进行教育时，一是要选派得力的罪犯教育工作者承担教育任务，并尽可能地解决在教育中遇到的教师、教材、教具、经费等困难，以保证教育的正常开展。二是要保证教育的必要时间，坚决执行半天学习、半天劳动的制度，保证完成预定的教育内容和任务。三是要防止和避免交叉感染，要在管理上下功夫，严格控制接受出狱人的指导和教育的服刑人员与其他服刑人员接触、交流的机会，以保证教育的质量和避免意外事故发生。

3. 分段教育。

分段教育是指监区将余刑在三个月左右的服刑人员单独编组进行一段时间的前期教育，然后再集中到出监监区进行后期教育。运用这一形式进行教育时，一是要在系统教育中，突出重点。前期教育侧重解决服刑人员的补课教育问题，后期教育要以加强社会形势教育和就业指导教育为重点。二是要分秒必争，及时教育。采用分段教育的形式，最重要的是要求罪犯教育工作警官要端正工作态度，确立紧迫感，要用只争朝夕的精神去工作，力争把服刑人员的模糊认识等遗留问题解决在监狱内部。

（四）认真做好服刑人员的出监评审鉴定工作

1. 要求服刑人员全面总结自己接受罪犯教育改造的实际情况。

第一，要求服刑人员联系实际，认真总结自己在接受教育改造过程中得到的收获、存在的问题及今后需要继续努力的方向；第二，要求服刑人员认真思考这一过程中得到的经验和教训;第三,要求服刑人员对自己今后回归社会后的工作、生活做认真规划。

2. 组织开展对即将出狱的服刑人员的鉴定工作。

在组织开展这项工作时,首先监狱民警要制定鉴定的标准和方法。其次要求每一名服刑人员都要如实地、负责地对其他服刑人员进行评议,讲优点、找问题、提希望。第三,监狱民警要对每一名服刑人员做出书面鉴定。要采用查阅服刑人员改造档案、正面谈话、侧面了解、观察言行等手段,综合全部材料,进行集体研究,对服刑人员的思想改造状况、恶习残留程度、重新犯罪的可能性等有关方面做出符合实际的书面鉴定,提出服刑人员出监后社会帮教的努力方向。

（五）做好接茬帮教工作

1. 及时做好与有关部门的衔接沟通工作。

一是监狱在服刑人员刑满释放之前,主动及时地将他们在改造过程中的表现,特别是仍然存在的不良思想和行为表现,他们回归社会后可能出现的思想问题、重新违法犯罪的预测等情况,向当地公安机关及有关部门和组织作详细的通报,并提出进行接茬帮教的具体建议,及时移送有关的档案材料。二是监狱根据服刑人员出监后的安置方向,尽可能地协助有关社区、部门建立帮教组织,制定和落实帮教制度、措施,尽可能做到不漏帮、不失控、不脱管。主动与公安机关及有关部门和组织加强联系、密切配合,可以把监狱对服刑人员的教育改造工作,与社会帮教工作紧密地衔接起来,把"再送一程"的工作真正落在实处。

2. 尽最大努力帮助服刑人员解决好回归社会后在生活、就业等方面遇到的困难。

为了使服刑人员出监后立即得到社会、家庭的关心和帮助,迈好新生活的第一步,一是在服刑人员接受对出狱人的指导和教育期间,与服刑人员家属取得联系,向他们宣传党和国家对刑满释放人员在政治上不歧视、生活上给出路、就业上妥善安置的各项政策,要求家庭不嫌弃刑满释放人员,并尽可能到监狱迎接他们的新生,使服刑人员一出监狱大门,就得到亲属的热情接待和帮助,从而既可解除刑满释放人员的后顾之忧,又可为他们走好新生之路注入强大的动力。二是在政策和条件允许的范围内,尽量帮助刑满释放人员解决刚出监时在生活、就业等方面遇到的困难,帮助刑满释放人员解决应该解决的实际问题。

思考题

1. 如何抓住未成年服刑人员的主要心理和行为特点及时开展教育改造工作?

2. 针对女性服刑人员的主要心理和行为特点可以组织开展哪些教育改造活动?

3. 你认为对新入监服刑人员要及时做好哪些教育工作?

4. 如何对出狱人进行指导和教育?

参考书目

1. 王秉中主编:《罪犯教育学》,群众出版社,2003年版。

2. 王祖清等主编:《罪犯教育学》,金城出版社,2003年版。

3. 阮浩主编:《罪犯矫正心理学》,中国民主法制出版社,1998年版。

4. 吴宗宪主编:《中国服刑人员心里矫治》,法律出版社,2004年版。

5. 黄兴瑞主编:《罪犯心理学》,金城出版社,2003年版。

对几种不同类型服刑人员的教育

第九章

259

罪犯教育学

第十章

罪犯教育效果的评估

内容提要

　　罪犯教育效果评估是检验和保证监狱罪犯教育工作质量的重要环节，监狱教育矫正目标与效果实现得如何，需要一套完善的评估体系对其做出科学全面的评估。本章通过阐述罪犯教育效果评估的内涵、类型、原则等基本理论，明确评估的作用及建立评估指标体系的各项具体要求，使罪犯教育效果评估体系、评估方法、评估步骤更趋统一、合理，从而科学的反映罪犯教育效果。

重点问题

● 罪犯教育效果评估的原则

● 建立罪犯教育效果评估指标体系的具体要求及应注意的问题

● 评估的步骤与方法

● 评估实施过程中需完善的问题

第一节　罪犯教育效果评估概述

　　罪犯教育改造质量是衡量监狱工作效能的指标，提高罪犯改造质量是促进监狱提高工作效能的根本性要求。罪犯教育效果对监狱改造质量有着至关重要的影响，科学准确地评估罪犯教育效果，不仅是罪犯教育工作的重要一环，也是监狱整体改造质量评估工作的重要组成部分。评估的结果对于监狱教育工作及整体改造工作有着重要的评价和促进作用。本章从罪犯教育效果评估的作用、评估指标体系的建立以及评估的组织实施等方面进行阐述，为罪犯教育效果评估构建一个简明的框架。

一、罪犯教育效果评估的基本内涵

所谓罪犯教育效果评估，是指依据罪犯教育的目标，运用定性和定量的方法，对罪犯教育的结果进行测量和作出价值判断的过程[①]。这一概念的含义包括：

（一）罪犯教育效果评估具有较强的目标指向性

罪犯教育效果评估工作根据罪犯教育内容的不同而具有综合性，但评估内容的选择、评估标准的确定都应以围绕罪犯教育目标为依据。根据我国《监狱法》的规定，监狱的任务是将罪犯改造为守法公民。这是监狱任务的法定性规定，而且理论界也普遍认为，"守法公民"是对罪犯教育改造的目标要求[②]。所以，具体到罪犯教育工作中，就是要求对罪犯在法制道德、文化知识、职业技术、心理健康和美育等方面，进行全面教育，以达到将罪犯转化为"守法公民"的目标要求。

（二）罪犯教育效果评估是对罪犯个体和群体教育效果及监狱教育工作的价值进行判断的活动

罪犯教育效果评估既包括对服刑人员个体的教育效果进行评估，也包括对罪犯群体在接受教育后的效果进行评估。通过对罪犯个体的教育效果评估，可以掌握罪犯接受教育后的转变程度，个体评估结果的综合，也可以影响或决定群体教育的结果；群体教育效果评估的结果，可以用来评价监狱罪犯教育工作的质量与成效。罪犯教育效果的评估，是对在押服刑人员个体及整体在接受教育后的"状态程度"的评价和测量，这种"状态程度"应反映罪犯接受教育状况的全貌，以此得出的价值判断才科学、客观和全面。

（三）罪犯教育效果评估是一项综合性的活动过程

---

① 王秉中著：《罪犯教育学》，群众出版社，2003 年版，第 263 页。
② 夏宗素著：《监狱学基础理论》，法律出版社，1998 年版，第 98 页。

罪犯教育效果评估是一个整体的、全面的、各部分有机联系的综合性活动过程。

首先，评估的内容具有综合性。对罪犯教育评估的内容涉及法制道德、文化技术、心理健康、审美观念等诸多方面，内容是非单一的，所以评估的内容范围是综合性的。

其次，评估的方法具有综合性。即采用定量与定性相结合的方法，突出"以适当数量化为主，以必要的定性结论为辅"的组合式评定方式。对于评估的各项内容，能分值化的尽量分值化，这样便于通过数学计算或计算机统计分析，得出具体的数据和结论，避免主观臆断。如法律知识教育、文化教育、职业技术教育具有明显的可知性，可以通过常规的考试、考查和实际操作的方法来具体量化。鉴于心理矫治技术在监狱的应用已日渐成熟，罪犯的心理健康也可以通过测试进行量化统计并辅之以必要的定性分析。对难以实施量化的，如德育、美育等内容，就不可避免的要采取一定的定性描述，这就要求监狱民警在罪犯教育工作中，必须深入观察、记载和了解，掌握翔实的第一手材料，本着客观、科学、求实的精神，对罪犯教育效果给出定性评价并给出结论。最后，评估的过程具有综合性。评估是一项包含制订评估方案、确定评估指标、分析评估结果等一系列工作的活动过程，不是一项单一的活动。

二、罪犯教育效果评估的类型

（一）以评估的目的为标准，罪犯教育效果评估分为形成性评估和终结性评估

1．形成性评估。

形成性评估指通过诊断罪犯教育方案或计划、教育内容和方法中存在的问题，为正在进行的罪犯教育活动提供反馈信息，以提高正在进行的教育活动质量而进行的评估。例如，在推广新的职业技术培训项目时，从培训的罪犯中抽取一定数量的人员进行测试，将评估结果与预期目标进行比较、分析，找出存在的问题并及时修正，为项目的推广普及创造可行性条件。一般情况下，形成性评估结果不以区分评估对象的优良程度为目的。

2．终结性评估。

终结性评估是在罪犯教育活动结束后对教育效果的评价。终结性评估考察的是罪犯教育的最终结果，是对罪犯教育全过程的检验，其评价也是综合性的，其获得的结果具有较高的概括性。

（二）以评估的对象为标准，罪犯教育效果的评估分为罪犯个体教育效果评估和罪犯群体教育效果评估

1．罪犯个体教育效果评估。

罪犯个体教育效果评估，是对罪犯个体教育效果的好坏、优劣所进行的判断和测量[1]。罪犯个体是罪犯教育的核心对象，每个罪犯在教育活动中的行为和状态表现，既是罪犯教育活动开展的前提条件，也是教育效果评估的首要依据。

2．群体教育效果评估。

群体教育效果评估，是在确定的时间内，通过选定对整体罪犯教育效果有重要影响的测定点来对监狱教育工作加以评价和检测。它反映的是罪犯教育的宏观效果。

罪犯个体和群体教育效果评估，是罪犯教育效果评估实践中最为重要的两种评估类型。两种评估具有关联性，对罪犯个体的全面评估，影响罪犯群体的评估结果，个体教育效果评估的结果，可以作为群体教育效果评估的重要指标。

（三）以评估的方法为标准，罪犯教育效果的评估分为定量评估和定性评估

1．定量评估。

定量评估是通过对罪犯在教育活动中的行为表现和受教育的状态程度进行数量化的分析和计算，从而对教育的效果和价值作出判断。定量评估有助于评估的精确化，加强评价的区分度，降低评估的主观性和模糊性，增强评估结果的说服力。

2．定性评估。

定性评估是对罪犯在教育活动中的行为性质和受教育的状态程度进行的分析、评定和说明。定性评估比定量评估简便易行，但容易受主观意识的支配而有失客观性，加上评估工作中，有些评估内容可以量化，有些不能或不易量化，所以一般都将定量评估和定性评估结合起来使用。

三、罪犯教育效果评估的原则

罪犯教育效果评估的原则是监狱在开展教育效果评估过程中所必须遵循的准则。罪犯教育效果评估反映罪犯教育的多方面内容，是一个具有综合效应的活动，反映的是监狱教育改造的成效。在评估过程中要遵循导向性、科学性、

---

[1] 王秉中著:《罪犯教育学》，群众出版社，2003 年版，第 275 页。

适时性、标准化和可操作性的原则。了解和贯彻这些原则，对做好罪犯教育效果评估工作有着非常重要的指导作用。

（一）导向性原则

导向性原则是指监狱在罪犯教育效果评估工作的各个环节中，以罪犯教育目的为出发点和落脚点，保证罪犯教育始终坚持明确的发展方向。导向性原则主要包含以下两方面的内容：

1．目标定位。

把罪犯教育改造成为"守法公民"是罪犯教育的最终目标，这一目标在罪犯教育实践中可以具体细化为：以解决罪犯思想问题为核心，以满足社会需要、使罪犯成功社会化为归宿，把罪犯塑造成为认同社会主流文化，具有一般社会人的道德水平、审美情趣和健康人格，能够自觉遵守社会法律规范的自食其力的社会公民。罪犯教育效果评估，应重点考核教育具体目标的实现情况，保障监狱教育改造罪犯的目标不偏离监狱工作的宗旨，避免监狱宗旨的异化。

2．工作指导。

罪犯教育的具体工作应突出"守法公民"的宗旨，教育效果评估应反映罪犯教育工作的宗旨要求，从而对监狱的教育工作起到指导作用。长期以来，监狱工作存在着重监管、轻教育；重日常管理、轻思想转化；重显性改造表现、轻隐性心理活动的倾向。监狱民警在教育改造罪犯的过程中，对教育在改造罪犯中的作用认识不足，对教育改造规律摸索与应用不重视，从而出现了思想教育空洞说教、文化教育走形式、职业技能教育纸上谈兵的不良现象，导致罪犯教育以敷衍告终。实施罪犯教育效果评估，将结果作为衡量监狱改造质量水平高低的重要参数，能约束并指导监狱的罪犯教育工作，使罪犯教育工作始终围绕教育矫正罪犯的核心宗旨进行。

（二）科学性原则

科学性原则是指在罪犯教育效果评估工作中，通过建立科学的评价标准和考核体系，运用科学的考评方法，对罪犯教育的效果加以科学的评定和运用。评估工作中贯彻科学性原则，应注意把握以下两点：

1．客观公正，实事求是。

在罪犯教育评估工作中，要坚持实事求是的精神，遵循罪犯教育的规律，依据罪犯在教育活动中的表现和取得的实际成绩，通过科学合理的评估手段、方法和技术，实现科学评价监狱罪犯教育工作的目的。在评估的实际工作中，监狱民警要以科学的态度、严谨的作风和专业的技术水平开展评估。避免主观臆断和个人感情色彩，不受外界因素干扰，不受罪犯表面现象迷惑，不迁就任何组织和罪犯个人的要求。力争作到评估标准科学、准确，评估过程和结果客观公正，从而提高评估结果的可信度，保证评估工作质量。

2. 定性与定量相结合。

影响罪犯教育效果的因素很多，既有罪犯的主观因素，又有监狱教育条件的客观因素；既受罪犯的生理、智力因素的影响，又受教育内容、形式和方法等因素的影响。科学的罪犯教育效果评估指标体系，是罪犯教育评估的重要内容。定性与定量相结合就是说可以量化的要应尽量选择定量指标，如，文化教育、职业技能教育、法律常识教育等，可以通过分值加以量化。对于难以数量化的内容指标，如思想、道德教育等方面的内容，就要采取一定的定性描述。监狱民警必须深入了解罪犯，掌握罪犯思想表现的真实材料，按照评估指标体系的要求，采取定性评价和定量分析相结合的方法，才能对罪犯教育效果作出科学评定。

（三）适时性原则

适时性原则是指在罪犯教育效果评估工作中，为了引导罪犯向预期的教育目标发展，根据教育的内容、形式和方法，结合教育的时限，适时加以评估。适时性原则主要体现在以下几个方面：

1. 适时地对某阶段各项教育所取得的成效进行评价。

对监狱开展思想道德、文化、职业技术、心理健康等方面的教育，为了检验各项教育内容、形式和方法是否达到了预期效果，可以在各项教育活动结束后及时组织考核评估；针对罪犯服刑的不同阶段所开展的专项教育，如入监阶段的法制教育，服刑中期的文化和职业技术教育等，可以在相应的专项教育阶段结束后，适时进行评估。通过不同阶段、不同项目的考核比对，可以发现罪犯接受教育的前后变化，有利于及时掌握罪犯的教育效果。

2. 及时调整教育方案，重新确立评估指标。

确立适时评估原则，一方面是为了解罪犯教育是否达到了预期的教育效果，另一方面是帮助监狱教育机关及时发现罪犯教育的内容、教育环节、教育方法方面是否存在问题，以利于监狱及时调整教育方案，发挥罪犯教育应有的功能；同时，通过适时评估，可以检验评估指标体系中的各项要素是否科学、合理，便于及时调整，促进评估指标体系的科学化。

（四）标准化原则

标准化原则是指在罪犯教育效果评估工作中，应尽量减少人为因素的干扰，对可能出现的误差予以最大程度的控制，以保证评估指标体系和方法的有效性以及评估结果的准确性。标准化应具备以下几个方面的内容：

1．评估指标体系的标准化。

评估指标体系的建立应能反映罪犯教育工作的基本要求，通过其实施能实现对罪犯教育活动的管理，最终达到完成罪犯教育工作任务的目的。因此评估指标的选择应考虑上述要求，根据不同指标在罪犯教育效果评估中作用的大小程度定量化，结合定性评价，制定相应的评价标准，对罪犯的教育效果作出标准评价。

2．评估方法的标准化。

评估方法的标准化，也决定了教育效果评估的效度和信度。为了提高教育效果评估的效度和信度，在对罪犯教育进行评估时，必须统一测评方法要求，能通过计算机数据处理的，尽量通过计算机进行数据汇总和分析，形成标准的评估结果。

3．评估结果应用的标准化。

罪犯教育效果评估结束后，要对评估结果进行系统分析，并将评估结果与监狱教育改造质量和罪犯奖惩挂钩，作为评定监狱教育改造工作质量和罪犯教育矫正效果的依据。

（五）可操作性原则

可操作性原则是指罪犯教育效果评估指标体系的设计、评估方法的采用以及评估方案的运用等应符合罪犯教育和监狱工作的实际，易于掌握和实践运用，简明扼要、切实可行。其具体要求是：

1．教育效果评估指标体系要有针对性。

反映罪犯教育改造质量的评估指标和标准内容很多，一级指标还可以下设二级、三级指标，如果不加选择，单纯罗列，甚至相关内容相互抵触、自相矛盾，就会影响评估的效果。因此，要在充分调研分析的基础上，对评估体系和内容有所取舍、有所侧重，要选择那些能够反映罪犯教育效果程度的评价指标，便于有目的、有针对性的对罪犯教育进行评估。

2．评估项目要有完备性。

确定评估项目时，所选择的内容应能覆盖罪犯教育效果评估所涉及的全部范围，防止漏项。

3．评估内容要有可测性。

评估体系所包含的内容要能够定性和定量分析，可以分值化的教育内容尽量分值化。通过数学计算或计算机统计分析，得出具体数据和结论。同时还要注意定量分布控制的合理，既要涵盖罪犯教育的全部流程，又要照顾罪犯教育的全部内容；定性表述要明确，语言描述要准确，防止产生歧义，还要注意避免定性评价太多而影响评估的客观效果。

4．评估指标体系要简明。

选择的评估指标不是越多越好，关键在于指标在评估中所占作用的大小，如果评估指标太多、太复杂，不仅增加结果的复杂性，有时甚至会影响评估结果的客观性和准确性。因此，评估指标体系要简单明了，易于监狱民警操作，也要利于罪犯理解和接受。

四、罪犯教育效果评估的作用

（一）评估过程的作用

1．检测作用。

首先，罪犯教育工作是以罪犯教育目标为出发点，通过一系列有计划、有组织、系统的教育影响活动，达到把罪犯改造成为"守法公民"的目的。为切实保障这一目的的实现，监狱通过组织实施评估，可以及时发现监狱教育活动和教育目标之间是否存在偏差以及偏差的程度，并在评估过程中加以修正。其次，罪犯教育活动贯穿于刑罚执行的全过程，罪犯教育活动中两大参与者——监狱民警和罪犯个体（群体）有必要确切知晓他们参与教育活动的效果，罪犯教育效果评估过程提供了很好的检测途径。教育者（监狱民警）在评估过程中，可以及时了解和掌握哪些教育内容、教育措施和教育方法收到了多大程度的效果，会获得大量教育活动中有关教育效果的信息，这些信息的反馈，对于教育者修正教育的内容、措施和方法提供了客观必要的依据，有利于加强罪犯教育工作的针对性，提高和改善监狱教育工作水平。而罪犯个体（群体）在评估过程中，能及时了解自身在教育改造中的表现，做到心中有数，自我调整，更好的接受教育改造。

2．显示作用。

首先，罪犯教育效果评估过程为罪犯显示教育改造表现提供了的机会。由于罪犯的教育改造结果直接关系到罪犯本人的切身利益，是罪犯在监内处遇级别、奖惩的重要依据之一，因而，罪犯对自己的改造表现，特别是监狱民警对自己表现的评价和印象十分关心。有的表现良好、积极进步，但怕监狱民警看不到；有的态度不端正、消极敷衍，又怕监狱民警知道；有的制造假象、表里不一，以为监狱民警不知道。通过评估，罪犯的改造表现真实、客观地呈现出来，既可以打消罪犯的种种顾虑和担忧，又可以杜绝蒙混现象。其次，评估过程还可以显示监狱民警的评价是否公正客观。监狱对罪犯教育效果的评估应坚持公开的原则，做到定期记载评议和公布制度。通过公开监督，客观上能有效防止对罪犯教育改造表现的评价受监狱民警个人素质高低、感情好恶的影响和干扰，从而使罪犯的教育改造表现的定性描述更趋于公正、准确。

3．评价作用。

首先，罪犯教育效果评估通过对罪犯个体和罪犯群体不同时期内法制道德、文化知识、职业技术、心理健康等方面进行测量，反映出罪犯经过综合教育后发生变化的程度，从中找出规律，并经过比对来说明教育改造的效果，进而衡量和评价罪犯个体和群体的改造效果。其次，罪犯教育效果评估通过建立评估指标体系来完成，在评估过程中，可以适时检验罪犯教育效果评估指标体系的科学性，促进评估指标体系的调整、改进和提高。

（二）评估结果的作用

1．评估结果可以作为监狱对罪犯处遇的依据。

客观真实的评估结果，可以准确地反映罪犯在法律道德、文化知识、职业技术、心理健康和美育方面的缺陷与不足，监狱可以根据评估结果，调整教育矫正方案，因人施教，对罪犯施以区别待遇，提高教育矫正的质量和效益。如通过综合评估，发现罪犯个体或群体在某方面存在严重不足时，就要及时在教育内容安排、教育方法选定上突出处遇的差异性和针对性，这样才能既节约教育资源，又提高教育改造的质量。

2．评估结果可以促进监狱教育矫正绩效的提高。

　　评估结果实际上对监狱的教育工作起到监督检查和督促的作用。通过评估结果，检查验证教育方案的制订、实施和执行情况，防止教育效果不佳的现象恶性循环。也可以使监狱对一定时间内的教育改造工作进行盘点，从中发现问题和总结经验，促使监狱不断改进相应的罪犯教育工作。通过这种必要的检查督促，无疑有助于监狱不断提高教育矫正工作的绩效，保证罪犯教育目标的顺利完成。

　　3．评估的结果可以调动罪犯接受教育改造的积极性。

　　评估结果的公开，实际上就是给罪犯在一定时期内接受教育的表现进行"排队"，每个罪犯都可以清楚地了解自己在"队伍"中的位置，这样罪犯之间就有了比较与竞争，加之罪犯教育改造成绩是记分考核的重要组成部分，直接关系到罪犯的刑事奖惩，从而促进了罪犯为获得各种切身利益而展开合法有序的竞争，充分调动了罪犯改造积极性。

　　4．评估结果可以影响社会对监狱教育的评价。

　　长期以来，社会公众的观念一直认为教育改造罪犯是监狱的职责，对重新犯罪，监狱应负全部责任。虽然重新犯罪的原因与犯罪一样，都取决于多种因素的综合影响和作用，监狱理应负一定责任，但不是全部责任。不可否认的是，监狱作为国家刑罚机关，必然应满足社会需要，包括社会公众的期盼。所以，罪犯教育效果的好坏，改造的成功与失败，不仅关系到监狱工作，也关系到社会对监狱形象的评价。毕竟社会公众纳税兴建监狱，他们有资格要求监狱履行教育矫正职责，有效控制重新犯罪。

第二节　罪犯教育效果评估指标体系的建立

　　对监狱教育工作的效果进行评估，必须建立一个系统、科学的评估指标体系，没有完善的评估指标体系，就不能科学、准确地对罪犯教育工作实施评估。评估指标体系既是一个方法论，又是对各种教育资源、教育内容和教育方法加以确定并整合的系统。评估指标体系由评估指标、指标权重和评估标准三部分构成。

一、建立罪犯教育效果评估体系的目的

(一) 指导监狱的罪犯教育工作，促进罪犯教育工作的科学化

罪犯教育效果评估指标体系将罪犯教育的重点内容明确化、具体化，便于监狱民警掌握罪犯教育内容的整体要求与个别侧重，避免了教育的盲目性和随意性。同时，罪犯教育效果评估指标体系将评估的标准统一，便于监狱民警依照评估标准对罪犯教育的过程进行监督和控制，规范罪犯教育工作的各个环节，保证评估结果的客观、公证。科学的指标体系，采用定量与定性相结合的方法。定量的方法将各种理性、定性的要求细化为定量的规定，避免了人为主观因素的影响；定性分析的方法通过监狱民警的经验判断，弥补了定量法的不足，使罪犯教育的不同层面、不同角度，都置于一个科学、标准的测评体系内，促进罪犯教育工作的科学化。

(二) 规范监狱的罪犯教育工作，提高罪犯的教育改造质量

衡量监狱罪犯改造工作的质量，最重要的指标之一就是监狱罪犯教育的效果。罪犯教育效果是一个综合指标，是对罪犯接受教育全过程的表现的综合评定，它既包括罪犯法制、道德、文化知识水平的提高，职业技能的掌握，还包括罪犯心理健康、审美情趣的提升等诸多方面。通过罪犯教育效果评估指标体系确立的评价标准和考核尺度，形成罪犯教育改造工作的导向和标杆，规范罪犯教育工作的全部内容，整体提升罪犯教育工作的质量。

(三) 评价和检验罪犯教育工作，促进罪犯教育工作的不断完善与发展

建立罪犯教育效果评估体系是提高罪犯改造质量的基础工作之一。一个科学、严谨、周密、切实可行的罪犯教育效果评估体系，可以使监狱对罪犯教育的全过程实行动态管理，促使监狱教育部门对罪犯的教育进行全方位、全过程的把握。依据评估结果，科学、客观的评价罪犯教育工作，检验罪犯教育的针对性和目标完成情况。及时发现罪犯教育工作中存在的问题与不足，不断调整工作思路和工作重心，探索罪犯教育的有效方法和途径，促进监狱罪犯教育工作内容和方法的创新，实现罪犯教育工作的协调发展和完善提高。

二、建立罪犯教育效果评估指标体系的要求

建立并完善罪犯教育效果评估指标体系，是罪犯教育评估的一项基础性工

程，完成这一基础工程，重要的是对评估指标体系中的评估指标、指标权重分配和评估标准的相关要求予以明确。

（一）评估指标

罪犯教育效果评估指标是指那些能够准确反映罪犯教育效果的各方面因素[①]。在实践中，影响罪犯教育效果的因素很多，选择哪些因素作为评估指标时应注意：（1）作为评估指标的因素既能涵盖罪犯教育的主要内容，又能突出反映罪犯教育效果评价的要求，因素的选择要周全，构成因素的内容不能缺省或漏项。（2）作为评估指标的因素在影响罪犯教育效果方面的作用是有差异的，应根据各因素在影响教育效果方面的差异程度，在指标的常规设计和分值处理上确定各因素应有的分数和额度。（3）各因素在整个评估指标体系中应相互协调，不互相矛盾。

根据上述要求，结合监狱罪犯教育工作的实际，影响罪犯教育效果的因素主要包括以下几个方面的内容：

法制观念与守法行为因素。这一指标旨在反映罪犯社会化程度和规则意识。法律、法规是社会规则，能否遵守这些规则反映了个体社会化的程度。罪犯在接受教育矫正之后，应能主动遵守社会法律的约束，行为举止应能体现出与社会的亲和性，能主动适应社会，重犯的可能性较小，表明其再社会化成功。反之，则表明罪犯社会适应能力差，法律观念淡漠，反社会行为倾向尚存或加剧，容易犯罪或重新犯罪。所以，法制观念和守法行为因素是罪犯教育效果评估的重要指标。

道德素质。道德素质对罪犯整体素质的提高起着促进和导向作用，罪犯通过对道德的认识、体验和实践，会把社会的道德规范转化为公德习惯和规则意识，有助于罪犯转变错误的人生观和世界观，树立对国家、社会、自己及家庭的责任感和义务感，具备良心、同情心等基本的人类情感。养成尊重社会礼仪风俗、遵守道德和法律规范的习惯，从而达到预防犯罪的目的，所以道德素质同样是评估罪犯教育效果的重要指标。

文化素质。文化素质的高低制约着人的认识能力，也是罪犯教育的基础和重新社会化的条件。罪犯经过有目的、有计划、有组织的文化教育，具备一定的文字和数学运算能力，逐渐积累并形成抽象思维的能力，认识和思维方式会

---

① 王秉中著：《罪犯教育学》，群众出版社，2003年版，第266页

逐渐趋于理性，可能接受并容易形成正确的人生观和世界观，使罪犯的再社会化成为可能，所以文化素质应成为罪犯教育效果评估的指标。

职业技能水平。职业技能是个体谋生的重要手段，也是罪犯顺利回归社会的重要条件。具有一定的生存技能，罪犯才可能就业。职业是个体与社会相联系的重要纽带，它不单纯解决罪犯的生存问题，也为罪犯是否成功的再社会化提供了检验的机会，是检验罪犯社会化是否成功的平台。拥有一技之长，罪犯才能生存发展，才有机会内化和巩固再社会化的内容。因此，职业技能水平是罪犯教育效果评估体系中不可缺少的指标。

心理健康水平。心理健康是指个体在各种环境中能保持良好的心理效能状态。心理健康水平影响个体社会生活的方方面面，文化水平再高、职业技能再熟练，如果心理出现障碍，都可以导致各种不良行为的发生，严重的甚至是违法犯罪。重视对罪犯的心理健康教育，尤其注重对监禁环境下不良的监禁心理进行矫治和干预，可以提高罪犯的心理适应能力，形成正确的认知方式，提高行为的自控能力，使其在任何环境下，都能保持健康良好的心态，发挥最好的心理效能，从而提高社会适应能力，为罪犯再社会化提供健康的心理保障。随着人们对心理健康的认识和重视程度的加深，心理健康水平必然成为衡量罪犯教育效果的重要指标。罪犯心理健康所涉及的内容专业而复杂，鉴定难度较大，确立其为指标时应注意细化，这样在实施过程中才可能简单易行。

审美观念。对罪犯美育的目的，就是要培养罪犯形成正确、健康的审美观，使罪犯明辩善恶美丑、是非曲直，改变自身消极的思想道德观念和恶劣行为，加深罪犯对优秀文化的理解和把握，自觉抵制恶俗文化的侵蚀，逐渐脱离低级、庸俗的审美趣味，促进罪犯追求正义、崇尚文明，重塑灵魂，整体提升罪犯的素质，实现把罪犯培养成为守法公民的最终目的。需要注意的是，审美观是一个抽象的概念，不易量化，确定该指标应从美学知识的掌握和践行美的实际行为表现方面加以具体化。

以上是影响罪犯教育效果的主要因素，在确立罪犯教育效果评估指标体系时，还可以将这几个方面确定为一级指标，作为罪犯教育效果评估的内容范围。为了保证评估的信度和效度，还要对一级指标加以细化，根据一定的标准分化出二级、三级指标，同时注意确立同一级指标必须具有独立性，不能互相包含或交叉。

（二）评估指标权重

权重即对各指标在指标体系中的重要性程度的数值规定。权重规定了每一项指标在整个评估指标体系中的重要性程度，规定了各指标间的相互关系，同时也规定了相互的量化方法。具体的说，权重分配应注意以下几个方面的要求：（1）确定评估指标权重大小的依据，是各指标要素在指标体系中的地位和重要程度，某项指标对应的罪犯教育工作非常重要，对教育的效果影响非常突出，就应该给予该指标较高的权重，以确定它在整个指标体系中的重要地位。需要强调的是，某项指标所对应的实际工作相对来说是次要的，但在某个特定时期对整体的影响性较大，为了突出它的地位，也应当给予该指标较高的权重。（2）评估指标体系中的所有要素的权重之和应该是一个定值，即为 1 或满分值。指标权重分配重要的是对影响罪犯教育效果的各因素进行全面分析，根据其在罪犯教育中的实际作用，确定合理的分值，各项分值相加之和为一个定值，这就要求各项指标的权重分定位合理，不能过高或过低，否则会影响其他指标权重值的上升或下降，出现权重分配不合理，影响评估结果的科学性和准确性。（3）确定指标权重时应尽量将指标内涵转化为可以量化的因素，对于难以量化的指标，应采用定量与定性相结合的方法，即在定量测量的同时进行记分式的定性评价，例如，对罪犯道德水平的量化，可以通过道德理论考试测量得出分值，对于道德实际状况的隐性特征，难以把握和测量，就需要监狱民警深入罪犯生活实际，观察体验，作出定性评价。定性评价的优、良、中、下可对应记分为 90 分、80 分、70 分及 60 以下的分值，这样，评估指标经过量化后，便于统计和考核，使评估结果最大程度避免主观随意性，保证权重的精确度和可信度。

（三）评估标准

1. 评估标准的要求。

评估标准是鉴订评估对象优劣、好坏程度的尺度，是划定等级的标准和依据。罪犯教育效果的好坏，直接影响监狱教育改造工作的绩效，因此在制定罪犯教育效果评估标准时，要充分考虑下列要求：

（1）标准的制订应适用于所有的评估对象，即标准应具有普适性。对罪犯而言，不应因为个体或整体的差异和特殊性而造成对标准的不适用，这是确定标准的基本要求。

（2）构成标准的要素要周全。罪犯教育是一个系统工程，对其质量评定必须作为一个系统工作来考核。标准的要素也要按照系统论的要求进行构建，做到不漏项。每一项的界定都准确明晰、语义连贯，不含交叉关系。

（3）标准的构建应在科学的前提下予以简化。罪犯教育效果评估涉及罪犯思想道德、文化技能、心理健康等多方面的内容，对此进行测评是一个复杂的过程，应在调查研究和统计分析的基础上，剔除多余的、交叉重复的因素和环节，精练并确定满足评估全面需要的因素，保持标准整体的精简合理，提高评价功效。

（4）构成标准的因子之间要协调。在构建标准时，要协调好其构成因子之间的统一性和平衡性，根据各因子对标准影响作用的大小确定分值，从而达到标准设计的最优化。

2. 评估的结论。

按照标准进行评定之后，要作出优秀、良好、合格、不合格的等级评定结论。

三、罪犯教育效果评估指标体系的建立

根据上述关于评估指标、评估权重、评估标准的具体要求，结合监狱罪犯教育工作的实际，设计并建立罪犯个体和整体两大教育效果评估指标体系。具体评估指标、权重分配和等级标准参见下表：

表1 罪犯个体评估指标和等级标准

一级指标	二级指标	考核内容	参考权重	等级标准	
				优秀	中等
文化素质25分	1. 学习态度	到课情况、听课情况、作业完成情况	0.2	出满勤、听课认真、笔记完整、作业完成质量高	出勤较好、听课和作业完成情况一般
	2. 文化课考试	各科文化考试分数	0.4	各科文化考试平均分90分以上	各科文化考试平均分60分左右
	3. 文化程度的提高	原有文化程度基础上的提升程度	0.4	文化程度提升2级以上	文化程度有所提升

续表

职业技能水平25分	1.学习态度	到课情况、听课情况、作业完成情况	0.1	积极参加职业技能培训，态度积极、出满勤、笔记完整、作业完成质量高	参加职业技能培训情况较好
	2.职业技能理论掌握情况	职业技能理论考试成绩	0.2	90分以上	60分左右
	3.职业技能实际操作情况	职业技能实践操作考试成绩	0.3	成绩优秀	成绩合格
	4.职业技能提升情况	获得有效资证情况	0.4	获2个以上有效资证	具有1项成熟的技能
法制观念与守法行为因素20分	1.法律知识的掌握情况	法律知识考试成绩	0.2	90分以上	60分左右
	2.对定罪量刑的认识	法律知识的运用	0.2	正确认识并承认犯罪事实、由衷承认法院定罪准确、量刑适当	对法院的定罪量刑有一定的理解和认识
	3.悔罪程度	对自身犯罪行为的认识、醒悟程度	0.3	正确认识犯罪原因、认罪悔罪、全面认识犯罪危害，罪责感强烈、能与违反监规纪律的行为做斗争	对犯罪行为有一定的认识，有一定的悔过，但不深刻
	4.守法意识的形成	行为的方向性、守法自觉性、行为约束性及控制能力	0.3	守法意识强烈、有良好的行为控制能力、将守法观念牢固内化到日常行为中	形成一定的行为自制力，但偶尔有违纪行为

心理健康水平15分	1. 情绪	情绪体验是否正常	0.2	善于调节和控制情绪、心境良好	一般情况下能把握处理好个人情绪
	2. 适应能力	适应环境能力的高低	0.2	能面对现实,较好适应监禁环境,对社会环境的适应预后较好	能适应监禁环境,刑满释放后对社会环境的适应不确定
	3. 人际关系	人际关系是否良好	0.2	有良好的人际关系	人际关系一般
	4. 自我意识	自我意识完善程度	0.2	有正确的自我意识	有一定正确的自我意识,但仍需完善
	5. 人格	人格健全程度	0.2	人格完整、和谐	人格较健全,但仍需完善
道德素质10分	1. 道德观念	道德知识道德情感	0.4	对道德知识、规范的理解、掌握透彻,道德理论考试成绩优秀,有强烈的道德感	对道德知识、规范有一定的正确认识,考试成绩及格
	2. 道德行为	道德修养、道德行为表现	0.6	成功将道德规范内化、形成良好的道德修养,在日常生活中能践行道德规范	形成一定的道德观,有正确的道德评价标准,但缺乏实践行动
审美观念5分	1. 美的感受能力	对客观世界中美好事物的感受程度	0.2	有良好的美的感受能力,能发现、感受社会、生活中美好的事物,心情愉悦	对美好的事物有一定的感受能力
	2. 审美观	美丑、善恶的区分	0.3	能正确区分美丑、善恶,追求真正的人格美、心灵美、形成正确的善恶标准	一般能正确区分善恶美丑,有一定的是非界限
	3. 审美情趣	审美情趣的提升	0.2	具备高雅的审美情趣	基本摆脱低级、庸俗的审美趣味
	4. 审美创造力	创造美的能力	0.3	能在生产劳动、文化艺术、日常生活中创造美,使自身完善发展的同时为社会、他人贡献美	能在日常生活中创造美并使自身获得提升

注：本评估指标体系中一级指标 6 项、二级指标 22 项，评估等级评定为优秀、良好、中等、差四级，评估标准中给出优秀（90 分以上）和中等（60 分）两级，介于优秀和中等之间的为良好，低于中等的为差。

表 2 罪犯群体教育效果评估指标和等级标准

一级指标	二级指标	权重分配	等级标准总评	
			A 级	C 级
个体教育合格率（70 分）	1. 个体教育效果评估等级优秀占有率	0.1		
	2. 个体教育效果评估等级良好占有率	0.2		
	3. 个体教育效果评估等级中等占有率	0.7		
脱逃率（10 分）	1. 一至三年内脱逃率	0.3		
	2. 三至五年内脱逃率	0.7		
狱内又犯罪率（10 分）	1. 一至三年内又犯罪率	0.3		
	2. 三至五年内又犯罪率	0.7		
重新犯罪率（10 分）	1. 一至三年内重犯率	0.2		
	2. 三至五年内重犯率	0.8		

注：A、C 级对应的是监狱整体教育效果的优秀与合格，介于 A、C 之间的为监狱整体教育效果良好，C 级以下为不合格。

四、建立罪犯教育效果评估体系要注意的问题

（一）评估等级的分值区间要合理

罪犯教育效果评估结束后，应对评估结果作出不同的等级划分，如将个体教育效果评估分为优、良、中、差四级，每个等级有不同的分值区间，在确定该分值区间时一定要科学，最好是在实际评估后再确定不同的区间值，这样能较准确地反映罪犯教育的实际状况。

（二）评估标准要科学

评估标准是设计出来的理想状态，但不能脱离实际随意设定。罪犯个体间的差异很大，标准太高，实现太难，不利于调动罪犯接受教育的积极性。标准

太低，实现起来过于容易，不利于引起罪犯对教育的足够重视。所以要根据罪犯教育各项内容的具体目标要求，结合在押罪犯的实际，统筹兼顾，制定出以平均水平为基数，上下适中浮动的评估标准。

（三）合理确定评估的考核点

对罪犯教育效果进行评估，确定合理的评估考核点很重要。如果考核点的确定缺乏合理性和针对性，考核结果就不能准确反映罪犯接受教育的真实状况。所以在确定评估标准后，要围绕标准仔细筛选。选择那些能真实反映罪犯教育状况的考核点，再权衡各考核点对教育效果的影响程度，再分层分解。不同层次赋予不同分值，既要突出代表性，又要避免面面俱到，同时还要考虑科学性和可操作性。

（四）客观对待评估技术及工具

随着评估技术的不断发展，各种简评表、量化表应用于教育评估中，增强了评估结果的效度和信度，提高了评估的科学性和技术含量。但由于基层教育干警认识上的偏差以及工作不到位等问题，现实中常发生过分依赖各种量表测评的结果，忽略综合分析评定的现象。毕竟量表测量存在着一定的相对性、不确定性和误差等缺陷，必须要结合罪犯的真实动态，进行综合分析评定，这样的评估结果才更真实、更客观。

第三节　罪犯教育效果评估的组织实施

一、罪犯教育效果评估组织实施的基本保障

（一）机构保障

罪犯教育效果评估是一项系统工作，要对罪犯教育的全过程进行监控和评定，对罪犯教育的结果做出科学、客观、准确的评价，必须有专门的机构来完成。建立有效的评估组织机构是对罪犯教育进行评估的重要前提。因此，从省监狱管理局到基层监狱，都应设立相应的罪犯教育效果评估机构，评估机构的设立应分为三个层次：

1. 省监狱管理局设罪犯教育效果评估办公室。

负责研究、部署、协调、指导全省的罪犯教育评估工作，负责拟订全省罪

犯教育评估的规则、检查和督促办法，定期对所属监狱的罪犯教育效果评估工作进行验收。

2. 监狱设罪犯教育效果评估科室。

按押犯比例配备检测人员，接受省监狱局罪犯教育效果评估办公室的领导，向省局教育效果评估办公室和监狱长报告工作。指导、检查和监督监区、分监区的罪犯教育效果评估工作，审核罪犯教育改造与行政奖惩和法律奖惩的符合情况，建立罪犯教育效果评估档案库，定期向省局主管部门汇报评估工作的开展情况。

3. 在监区或分监区设罪犯教育效果评估组。

负责指导本单位的罪犯教育评估工作，拟订罪犯教育方案，制定罪犯教育的具体实施规划，贯彻落实上级领导机关的各项教育规则和措施。

（二）人员保障

罪犯教育效果评估工作对技术要求较高，包含大量的测量和评定，需要专业人员。如心理专业工作者、计算机专业人员，普通工作人员难以胜任。因此在省监狱管理局和各直属监狱应成立罪犯教育效果评估专家组，负责对评估工作中的技术问题进行修订、完善和检测工作，并负责对罪犯教育效果评估工作进行理论研究。专家组应聘请在罪犯教育理论与实践中有一定水平的专业人员和学者，专家组的构成应有一定的代表性，结构尽可能的完整，使教育学、心理学、法学、社会学等学科比例科学、合理。专家组的职责是对有关罪犯教育评估指标的内容、评估标准、权重分配等技术问题进行修订、完善和抽检，对罪犯教育效果评估的工作人员进行培训和工作指导，对罪犯教育工作进行评审等。

二、罪犯教育效果评估的基本步骤

罪犯教育效果评估是一项专业性和技术性都很强的工作，按照科学的程序组织教育效果评估，对于保证罪犯教育效果评估的质量，达到罪犯教育的目的有重要的意义。按照罪犯教育效果评估的过程顺序，其评估步骤分为准备阶段、实施阶段和评估总结三大阶段，每一阶段有若干项工作。

（一）准备阶段

准备阶段是罪犯教育效果评估具体实施前的预备阶段，它是成功开展罪犯教育效果评估的前提和基础，准备工作的好坏直接影响罪犯教育效果评估的质量。准备阶段的具体工作大致包括制订罪犯教育效果评估方案、建立罪犯教育效果评估指标体系、准备罪犯教育评估的相关工具和资料、确定评估工作人员等四方面具体工作。

1. 制订罪犯教育效果评估方案。

评估方案的设计是罪犯教育效果评估的基础和前提，直接影响罪犯教育效果评估工作的成败。其具体准备工作包括：评估的对象和目的要求，包括对罪犯个体和整体进行评估的目的、要求的具体细化；评估的组织和领导；评估指标体系的建立；确定评估方法、程序；评估的时间安排；评估的注意事项等。良好的罪犯教育效果评估方案一般具有切实可行、周密完整、时限明确等特点，对评估的程序、规划、实施起到明确的指导作用，能使评估工作程序化、规范化和具体化。

2. 建立罪犯教育效果评估指标体系。

制定该体系，是罪犯教育效果评估准备阶段中一项复杂而艰巨的工作，专业性和技术性要求很强，应在罪犯教育评估的专门机构、专业人员的配合下，依照罪犯教育的目标和工作实践具体制定（详见第二节），还要通过实施、复检等环节不断调整、改进与完善。

3. 准备评估工具和相关资料。

这是准备阶段的一项重要工作，它是依据具体的罪犯教育效果评估方案和评估指标体系进行的。它的主要工作内容包括：根据罪犯教育效果评估指标体系的项目和要求，设计各种有关的量表，如专家评审表、干警评定表、罪犯自评表、文化、技术、法律常识等测试的数据统计表、心理健康水平测试量表及评价表、文化技术等级审核验证表等；还要为罪犯准备相关的考核、测试提纲，使罪犯能按照教育效果评估的各项要求，提供评估所需的资料和信息；同时还应为评估准备必要的调查、测量、计量用具、文件、材料纸、计算器等工具。

4. 确定评估工作人员。

首先，要聘请专家。要求聘请的专家具有与罪犯教育效果评估范围相称的专业知识；具有与罪犯教育效果评估相符合的专业理论和技术水平；同时具有公正客观的职业道德和品质。其次，还要选择有丰富罪犯教育工作经验的监狱民警作为评估的组成人员。监狱民警应通晓罪犯教育的内容及方法，定期接受评估的专业技能培训，掌握一定的评估理论与评估技术，熟悉评估工作的内容、方法和基本要求，与专家组协调配合，共同完成评估工作。

（二）实施阶段

实施阶段是罪犯教育效果评估的实际考核、测评阶段，是整个评估程序中的中心环节，也是评估组织管理工作的重点。这一阶段主要有以下几个方面的工作：

1. 做好评估的宣传动员工作。

首先，要使评估工作人员充分认识罪犯教育效果评估的意义，调动工作人员的积极性。其次，要使有关工作人员掌握评估的方法和步骤，理解各项评估指标在评估工作中的作用，并能按照相关评价标准及程序参与评估活动。最后，要使评估工作人员了解评估活动的具体进程安排，使其在工作中彼此能有效协调和配合，保证罪犯教育效果评估工作有效开展。

2. 进行试评。

为了使评估结果真实可信，最好在正式评估之前，先选择好试点监区进行试评，以便取得经验，改进工作，提高罪犯教育效果评估的水平与质量。

3. 正式开展评估。

这是罪犯教育效果评估实施的关键阶段。首先，要根据罪犯教育效果评估指标体系中的各项要求，收集罪犯教育的相关信息，这些信息能重点反映出罪犯在接受系统教育矫正后的变化情况，罪犯教育效果评估就是借助罪犯教育的相关信息对罪犯教育效果进行分析、判断、定性和描述。所以，罪犯教育的相关信息是罪犯教育效果评估的客观依据，对罪犯教育的相关信息占有越多，就越能使评估准确、合理。否则，罪犯教育效果评估就会陷入主观随意性和片面性，所以实施阶段重点要采集大量的有关罪犯教育的信息并按评估指标的要求加以分项。其次，要对收集到的全部罪犯教育评估信息加以整理。重点工作是对罪犯教育相关信息的全面性、准确性以及收集信息方法的可靠性进行检查、分析和整理，为评价工作做好准备。最后，判定罪犯经监狱系统教育后所达到的程度。这是评估实施阶段的核心工作，也是整个罪犯教育效果评估中最重要、最关键的工作。为了做好这一工作，评估工作人员要反复学习和研究罪犯教育效果评估指标和评价标准，统一方法，实事求是，按罪犯个体和整体评价的指标及标准，分项得出评定结果。

4. 做出综合评价。

这一阶段的工作，主要是根据分项评定的结果，运用教育学、统计学、数学的有关理论和方法，把各个分项评定结果汇总成整体的综合评价，这是评估实施阶段的最后一项工作。这项工作要求评估的组织机构和人员，根据汇总的评估结果，对罪犯个体或群体做出准确的、客观的、定量或定性的评价结论，形成评估意见，对罪犯个体或群体教育效果做出优良中差的等级程度区分，或做出是否达到应有的教育标准的相关结论。

实施阶段的主要任务是尽可能的全面收集罪犯教育的各项信息，并对信息进行评议评分和汇总整理，考核罪犯教育目标的实现程度。

（三）总结阶段

1. 形成综合判断。

综合判断以罪犯个体和群体教育效果评估结果为基础，对监狱罪犯教育工作的质量作出定性与定量相结合的鉴定性结论，以判明罪犯教育工作的实际与罪犯教育总目标的距离，并写出等级，区分优劣。

2. 分析诊断问题。

罪犯教育效果评估具有诊断的功能，因此不能停留在作出综合判断的阶段，还必须对罪犯教育的得失成败作出系统的分析，尤其需要对存在的问题进行深入的研究，找出原因，提出改进意见，以便改进罪犯教育工作，提高罪犯教育改造的质量。

3. 分析评估的质量。

评估工作结束后，评估的组织者应就评估结果与评估过程中遇到的问题，如评估方案、评估指标体系的科学性、可行性，工具、技术的适用性，结论的准确性，程序的合理性等问题，逐一作出分析，以提高罪犯教育效果评估工作本身的科学性。

4. 反馈信息。

评估信息要及时反馈。一是要向主管的上级部门报告，为修改罪犯教育的决策提供依据；二是向罪犯教育的基层单位反馈，使其认清问题，有针对性地改进罪犯教育工作；三是在一定范围内公布结果，以便互相借鉴，改进罪犯教育工作，促进罪犯教育工作的持续发展。

三、评估的具体方法

（一）考试法

考试法是监狱教育部门根据罪犯教育的内容及要求，通过书面笔答或实际操作的方式，对罪犯经过教育后所具备的素质、能力进行的有组织有目的的测评或甄别活动。对罪犯教育的效果，特别是文化教育及采用课堂教育方式进行的法制、道德、美育等方面的教育内容，通常使用常规的书面考试的方法进行考核，通过书面成绩，了解罪犯教育的效果，而职业技术教育，可通过书面考试和实际操作来考核，以掌握罪犯职业技能知识的多少和技术娴熟程度的高低情况。需要注意的是：（1）考试试题应全面反映教育的内容及对受教育者能力的要求程度，使分数能有效代表受教育者的实际水平，否则会影响测验的效果。（2）建立试题库。书面考试的试题如果反复使用，就会引起可信度差的负效应，因此罪犯教育评估机构应对书面考试项目分科规划，分别组建试题库，确保考核的真实性。

（二）问卷法

问卷法是采用专家或监狱民警设计的各种问卷对教育效果进行评价的方法，通过罪犯对问题的回答掌握罪犯教育效果的基本情况。问卷设计应注意以下事项：（1）问卷的问题应符合罪犯实际情况，简单易懂，并且与罪犯教育效果评估有关；（2）问卷的措辞要准确，涉及到法律问题，措辞应符合法律规范，语意标准，规范简洁，不使用方言土语；（3）减少问题的抽象性，抽象的问题罪犯不易回答，即使回答在评估分区中作用也不大；（4）避免诱导性，问题应由罪犯思考后独立回答，避免人为的诱导因素；（5）问题设计应尊重罪犯的人格和权利，避免引起罪犯的反感。

（三）观察记录法

观察记录法是指监狱民警根据对罪犯在各种教育活动中的态度和言行等方面的观察记录，对照评估指标体系中的标准要求进行评价的方法。观察记录法的优点是简便易行，不需要特别的工作与设备，随时随地就可以观察记录。但由于监狱民警的思维习惯甚至偏见，判断容易产生主观性，所以要和其他方法配合使用。运用观察记录法要注意以下方面的问题：

1. 观察记录时应注意意识与表象间的关系，即行为与思想之间的关系。

在罪犯教育实践中，经常会出现思想和行为的脱节现象，所以监狱民警对罪犯的观察要深入、细致，只有这样才能使评估结果真实可信。

2. 记录要客观。

对罪犯的观察记录要尽可能使用陈述或描述性方式，直接还原罪犯行为表现的原始状态，避免夹杂个人情感及主观倾向性。

3．能出示供解释用的记录。

目的是使观察记录者以外的参阅人能直观感受到记录的客观性与合理性，不需要联想或猜测，以增强记录的客观性程度。

（四）心理测验

心理测验是根据客观的、标准化了的程序来测量个体的某种行为，判断个别差异的一种方法。心理测验是由一系列能引起个体反应的项目所组成，然后给每一个项目的反映评分，根据得分的解释来间接推定其心理特征[1]。标准化的心理测验应满足以下条件：（1）要有一套科学的问卷项目，即按照心理测验的性质及要求，选定能够代表所要测试的心理特征或行为特征的问题。（2）要有常模，即根据对被试集团的标准化样本的施测而获得的具有代表性的结果。（3）要有一定的信度、效度和区分度，即经多次、多人的初试或再试，结果都大致相同。（4）实施方法要标准化，即要统一实施的方法、指导语及施测时间。（5）记分标准明确，即无论记分人是否变动，结果都均无变动。

（五）面谈法

面谈法是指监狱民警和罪犯面对面的通过问答方式把握或测验罪犯教育某方面实态的评价方法。面谈时应注意以下几个方面的问题：（1）要事先准备好面谈的问题，问题设计应紧紧围绕测验的内容。（2）要使罪犯明确面谈的目的，避免答非所问。（3）要注意面谈场所和时机的选择，保证使面谈能轻松开展，使罪犯能如实回答。

（六）定性与定量相结合的方法

为了能够科学、客观的评价罪犯教育的效果，必须采用定性与定量相结合的方法。通过定量分析，可以提高评估效果的可见性及可比性。但罪犯教育中有些内容是无法量化的，如道德水平、思想意识、审美观等，则只能采取定性评估的办法，对罪犯进行综合评定，并以一定分值表现出来。只有将定性评价与定量分析结合使用，才会科学、客观的评价罪犯教育效果。

---

[1] 王秉中著：《罪犯教育学》，群众出版社，2003年版，第276页。

罪犯教育效果的评估

四、评估组织实施过程中需要完善的问题

（一）建立罪犯教育信息档案

罪犯教育效果评估，贯穿于罪犯服刑的全过程，甚至延伸到罪犯刑满释放后的若干年。评估是基于罪犯个体或群体的相关信息资料的基础上做出的综合评价。对罪犯教育效果评估的准确性和客观性，很大程度上取决于对罪犯相关教育信息的占有量上。在罪犯教育实践中，经常出现为评估凑材料或凭经验下结论的不规范现象。因此，建立罪犯个体和群体的教育信息档案应成为评估工作的制度性要求。监狱教育部门应按照罪犯教育评估指标体系的要求，分门别类，建立资料库，有条件的监狱应采用微机管理，建立电子档案，及时增补相关内容，做到评估的每一项内容都有据可查，既保证了评估的质量，又增强了评估的公正性和透明度，保障评估工作向科学化、规范化方向发展。

（二）建立罪犯教育评估的量表库

为了避免评估中定性评价的主观臆断对评估客观真实性的影响，应尽量将罪犯教育的各项目标通过科学的量化，制作成统一的量表。这样既能统一评价标准，又能保证评估的科学性和客观性。为避免同一量表反复测量所带来的弊端，应建立与考核相关的量表库，随机抽取，防止弄虚作假。在条件允许的情况下还可以对罪犯同时做两份测评目标一致但量表内容不同的测试，以便互相印证，提高测评结果的真实性。

（三）成立以专业人员为主的评估专家组

罪犯教育效果评估是一项专业性很强的工作，首先，罪犯教育的内容涉及文化、技术、法制、道德和心理等领域的内容，各项内容的教育目标及考核依据应由相关学科的专业人员制定；其次，评估指标体系的制定也需要专业人员，如评估指标权重的分配与计算，涉及数学、统计学的知识，对人员的专业性要求很高。所以，评估工作应建立以专业人员为代表的评估组，以解决评估工作中遇到的学科评价问题和评估技术问题。

（四）完善罪犯教育效果评估工作的保障机制

评估的结果必须及时作用到监狱教育工作的实践，才能发挥检验、修正、指导和激励的作用。否则，就变成"走过场"，不仅浪费人力、物力和财力，还会给罪犯和监狱造成不良影响。一方面，使罪犯轻视教育活动，视教育为儿戏；另一方面，容易造成社会对监狱的负面评价，把监狱看成是收容罪犯的"中

第十章

转站"。首先要完善奖惩制度。将罪犯个体评估结果与罪犯个体的行政、刑事奖惩挂钩，将群体教育效果与监狱改造绩效挂钩，并作为衡量监狱改造质量高低的重要参考指标。其次，要建立责任追究制度。评估结果与利益挂钩后，受利益驱动，会产生弄虚作假和舞弊现象，如帮助罪犯造假，为罪犯教育成绩加分，以求换取行政或刑事奖励；为提高监狱改造绩效，伪造教育改好率、重新犯罪率等现象都时有发生。所以应建立责任追究制度，杜绝教育评估工作中的违纪、违法现象。最后，建立必要的人员组成和财力保障制度，确保罪犯教育评估工作在人、财、物方面获得充分保障。

思考题

1. 影响罪犯教育效果评估的因素有哪些？

2. 简述罪犯教育效果评估中，评估指标、指标权重、评估标准的要求各是什么？

3. 结合监狱教育工作的实际，分析罪犯教育效果评估工作还需完善哪些工作？

参考书目

1. 王秉中：《罪犯教育学》，群众出版社，2003 年版。

2. 夏宗素：《监狱学基础理论》，法律出版社，1998 年版。

3. 于爱荣：《罪犯改造质量评估》，法律出版社，2004 年版。

4. 姜祖桢：《矫正教育心理学》，中央司法警官学院 2004 年暂编教材。

5. 周金浪：《教育学》，上海教育出版社，2006 年版。

后 记

　　《罪犯教育学》是为司法警官学院的本、专科学生学习罪犯教育学知识而编写的一本应用性教材。本书编写在继承以往教材和理论成果的基础上，充分吸收监狱教育改造罪犯的成功经验，紧密结合监狱教育改造罪犯实际，在罪犯教育理论性、系统性、应用性、规范性和科学性方面作了进一步探索，力图使学生通过学习，了解掌握罪犯教育的基本理论、基本特点、基本知识和基本要求。

　　本书既可作为司法警官院校的教学用书，也可作为司法工作者自学的参考书。

　　《罪犯教育学》由魏荣艳任主编，边文颖、王顺弘任副主编。全书经魏荣艳审查、修改定稿。各章撰稿人为（按撰稿章节先后为序）：

黑龙江司法警官职业学院　　　魏荣艳　第一章、第七章；
山东政法学院警官学院　　　　王顺弘　第二章、第五章；
内蒙古警官学校　　　　　　　金　柱　第三章；
山西司法警官职业学院　　　　边文颖　第四章、第九章；
黑龙江司法警官职业学院　　　魏荣华　第五章；
河北司法警官职业学院　　　　刘　燕　第六章；
河北司法警官职业学院　　　　刚　彦　第八章；
辽宁警官高等专科学校　　　　周　涛　第十章。